国家社会科学基金青年项目（项目编号：15CRK006）
2018年度贵州财经大学引进人才科研启动项目（项目编号：2018YJ105）

居家养老服务质量提升研究
——基于增权的视角

曾富生 ◎ 著

中国社会科学出版社

图书在版编目（CIP）数据

居家养老服务质量提升研究：基于增权的视角/曾富生著.
—北京：中国社会科学出版社，2022.6
ISBN 978-7-5227-0659-7

Ⅰ.①居… Ⅱ.①曾… Ⅲ.①养老—服务质量—质量管理—研究—中国 Ⅳ.①D669.6

中国版本图书馆 CIP 数据核字（2022）第 144539 号

出 版 人	赵剑英
责任编辑	张玉霞　刘晓红
责任校对	周晓东
责任印制	戴　宽
出　　版	中国社会科学出版社
社　　址	北京鼓楼西大街甲158号
邮　　编	100720
网　　址	http://www.csspw.cn
发 行 部	010-84083685
门 市 部	010-84029450
经　　销	新华书店及其他书店
印　　刷	北京君升印刷有限公司
装　　订	廊坊市广阳区广增装订厂
版　　次	2022年6月第1版
印　　次	2022年6月第1次印刷
开　　本	710×1000　1/16
印　　张	16.75
插　　页	2
字　　数	267千字
定　　价	88.00元

凡购买中国社会科学出版社图书，如有质量问题请与本社营销中心联系调换
电话：010-84083683
版权所有　侵权必究

前　　言

居家养老服务的试点和推进是我国应对人口老龄化背景下养老问题的一个重大举措。尽管居家养老服务在我国已经有了一定的发展，但地域之间发展不均衡，缺乏增权的理念和实践，缺乏满足自主基本需求的服务内容，忽略了老年人自主、自助、互助、助人能力的建设，浪费了潜在的老年人力资源，社会工作没有发挥应有的专业作用，从业人员素质低，专业化水平低。服务质量和专业化水平不高的现状成为居家养老服务发展的"瓶颈"。

增权与提升居家养老服务质量具有内在一致性。增权（也称为"增能""充权""权能激发"）是社会工作理论与实践的新视角，着眼于激发服务对象的自我意识和潜能，助人自助，提升其生活掌控能力、变化适应能力、社会参与能力和群体话语权，全面提高其生活质量——这也正是提升居家养老服务质量的内在要求。因此，本书的主题定位为如何运用增权取向的社会工作提升居家养老服务质量。

在老龄化背景下，学者和公众倾注了大部分注意力在老年人健康需求的满足上，研究老年人自主需求及其满足的成果较少；这种局面的形成一方面是因为健康问题更加明显、易量化、易操作，另一方面是因为对自主需求的认知不多、对其重要性和意义思考较少，因此，当前的居家养老服务研究和实践中鲜有涉及老年人自主需求的满足。弥补这一缺失正是本书的意义所在。

本书提供了老年人自主需求的研究思路和实践路径，拓展了居家养老服务研究的理论视野；构建的本土化增权理论分析框架和增权实务模型，增强了理论的解释力，拓展了理论的应用，推动了社会工作增权理论和实务的本土化进程。上述努力，有助于老年人权能的激发，实现老年人对自己生活和周围环境及资源的参与、分享、控制，提升老年人的归属感、控制感和幸福感，提升居家养老服务质量，推动积极老龄化进程，提高老年人的生活质量。

如何运用增权取向的社会工作提升居家养老服务质量这一主题需要回答下列问题：增权的本质是什么？何为"老"？养什么？养老为什么成为问题？如何运用增权视角分析老年人的无力感、"孝道"及老年人的价值？居家养老是什么？为什么选择居家养老？现阶段的居家养老服务现状和问题是什么？国外居家养老服务的发展对我国有哪些启示？居家养老服务需求有哪些？如何评价居家养老服务的质量？增权取向的社会工作是什么？如何构建居家养老服务中的增权实务模型？如何运用增权实务模型开展实践？本书运用行动研究法、文献研究法、实地研究法、比较分析法及社会工作实务的方法和技能，从视角、解释、模型及实践四个方面系统分析增权取向的社会工作及其在居家养老服务中的应用。

一是从视角层面阐释增权的本质，从梳理增权理论的思想渊源入手，分析增权与权力、无权、无力感、自助、倡导、参与、自主等概念之间的联系，结合各理论流派的争论及我国的实际情况，得出结论，并以此为基础，探讨老年学理论和叙事治疗实务理论中的增权因素。

二是从解释层面分析何为"老"、养什么、养老为什么成为问题、老年人无力感的结构与形成路径、如何看待孝道、如何认识老年人的价值、如何认识居家养老服务面临的问题、如何确定居家养老服务需求、如何评估居家养老服务质量。

三是构建实务模型，将增权理念和技能贯彻到社会工作的要素、过程、方法与策略中，并结合我国居家养老的实际情况，在实务模型中增加"老年人生存教育"模块。

四是开展实务工作，运用增权理念和实务模型，依托D社区的居家养老服务试点工作，开展老年人生存教育和小组工作等增权实践活动。

本书共十一章，主要内容及章节安排如下：

第一章　绪论。介绍研究背景、研究目标、研究意义、研究思路、研究内容、研究方法、技术路线、创新与局限；梳理增权取向的社会工作和居家养老服务两个方面的学术史。

第二章 增权理论及其启示。梳理增权理论的思想渊源，剖析增权的内涵及其与权力、无权、无力感、自助、倡导、参与、自主等概念的关系，得出"增权的本质是增加人的自主"的结论；以此为基础，剖析增权理论对老年学理论中的脱离理论、活动理论、延续理论、社会角色理论、社会交换理论、社会建构理论、女性主义等，以及社会工作实务中的叙事治疗理论的启示。

第三章 增权视角下"老"的界定。从年龄、生理、心理、社会这四个维度进行详细的分析，揭示"老"的多样性、差异性、可塑性和建构性的特点，结合居家养老服务的特点和我国养老实际，从增权的主旨出发，针对"老"和"老人"进行界定。

第四章 增权视角下老年人的需求分析。阐释不同学科中的需求理论，深入分析人的基本需求：健康与自主，探讨老年人的基本需求与需求满足，揭示增权与满足老年人需求、提升居家养老服务质量的内在一致性。

第五章 增权视角下的养老问题分析。从生物学视角分析人类的养老行为，介绍养老问题的演变路径，分析我国养老问题的表现及原因，对养老研究"问题化"倾向进行探讨。

第六章 无力感、孝道及老年人价值的探讨。分析无力感的结构及其形成路径，分析我国传统"孝道"与增权之间的张力，探讨老年人的价值及其实现路径。

第七章 居家养老的界定及其选择。分析选择居家养老模式的必然性，剖析居家养老的内涵，探讨社区在居家养老中的地位和作用。

第八章 我国居家养老服务的发展现状及国外经验借鉴。明晰居家养老服务的内容，探讨居家养老服务的责任主体，介绍我国居家养老服务的现状，分析居家养老服务存在的问题，并针对问题提出建议，在分析国外居家养老服务发展的基础上揭示其对我国发展居家养老服务的启示。

第九章 居家养老服务需求及其质量分析。对居家养老服务需求进行系统分析，在此基础上得出相关政策建议；从增权的视角对居家养老服务质量的评估进行探讨，分析缘木求鱼的"聊天解闷"和背道而驰的"增加闲暇"两种缺乏增权的居家养老服务实例。

第十章　增权取向的社会工作及其实践。介绍增权社会工作的理论取向及其发展状况，将增权理念和增权技能贯穿于社会工作要素、过程、方法与策略中，融入居家养老服务实践的每个环节，增加增权取向的老年人生存教育模块，以满足老年人的自主需求为根本目的，消除老年人的无力感，提升老年人对生活的掌控感，从而提升老年人的生活质量。依托D社区的居家养老服务试点工作，以增权为导向，将增权理念和技能融入居家养老服务的增权实务模型中，针对社区中有多位老年人卷入购买保健品返现骗局和投资P2P暴雷的情况，从老年人生存教育（健康教育和理财教育）入手，再结合社区实际情况开展小组工作，剖析一个成功运用增权取向的社会工作实务模型为老年人提供增权服务的案例。

第十一章　结论。本书形成了如下结论：①增权的本质是增加人的自主；②"老"是指个体在社会公认的退休年龄标准后、需要外界帮助来恢复、维持、促进其健康和自主的一种状态；③健康是人生存的基本需求，自主是人参与社会的基本需求；身体健康和精神自主是个人存在并行动的前提，也是参与社会、与他人互动的必要条件；④老年人"问题化"抑制其潜能，浪费了宝贵的老年人力资源；应协助老年人自主实现其自身价值；⑤增权是老年人生活质量提升的重要途径；增权与提升老年人生活质量具有内在一致性；⑥我国居家养老服务发展不均衡，缺乏增权的理念与实践；⑦居家养老服务需求不清晰，质量评估滞后，缺乏增权和自主的维度；⑧居家养老服务中的增权实务模型将增权理念和增权技能贯穿于社会工作要素、过程、方法与策略中，融入居家养老服务实践的每个环节，实施增权取向的老年人生存教育，以满足老年人的自主需求为根本目的，消除老年人的无力感，提升老年人对生活的掌控感；⑨针对D社区的增权实践表明，居家养老服务中的增权实践具有可能性、可行性及实用性。

D社区居家养老服务中的增权实践只是一个个案，不能穷尽居家养老服务中增权的所有情况，其意义主要是为运用增权取向的社会工作提升居家养老服务质量提供了一个从理论到实践的范例。本书提出的增权取向社会工作实务模型还有待在更多地方和更多场景下接受实践的检验和修正。增权理念与实务模型亟待学术界和实务工作者在居家养老服务中进一步研究和推广。

目 录

第一章 绪论 ·· 1

    第一节 研究背景与研究意义 ························· 1

    第二节 文献回顾 ······································· 4

    第三节 研究思路与技术路线 ························ 10

    第四节 研究方法 ······································ 13

    第五节 创新与局限 ··································· 15

第二章 增权理论及其启示 ····························· 17

    第一节 增权理论 ······································ 17

    第二节 老年理论及其增权启示 ···················· 30

    第三节 增权取向的叙事治疗理论 ················· 37

第三章 增权视角下"老"的界定 ····················· 45

    第一节 年龄维度 ······································ 45

    第二节 生理维度 ······································ 49

    第三节 心理维度 ······································ 52

    第四节 社会维度 ······································ 56

    第五节 "老"的特征与定义 ······················· 58

第四章 增权视角下老年人的需求分析 ············· 64

    第一节 需求理论 ······································ 65

第二节　人的基本需求：健康与自主 ………………………………… 70
　　第三节　老年人的基本需求 …………………………………………… 77
　　第四节　老年人需求满足的探讨 ……………………………………… 82

第五章　增权视角下的养老问题分析 ……………………………………… 91
　　第一节　养老的生物学思考 …………………………………………… 92
　　第二节　养老问题的历史演变 ………………………………………… 94
　　第三节　我国的养老问题及其原因 …………………………………… 97
　　第四节　养老研究"问题化"的探讨 ………………………………… 106

第六章　无力感、孝道及老年人价值的探讨 …………………………… 111
　　第一节　老年人的无力感分析 ………………………………………… 111
　　第二节　孝道与增权 …………………………………………………… 118
　　第三节　老年人价值的探讨 …………………………………………… 124

第七章　居家养老的界定及其选择 ……………………………………… 129
　　第一节　什么是居家养老 ……………………………………………… 129
　　第二节　为什么选择居家养老 ………………………………………… 139

第八章　我国居家养老服务的发展现状及国外经验借鉴 ……………… 146
　　第一节　居家养老服务的内容及其责任主体 ………………………… 146
　　第二节　居家养老服务的发展现状 …………………………………… 151
　　第三节　居家养老服务存在的问题及建议 …………………………… 156
　　第四节　发达国家居家养老服务的发展及其启示 …………………… 164

第九章　居家养老服务需求及其质量分析 ……………………………… 170
　　第一节　居家养老服务需求的辨析 …………………………………… 170
　　第二节　居家养老服务需求分析的政策启示 ………………………… 183
　　第三节　居家养老服务质量的评估 …………………………………… 185
　　第四节　缺乏增权的居家养老服务实例分析 ………………………… 194

第十章　增权取向的社会工作及其实践 ················ 198
　　第一节　增权取向的社会工作概述 ················ 198
　　第二节　增权取向的社会工作要素 ················ 207
　　第三节　增权取向的社会工作过程 ················ 210
　　第四节　增权取向的社会工作方法与策略 ·············· 216
　　第五节　增权取向的老年人生存教育 ················ 220
　　第六节　居家养老服务中的增权实践 ················ 225

第十一章　结论 ····························· 231

附　录 ································ 240

参考文献 ······························· 245

第一章

绪 论

第一节 研究背景与研究意义

一 研究背景

截至2019年年底，我国60岁以上老年人口已达2.54亿人，预计在2025年超过3亿人，2033年超过4亿人，2053年达到4.87亿人。[①] 老龄人口增多，人口老龄化趋势加快，是我国今后必须面对的严峻形势。可以说，养老是当今风险社会的"灰犀牛"，是牵涉到每个人的重大事件。然而，个人无法抗拒整体的风险，需要国家整体干预。[②] 居家养老服务的试点与推进就是国家层面主动干预的一个方面。

居家养老服务在最近的二十年获得了一定的发展。在经济发达地区，2000年前后就开始自主探索居家养老服务试点工作；2008年官方层面对居家养老进行了界定，[③] 并开始大力推进；2013年7月1日开始正式实施的《中华人民共和国老年人权益保障法》也在法律层面规定

---

① 谢琼：《"互联网+"背景下创新养老服务模式的积极探索》，光明网，https://m.gmw.cn/baijia/2021-01/13/34540433.html，2021-01-13。

② 党的十九届五中全会通过的《中共中央关于制定国民经济和社会发展第十四个五年规划和二〇三五年远景目标的建议》提出"实施积极应对人口老龄化国家战略"，这是党中央总揽全局、审时度势作出的重大战略部署，是国家层面高度重视、主动干预的表现。

③ 2008年1月全国老龄办等十部委联合发布的《关于全面推行居家养老服务工作的意见》中，将居家养老界定为"政府和社会力量依托社区，为居家的老年人提供生活照料、家政服务、康复护理和精神慰藉等方面服务的一种服务形式"。

了地方政府在居家养老中的责任。① 在规章制度方面，国务院 2013 年 9 月发布了《关于加快发展养老服务业的若干意见》（以下简称《意见》），鼓励发展居家养老服务；② 我国老龄事业发展"十二五"规划和"十三五"规划中都明确提出了居家养老服务的发展目标和具体内容；党的十八届五中全会决定中明确提出"建设以居家为基础、社区为依托、机构为补充的多层次养老服务体系"；2016 年，民政部、财政部联合发布《关于中央财政支持开展居家和社区养老服务改革试点工作的通知》（民函〔2016〕200 号）并于当年开始实施，至 2020 年，已连续开展了五批居家养老服务改革试点工作，覆盖到全国 203 个地级市（或直辖市所辖区）。

尽管居家养老服务在我国已经有了一定的发展，但地域之间发展不均衡；缺乏增权的理念和实践，缺乏满足自主基本需求的服务内容；忽视破除老年人偏见与歧视的努力；忽视老年人的多元化、个性化需求；将老年人看作被动的受体，忽略了老年人的主观能动性；尚未构建老年人自主、自助、互助、助人的环境和机制，浪费了潜在的老年人力资源；社会工作没有发挥应有的专业作用，从业人员素质低，专业化水平低。

服务质量和专业化水平不高的现状成为居家养老服务发展的"瓶颈"。增权（也称为"增能""充权""权能激发"）是社会工作理论与实践的新视角，着眼于激发服务对象的自我意识和潜能，助人自助，提升其生活掌控能力、变化适应能力、社会参与能力和群体话语权，全面提高其生活质量——这也正是提升居家养老服务质量的内在要求。增权与提升居家养老服务质量具有内在一致性，因此，本书的研究主题定位为：如何运用增权取向的社会工作提升居家养老服务质量。

二 问题的提出

如何运用增权取向的社会工作提升居家养老服务质量这一主题需要

---

① 《中华人民共和国老年人权益保障法》第三十七条规定："地方各级人民政府和有关部门应当采取措施，发展城乡社区养老服务，鼓励、扶持专业服务机构及其他组织和个人，为居家的老年人提供生活照料、紧急救援、医疗护理、精神慰藉、心理咨询等多种形式的服务"。

② 《意见》中提及"2020 年全面建成以居家为基础、社区为依托、机构为支撑的，功能完善、规模适度、覆盖城乡的养老服务体系"的发展目标。

回答以下问题：增权的本质是什么？何为"老"？养什么？养老为什么成为问题？如何运用增权视角分析老年人的无力感、"孝道"及老年人的价值等问题？居家养老是什么？为什么选择居家养老？现阶段的居家养老服务现状和问题是什么？国外居家养老服务的发展对我国有哪些启示？居家养老服务需求有哪些？如何评价居家养老服务的质量？增权取向的社会工作是什么？如何构建居家养老服务中的增权实务模型？如何运用增权实务模型开展实践？

三 研究意义

（一）理论意义

本书关注老年人自主需求的满足。在老龄化背景下，学者和公众倾注了大部分注意力在老年人健康需求的满足上，从医学、心理学、社会学、政治学、管理学等各学科视角进行了大量的研究，但研究老年人自主需求及其满足的成果较少；这种局面的形成一方面是因为健康问题更加明显、易量化、易操作，另一方面是因为对自主需求的认知不多、对其重要性和意义思考较少，因此，当前的居家养老服务研究和实践中鲜有涉及老年人自主需求的满足。弥补这一缺失正是本书的意义所在。

本书探讨增权的本质，剖析老年人的自主需求，构建在居家养老服务领域的增权实务模型并展开实践，具有以下理论意义：①提供了老年人自主需求的研究思路和实践路径，拓展了居家养老服务研究的理论视野；②构建的本土化增权理论分析框架和增权实务模型，增强了理论的解释力，拓展了理论的应用，推动了社会工作增权理论和实务的本土化进程。

（二）现实意义

一是有助于老年人权能的激发，实现老年人对自己生活和周围环境及资源的参与、分享、控制，提升老年人的归属感、控制感和幸福感，推动积极老龄化进程，提高老年人的生活质量。

二是为社会工作者、志愿者、社区、养老机构和非营利组织提供工作指引，指导社区、社会工作机构和社会组织开展居家养老服务，提升居家养老服务质量。

三是为政府购买社会工作服务提供参考依据；为党和国家制定居家养老保障政策提供决策依据。

第二节 文献回顾

一 社区照顾与居家养老研究

（一）社区照顾在西方社会的发展与研究

依托社区的居家养老服务在国外称为社区照顾，源于20世纪60年代英国对建立大型院舍和机构照顾老人这种方式的反思和政策转向，20世纪80年代之后英国经验纷纷被欧美国家借鉴。国外针对社区照顾的相关研究主要集中在20世纪90年代之后，主要有：①影响社区照顾的意识形态研究，如自由主义、费边社会主义、新右派、第三条道路；① ②社区照顾的历史发展阶段分析，可分为工业革命至20世纪前叶阶段、福利国家建构阶段、福利国家转型阶段、新工党执政阶段。② 社区照顾的优缺点分析：社区照顾能减轻公共部门服务供给负担，③ 减轻家庭负担、扩张和改善法定的居家照顾；④⑤ 而女性主义者则从女性是主要照顾者的角度进行了思考。⑥ 社区照顾的发展趋势分析：从去结构化到解决福利国家危机、从政府为主体的服务供给到福利混合经济、从中央集权到地方分权、从以精神病患为照顾对象到以老人及身心障碍者为主、从"在社区中照顾"到"由社区照顾"、从个案工作者到个案管理者。⑦

---

① Cowen, H., *Community Care, Ideology, and Social Policy*, London: Prentice Hall Europe, 1999, p.260.

② Chen, S., *Social Policy of the Economic State and Community Care in Chinese Culture: Aging, Family, Urban Change, and the Socialist Welfare Pluralism*, Aldershot: Avebury, 1996, p.100.

③ 黄源协：《福利混合经济下的社区照顾》，《社会政策与社会工作学刊》1998年第2期。

④ Payne, M., *Social Care in the Community*, Houndmills: MacMillan Education Ltd., 1986, p.246.

⑤ Chen, S., *Social Policy of the Economic State and Community Care in Chinese Culture: Aging, Family, Urban Change, and the Socialist Welfare Pluralism*, Aldershot: Avebury, 1996, p.100.

⑥ Means, R. and Smith, R., *Community Care: Policy and Practice* (2nd ed.), Houndmills: Macmillan, 1998, p.289.

⑦ 赖雨阳：《社区工作与社会福利社区化》，洪叶文化事业有限公司2002年版。

（二）我国居家养老的发展与研究

20世纪80年代，国内学者逐渐开始关注人口老龄化加速背景下的养老问题，一些学者在研究家庭规模和人口流动时，发现我国家庭养老功能弱化，主张大力发展社会养老；90年代，学者结合我国国情，将研究的目光转向综合了家庭养老和社会养老优势的居家养老方式。在实际操作过程中，我国居家养老服务大体经历了初期探索阶段（2000年之前）、试点阶段（2000—2010年）、初步发展阶段（2011年至今）。时至今日，政府工作报告和各省均出台居家养老文件并予以实施，居家养老服务进入发展的快速轨道。与居家养老实践相对应，我国居家养老的相关研究可划分为三个阶段：

1. 学理探讨阶段（2000年之前）

学者认为居家养老具有明显优势，是我国"孝文化"传统下既满足老人家庭养老需求又符合我国经济社会发展的养老方式，应大力倡导推行；[1] 在居家养老方式的具体内涵上，存在不同看法，主要有结合论、[2] 场所论、[3] 主辅论、[4] 发展论、[5] 环境论；[6] 一般认为，居家养老是指老年人在家中居住，由社会提供养老服务的一种养老方式，它以家庭和社区为载体，综合家庭、社区、社会工作机构、社会组织、志愿者、政府等各方面的资源，能有效地为老年人提供养老服务。

2. 拓展研究阶段（2001—2010年）

针对发达城市的试点情况（如大连的"居家养老院"模式，上海的"政府购买居家养老服务"模式，宁波的"非营利组织参与居家养老服务"模式等），学者进一步研究了居家养老的内容与实践中存在的障碍，普遍认为：居家养老服务的内容包括物质保障、生活照料、精神慰藉、医疗保健等方面；在实际推进中，居家养老存在观念认识不到

---

[1] 邬沧萍：《一条适合国情又符合历史选择的战略》，《群言》1998年第11期。

[2] 穆光宗、姚远：《探索中国特色的综合解决老龄问题的未来之路——"全国家庭养老与社会化养老服务研讨会"纪要》，《人口与经济》1999年第2期。

[3] 袁缉辉：《认真研究我国人口老龄化的趋势及其对策》，《上海大学学报》（社会科学版）1988年第2期。

[4] 陈大亚：《家庭养老问题探讨》，《航天工业管理》1998年第9期。

[5] 洪国栋：《中国的人口老龄化问题与对策思考》，《人口研究》1997年第4期。

[6] 张卫东：《居家养老模式的理论探讨》，《中国老年学杂志》2000年第2期。

位、政策法规不健全、居家养老参与主体单一、资金缺乏、服务人员素质差、专业化水平低、服务质量低等问题。[①][②][③] 学者还从多视角对居家养老进行了分析：姚远从人口学的角度来认识我国的居家养老；[④] 周春发、黄建安从社会资本的视角指出，只有构建多种类型的社会空间，加大社会资本的投入，才能实现社区居家养老这一目标；[⑤] 敬乂嘉、陈若静从政治学的角度提出了建立社区居家养老服务体系的建议。[⑥]

3. 深入论述阶段（2011年至今）

祁峰认为，居家养老服务的发展离不开非营利组织的参与；[⑦] 章晓懿、刘帮成认为，服务质量是居家养老面临的最大难题，并以上海为例建立了服务质量评价标准；[⑧] 丁建定进一步对居家养老服务原则、目前存在的误区和如何完善进行了探讨；[⑨] 王上、李珊借鉴国外喘息服务的发展，认为我国居家养老服务也应考虑照顾者的需求。[⑩] 此外，居家养老服务体系的建构、参与主体、经验总结与反思等方面也有诸多阐述。

[①] 姜玲：《我国城市社区养老的现状及发展思路》，《中国老年学学会2006年老年学学术高峰论坛论文集》，2006年。

[②] 张晓霞：《社区居家养老问题调查——以江西省南昌市为例》，《江西社会科学》2008年第11期。

[③] 祁峰：《我国城市居家养老研究与展望》，《经济问题探索》2010年第11期。

[④] 姚远：《从宏观角度认识我国政府对居家养老方式的选择》，《人口研究》2008年第2期。

[⑤] 周春发、黄建安：《社会资本视角下的居住环境与居家养老》，《辽宁师范大学学报》（社会科学版）2008年第2期。

[⑥] 敬乂嘉、陈若静：《从协作角度看我国居家养老服务体系的发展与管理创新》，《复旦学报》（社会科学版）2009年第5期。

[⑦] 祁峰：《论多元化养老保障主体选择的社会进步性》，《经济问题探索》2011年第2期。

[⑧] 章晓懿、刘帮成：《社区居家养老服务质量模型研究——以上海市为例》，《中国人口科学》2011年第3期。

[⑨] 丁建定：《居家养老服务：认识误区、理性原则及完善对策》，《中国人民大学学报》2013年第2期。

[⑩] 王上、李珊：《国外喘息服务的发展及对我国居家养老的启示》，《东北师大学报》（哲学社会科学版）2014年第6期。

二 增权取向的社会工作的发展及其在养老领域的应用研究

(一) 国外增权理论的发展及在养老领域的应用研究

"增权"(Empowerment)一词最初源于组织行为学,20世纪70年代开始应用于社会工作中,标志性著作是 *Black Empowerment: Social Work in Oppressed Communities*[①]。20世纪80年代以后,增权理论开始盛行于欧美国家,并不断向其他学科延伸,广泛应用于社会学、教育学、政治学、管理学、心理学等学科。20世纪八九十年代学者们梳理了增权的内涵和思想渊源,认为增权是一个过程,也是一个目标;[②] 增权思想根源于政治和哲学基础之中;[③] 增权的政治和思想基础是新教革命、杰斐逊式民主、先验论、扩展中的公民权观念等。[④] 20世纪90年代,学术界将增权理念指导社会工作实务,探讨了增权取向的社会工作模型和实践架构;Lee建构了专业目的、价值、知识和理论基础以及方法在内的增权取向社会工作模型;[⑤] Cox 和 Parsons 架构了由价值基础、介入认可、理论基础、工作者与案主之间的关系、问题解决方法等要素构成的增权取向社会工作模型。[⑥] 21世纪之后,学者将增权理论的应用加以拓展,并在实践的基础上进行了反思和总结。[⑦⑧] 增权取向的社会工作在国外社区照顾中一直扮演着主导的角色,从服务理念、干预模式、方法和技巧,乃至政策制定都起着举足轻重的作用,是提升老年人生活质量的专业介入手段,得到了学术界和公众的一致认可。

---

① Solomon, B. B., *Black Empowerment: Social Work in Oppressed Communities*, New York: Columbia University Press, 1976, p. 56.

② Solomon, B. B., *Black Empowerment: Social Work in Oppressed Communities*, New York: Columbia University Press, 1976, p. 56.

③ Swift, C. and Levin, G., "Empowerment: An Emerging Mental Health Technology", *Journal of Primary Prevention*, Vol. 8, No. 3, 1987.

④ Simon, B. J., *The Empirical Tradition in American Social Work: A History*, New York: Columbia University Press, 1994, p. 32.

⑤ Lee, J. A. B., *The Empowerment Approach to Social Work Practice: Building the Beloved Community* (2nd ed.), New York: Columbia University Press, 2001, p. 154.

⑥ [美] 埃尼德·奥考克斯、露丝·J. 帕森斯:《老人社会工作——权能激发取向》,赵善如等译,扬智文化事业股份有限公司2001年版。

⑦ Mullaly, R. P., *Structural Social Work: Ideology, Theory and Practice* (2nd ed.), Ontario: Oxford University Press, 2003, p. 157.

⑧ Smith, D., *Social Work and Evidence-Based Practice*, London: Jessica Kingsley, 2004, p. 233.

（二）国内增权理论的引介及社会工作在养老领域中的应用研究

增权理论的引介与应用。我国关于增权理论的研究始于 21 世纪初，对其批判性反思、消化以及在国内社会工作实践需要的驱动下，国内出现了一些增权方面的研究，主要集中在以下三个方面：

1. 理论的引介

陈树强最早对增权理论进行了引介和综述，认为增权不是"赋予"人权力，而是要挖掘和激发人的潜能；① 这一观点得到了孙璐，② 马贵侠，③ 戴燕、顾江霞④等学者的支持和发挥；周林刚较为系统地梳理了权力、无权、去权、激发权能等核心概念，并就激发权能的维度进行了分析；⑤ 张银等认为，增权既包括个体内在的提升又包括外在的赋权；⑥ 大多数学者将增权看作一个过程；⑦⑧⑨ 也有学者将增权看成一个目标、一种结果。

2. 理论的应用

国内的增权研究大多是结合扶贫、扶残、助弱、帮困展开的，在社会工作老年领域中，孙琼如主张运用增权理念来解决虐待老年人的社会问题，并强调在增权的过程中应当尊重老年人的权利；⑩ 付再学运用增权理论构建了养老机构老人服务模式；⑪ 曾易分析了我国农村养老问题

---

① 陈树强：《增权：社会工作理论与实践的新视角》，《社会学研究》2003 年第 5 期。
② 孙璐：《充权：对失业女性社区就业的思考》，《广西社会科学》2007 年第 10 期。
③ 马贵侠：《论社区社会组织在社区增权中的应用——以合肥市蜀山区琥珀潭社区为例》，《淮南师范学院学报》2009 年第 6 期。
④ 戴燕、顾江霞：《自我赋权视角下的农民工社区教育》，《山西师大学报》（社会科学版）2010 年第 3 期。
⑤ 周林刚：《激发权能理论：一个文献的综述》，《深圳大学学报》（人文社会科学版）2005 年第 6 期。
⑥ 张银等：《社区就业女性的增权问题研究：社会性别视角的分析》，《妇女研究论丛》2006 年第 5 期。
⑦ 朱孔芳：《灾区重建中的社区能力建设——基于社会工作的"增权"视角》，《华东理工大学学报》（社会科学版）2008 年第 4 期。
⑧ 左冰、保继刚：《从社区参与走向社区增权——西方旅游增权理论研究述评》，《旅游学刊》2008 年第 4 期。
⑨ 马贵侠、戴燕：《论社区社会组织在社区增权中的应用——以合肥市蜀山区琥珀潭社区为例》，《淮南师范学院学报》2009 年第 6 期。
⑩ 孙琼如：《增权：受虐待老人社会工作新理念》，《南京人口管理干部学院学报》2004 年第 4 期。
⑪ 付再学：《增权：老年服务工作新理念》，《黑龙江社会科学》2008 年第 2 期。

中增权理论的运用;① 谢启文等探索了农村养老服务机构中五保老人的增权问题;② 刘丽晶基于增权理论框架分析了老人无力感的结构;③ 班娟探讨了互助养老方式中的增权模式;④ 王利清呼吁在养老保障制度的改进中重视老年人增权问题。⑤ 由于缺乏结合本土文化语境的研究,增权理论大多停留在表达性话语中,实务领域的应用和研究阙如。

3. 社会工作介入居家养老的研究

我国社会工作和居家养老服务的发展处于分离状态,近几年才有部分社会工作机构参与居家养老服务,此外,"民政部福利彩票公益金特殊困难老年人社会工作服务示范项目"也有少数项目涉及社会工作介入居家养老的实践。在研究方面,陈钟林认为,社会工作者可以在居家养老中发挥重要作用:提供服务、政策建议、能力建设、沟通协调;⑥ 张秀君通过优势视角分析,老年群体有许多未被发掘的优势资源,社会工作者要引导老人从另外的角度看自己,老年人不能把自己看成"弱势群体",要积极寻找资源,寻找生活空间;⑦ 赵丽宏、杜玮针对居家养老服务专业化水平低的情况,认为社会工作介入是提升居家养老服务专业化水平的必然要求,居家养老模式需要社会工作价值与伦理为理念指导,需要社会工作专业方法为技术指导;⑧ 廖鸿冰、李斌阐述了社会工作介入居家养老的必要性及介入路径。⑨ 学术界更多是从应然的视角探讨社会工作介入居家养老的重要性和可行性,缺乏明确的社会工作价值理念的探讨和实务工作模式的构建,理论研究与居家养老实践之间

---

① 曾易:《基于社区增权理论的我国农村养老问题研究》,《安徽农业科学》2011年第36期。
② 谢启文等:《农村养老服务机构中五保老人之增权介入刍议》,《南方农业》2012年第2期。
③ 刘丽晶:《基于增权理论的老人无力感结构分析》,《东北师大学报》(哲学社会科学版)2013年第6期。
④ 班娟:《社区老年群体互助养老中增权模式探究》,《社会科学战线》2014年第8期。
⑤ 王利清:《养老保障制度改进中老年人增权问题分析》,《探索》2014年第2期。
⑥ 陈钟林:《社会工作者在社区居家养老中的作用》,《社会工作实务》2009年第3期。
⑦ 张秀君:《优势视角下社会工作对居家养老的介入》,《经营管理者》2010年第21期。
⑧ 赵丽宏、杜玮:《构建社会工作视角下的居家养老服务模式》,《学术交流》2011年第12期。
⑨ 廖鸿冰、李斌:《社会工作介入社区居家养老服务研究》,《湖南社会科学》2014年第6期。

断裂。

三 文献评述

总的来看，国外基于社区照顾的居家养老研究和增权取向的社会工作应用研究比较深入，近些年也出现了不同角度的反思，需要我们在借鉴的过程中结合我国实际加以批判性吸收。我国居家养老有一定数量的成果，但在提升居家养老服务专业化水平和服务质量方面缺乏系统的研究。增权理论作为社会工作的新视角和新理论引入国内的时间尚短，相关研究存在理论与实务断裂、表达性与现实性失谐的问题，缺乏基于我国国情的本土化研究，且在应用于提升居家养老服务质量方面的研究极其欠缺。因此亟待借鉴国外理论和实践经验，结合我国国情和居家养老的发展进行本土化思考和反省，架构本土语境中的增权理论分析框架；构建本土化的居家养老社会工作实务模式，实现理论与实务的统一，提升居家养老服务质量。

第三节 研究思路与技术路线

一 研究的逻辑思路

理论是对我们所处世界的思想所做的一个有组织的陈述；从宽泛意义上来说，凡是对解释事物或开展实务有帮助的理解和解释都可以称为理论。在社会工作领域，理论可能是指一种系统的解释，可能是指一种视角，也可能是指一个模型。一个在实务中有用的理论兼备这三者：视角使模型和解释能在不同情境下进行转移，使其建立一个一致性的解释模式和工作模式，获得普遍适用性；模型使视角和解释有了明确性的指导，能在实务中得以应用；解释使模型和视角基于现实，使其得到合理有效的证据支撑。① 本书从视角、解释、模型及实务四个方面系统分析增权取向的社会工作及其在居家养老服务中的应用。

一是从视角层面阐释增权的本质，从梳理增权理论的思想渊源入手，分析增权与权力、无权、无力感、自助、倡导、参与、自主等概念

---

① ［英］马尔科姆·派恩：《现代社会工作理论》，冯亚丽、叶鹏飞译，中国人民大学出版社2008年版。

之间的联系，结合各理论流派的争论及我国的实际情况，得出结论，并以此为基础，探讨老年学理论和叙事治疗实务理论中的增权因素。

二是从解释层面分析何为"老"、养什么、养老为什么成为问题、老年人无力感的结构与形成路径、如何看待孝道、如何认识老年人的价值、如何认识居家养老服务面临的问题、如何确定居家养老服务需求、如何评估居家养老服务质量。

三是构建实务模型，将增权理念和技能贯彻到社会工作的要素、过程、方法与策略中，并结合我国居家养老的实际情况，在实务模型中增加"老年人生存教育"模块。

四是开展实务工作，运用增权理念和实务模型，依托D社区的居家养老服务试点工作，开展老年人生存教育和小组工作等增权实践活动。

二　内容结构

本书以增权理论及其在居家养老服务中的应用为主线，按照视角、解释、模型及实践四个方面进行系统分析。全书共分十一章，主要内容如下：

第一章　绪论。介绍研究背景、研究目标、研究意义、研究思路、研究内容、研究方法、技术路线、创新与局限；梳理增权取向的社会工作和居家养老服务两个方面的学术史。

第二章　增权理论及其启示。梳理增权理论的思想渊源，剖析增权的内涵及其与权力、无权、无力感、自助、倡导、参与、自主等概念的关系，得出"增权的本质是增加人的自主"的结论；以此为基础，剖析增权理论对老年学理论中的脱离理论、活动理论、延续理论、社会角色理论、社会交换理论、社会建构理论、女性主义等，以及社会工作实务中的叙事治疗理论的启示。

第三章　增权视角下"老"的界定。从年龄、生理、心理、社会这四个维度进行详细的分析，揭示"老"的多样性、差异性、可塑性和建构性的特点，结合居家养老服务的特点和我国养老实际，从增权的主旨出发，针对"老"和"老人"进行界定。

第四章　增权视角下老年人的需求分析。阐释不同学科中的需求理论，深入分析人的基本需求：健康与自主，探讨老年人的基本需求与需求满足，揭示增权与满足老年人需求、提升居家养老服务质量的内在一致性。

第五章　增权视角下的养老问题分析。从生物学视角分析人类的养老行为，介绍养老问题的演变路径，分析我国养老问题的表现及原因，对养老研究"问题化"倾向进行探讨。

第六章　无力感、孝道及老年人价值的探讨。分析无力感的结构及其形成路径，分析我国传统"孝道"与增权之间的张力，探讨老年人的价值及其实现路径。

第七章　居家养老的界定及其选择。分析选择居家养老模式的必然性，剖析居家养老的内涵，探讨社区在居家养老中的地位和作用。

第八章　我国居家养老服务的发展现状及国外经验借鉴。明晰居家养老服务的内容，探讨居家养老服务的责任主体，介绍我国居家养老服务的现状，分析居家养老服务存在的问题，并针对问题提出建议，在分析国外居家养老服务发展的基础上揭示其对我国发展居家养老服务的启示。

第九章　居家养老服务需求及其质量分析。对居家养老服务需求进行系统分析，在此基础上得出相关政策建议；从增权的视角对居家养老服务质量的评估进行探讨，分析缘木求鱼的"聊天解闷"和背道而驰的"增加闲暇"两种缺乏增权的居家养老服务实例。

第十章　增权取向的社会工作及其实践。介绍增权社会工作的理论取向及其发展状况，将增权理念和增权技能贯穿于社会工作要素、过程、方法与策略中，融入居家养老服务实践的每个环节，增加增权取向的老年人生存教育模块，以满足老年人的自主需求为根本目的，消除老年人的无力感，提升老年人对生活的掌控感，从而提升老年人的生活质量。依托 D 社区的居家养老服务试点工作，以增权为导向，将增权理念和技能融入居家养老服务的增权实务模型中，针对社区中有多位老年人卷入购买保健品返现骗局和投资 P2P 暴雷的情况，从老年人生存教育（健康教育和理财教育）入手，再结合社区实际情况开展小组工作，剖析一个成功运用增权取向的社会工作实务模型为老年人提供增权服务的案例。

第十一章　结论。对研究结果进行总结。

三 研究的技术路线

本书从视角、解释、模型及实务四个方面系统分析和探讨增权取向的社会工作及其在居家养老服务中的应用，其研究技术路线见图1-1：

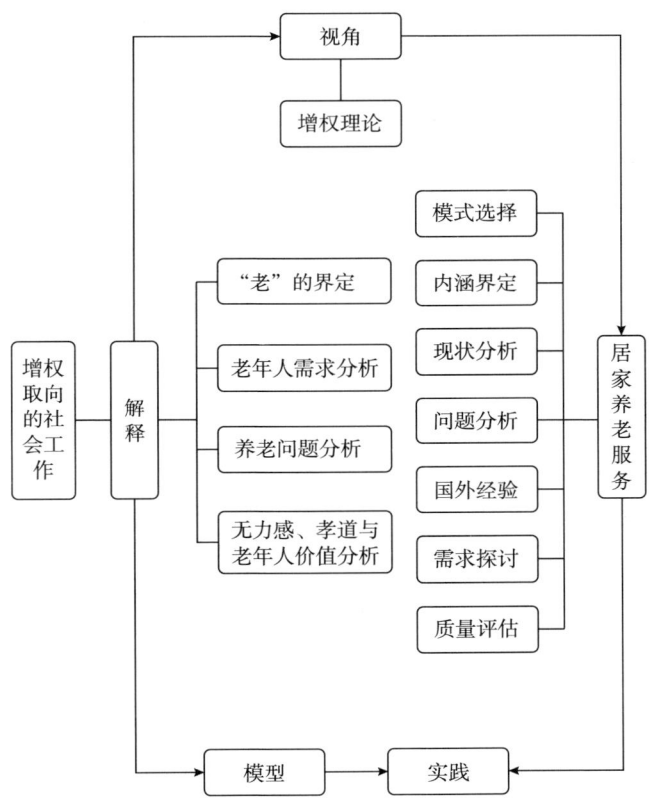

图1-1 研究技术路线

第四节 研究方法

一 行动研究法

行动研究（action research）是社会科学领域定性研究方法中的一种，有不同的含义。行动研究是实务工作者研究（practitioner research）

的一种形态，帮助实务工作者改善在不同工作场所的专业实务，也就是说，经由研究者个人进入所从事工作的场所来完成研究。专业实务强调行动，但很少询问动机，行动研究则是在实务进行的过程中不断反思，不断改善实务，获得新知。"行动与研究两个词连接在一起，概括了行动研究方法的基本特征：在实务中试验想法，从而改善现状，增进知识。"①

行动研究在研究层面带有教育的倾向，在行动方面则是强调实务、对自身的反思、批判。本书采用行动研究法，从实践中进行增权视角下的解释，构建社会工作实务模式，又将理论和社会工作实务模式指导实践，在实践检验的基础上修正，实现理论与实践的结合。研究选取D社区开展了为期一年以上的行动研究：从入场、收集资料、设计行动方案、开展老年人生存教育、个案工作、小组工作和社区工作，到行动后的反思、总结、提炼，再到进一步行动，验证了居家养老服务中增权实践的可能性、可行性及其实用性，为运用增权取向的社会工作提升居家养老服务质量提供了一个成功的案例。

本书在增权实践中采用的行动研究路径见图1-2：

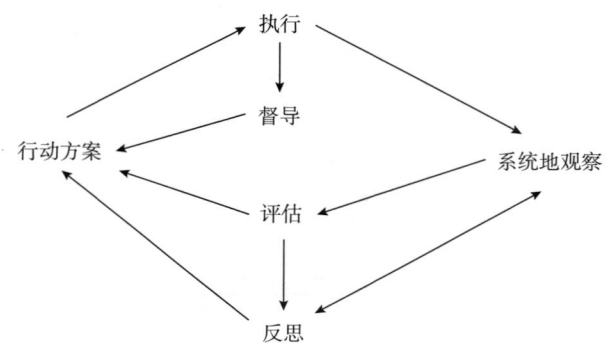

图1-2　行动研究路径

---

① Kemmis, S. and Mc Taggart, R., *The Action Research Planner*, Australia: Deakin University Press, 1982, p.230.

二 文献研究法

增权理论的思想渊源来源于政治哲学和社会哲学，有多个源头，在各领域有不同的派别，涉及领域广、范围宽、内容多；居家养老是当前研究的热点，从理论到实践都有较多的论述；本书针对这两个主题的文献进行了收集和分析，在此基础上进行了整合、归纳，探寻已有研究成果的脉络及其薄弱环节，为本书选择增权视角及分析打下了坚实的基础。

三 实地研究法

本书运用增权实务模型在社区居家养老服务中进行实践，选取了H省D市D社区作为实践场景，在该社区开展了实地研究，主要运用参与式观察法、访谈法，收集老年人的基本资料，分析社区居家养老服务的薄弱环节，跟踪D社区的重大事件，设计符合D社区的增权实践方案。在开展个案工作、小组工作和社区工作，以及开展增权取向的老年人生存教育活动的过程中，不断使用访谈法、观察法和社会工作的专业技能，推进整个实践活动的开展。

除了开展研究所采用的上述几种方法之外，本书还运用了比较分析法和社会工作中的实务方法。比较分析法主要是比较分析国内外居家养老服务过程中个案工作法、小组工作法、社区工作法及老年人生存教育的运用方式及技巧，在方法和具体工作策略上进行本土化探索，构建居家养老服务中本土化的增权实务模型。社会工作实务方法蕴含在个案工作、小组工作、社区工作和老年人生存教育的开展中，包括资料收集的手段、模式化的程序和具体的技能。

第五节 创新与局限

一 创新

本书采用行动研究法、实地研究法、文献研究法及社会工作实务方法等，从视角、解释、模型及实务四个方面系统分析了增权取向的社会工作及其在居家养老服务中的应用，为提升我国居家养老服务质量提供了理论分析框架和实务模型，并开展了与传统居家养老服务内容不一样的增权实践，实现了理论与实践的统一。

（一）理论解释的创新

在"增权的本质是增加人的自主"的视角下，探讨了老年学理论和叙事治疗实务理论中的增权因素，分析了何为"老"、养什么、养老为什么成为问题、老年人无力感的结构与形成路径、如何看待孝道、如何认识老年人的价值、如何认识居家养老服务面临的问题、如何确定居家养老服务需求、如何评估居家养老服务质量等，为深入理解和把握居家养老服务领域中的一些深层次问题提供了独到的见解。

（二）实务模型的创新

将增权理念和技能贯彻到社会工作的要素、过程、方法与策略中，并结合我国居家养老的实际情况，在实务模型中增加"老年人生存教育"模块；实务模型以增加老年人的自主为导向，为老年人提供个性化服务，激发老年人潜能，提升其生活掌控能力和社会参与能力，有助于推进居家养老服务专业化进程。

（三）实践内容的创新

针对D社区中有多位老年人卷入购买保健品返现骗局和投资P2P暴雷的情况，开拓性地扩展了传统居家养老服务的内容，从老年人生存教育入手，再结合社区实际情况开展小组工作，创造性地提供了一个成功运用增权取向的社会工作为老年人提供增权服务的案例，验证了居家养老服务中增权实践的可能性、可行性及其实用性。

二　局限

一是增权理念在我国只有小部分人员有一定的认知和应用，在社区居家养老服务中开展增权取向的社会工作实践时，研究人员需要花较多的时间与精力取得居家养老服务负责人及工作人员的理解、信任和支持，因而在一定程度上影响了增权取向的社会工作在居家养老服务中的开展。增权理念与实务模型亟待学术界和实务工作者进一步研究和推广。

二是D社区居家养老服务中的增权实践只是一个个案，不能穷尽居家养老服务中增权的所有情况，本书提出的增权取向的社会工作实务模型还有待在更多地方和更多场景下接受实践的检验和修正。

第二章

增权理论及其启示

增权理论思想源于西方多种社会哲学和政治哲学，自1976年美国学者巴巴拉·所罗门引入社会工作研究之后，增权取向的社会工作取得快速的发展，改变了传统社会工作将服务对象视为"病患"的理念和模式，已经成为社会工作中的权威话语。本章从增权理论的思想渊源入手，探讨了不同理论流派对增权的阐释，并分析了增权与权力、无权、无力感、自助、倡导、参与、自主等概念之间的联系；在此基础上，对脱离理论、活动理论、延续理论、社会角色理论、社会交换理论、社会建构理论、女性主义等老年学理论进行了分析，阐释了这些理论对增权取向的社会工作的启示；从增权的视角出发，介绍和分析了叙事治疗理论及其在实务中的增权应用。

第一节 增权理论

增权理论根源于多种思想，与新教革命后的宗教思想、商业和工业资本主义、杰斐逊式民主、先验论、乌托邦社区理念、无政府主义、泛公民权观等有一定的渊源，与批判思想有一定联系，但在发展过程中呈现出不同的面向：其内涵从最初的政治性因素为主转变为微观的个人性因素为主，从追求宏大的政治环境改变转向追求个体自身及微观环境的改变来改善个体的生存环境。

一 增权理论的思想渊源

增权理论在近30年来逐渐获得认可，从边缘走向中心，在社会工作实务中得以传播和应用，在社会工作理论方面，也一直是创新的焦点，促进了社会工作价值观的反思和社会工作者的自我反省，不断突破传统的社会工作模式，重塑社会工作者对服务对象的认知。

"增权"一词进入社会工作理论视野开始于1976年美国学者巴巴拉·所罗门针对美国黑人社区的研究，但其思想渊源却可以追溯到近代社会哲学和政治哲学的基础。①

新教革命。十六七世纪的新教革命促进了基督教世界观念上的转变，使人们从"出世"的态度转变为"入世"的态度，教徒通过积极参与"俗世"，恪尽职守，通过世俗的成就证明自己是上帝的选民，通过世俗的成就"荣耀"上帝，完成上帝赋予自己在尘世的职责。在尘世中履行上帝的使命就是个人努力工作，承担相应的责任，唯其如此，个人才能被拯救。新教革命将信徒推向原子化的个体，每个个体可以通过阅读和阐释《圣经》来直接和上帝对话，发现上帝的旨意，而不需要借助外在的"专家"或教堂这样的载体，这样一来，民主观念得以深入；由于上帝存在于每个人的心中，所有正统的职业都是"荣耀"上帝的行为，因此，即使是下层的农民，甚至是罪犯都有被救赎的可能。这种思想直接影响着增权理论中的一个预设：身处"无权"状态的个体通过自身的努力就可以改善自己。

商业和工业资本主义。资本主义的发展造就了少数人的发展，同时也使传统农民、手工业者、移民、贫困人口等相当一部分群体陷入困境，个体不仅在经济上处于贫困的边缘，在整个社会、文化、阶层等方面也都处于无权状态，这迫使人们去追寻苦难的根源，同时也增强了他们对自我解放和自主（增权的重要维度）的意识和追求。

杰斐逊式民主。尽管洛克和卢梭已将平等、理性、自律、独立、互惠、公正等原则进行了深入人心的阐述，影响着广大群体，但美国总统杰斐逊将洛克和卢梭的理念融入自己的哲学体系中并加以发挥和推广，使得"自下而上"的民主盛行于美国，同时成为增权理论的重要基础之一。

先验论。先验论强调人的理性和潜力，人类可以从上帝那获得直觉的力量和启示的理性，通过自身的努力而改变个人的处境。先验论认为

---

① 陈树强：《增权：社会工作理论与实践的新视角》，《社会学研究》2003年第5期。

人们可以通过自治实现自由、平等，因此，很多先验论者热衷于创建公社、规划社区，致力于社会的改造和个人的解放。先验论对人性抱有普遍的信念，其乐观主义的主张和理念正是增权理论的一种哲学力量。

乌托邦社区。19世纪30—50年代先验论在美国进行实践的同时，傅立叶和欧文等发展出的空想社会主义思想也在欧洲开始了实验。这些乌托邦社区实验秉持激进平等主义的信念，认为一个理想的社会应该是邻里自由结合与合作，在资源、地位和权力等多方面是平等的，整个社会是由诸多小规模社区构成的无阶级社会。乌托邦社区实践后来发展出关于人际和社区贡献具有可转换性质的理念，强调了互助关系在日常生活中的重要性——这也是增权理论的核心之一。

无政府主义。无政府主义在美国具有天然成长的土壤，自19世纪发端后逐渐受到美国人的青睐。无政府主义主张用自由结合取代集中化的权威，用合作取代竞争，反对社会达尔文主义。无政府主义理念和运动普及了一些基本的原则，如去集中化、自主自愿联盟、无权威和等级的社会组织、手段和目标统一等。无政府主义对社会工作增权理论的提出和发展具有间接而重要的影响。

泛公民权观。19世纪法国哲学家提出了公民权的概念，它是一个集民权、政治权和社会权于一体的集合概念。经过美国及欧洲各国的实践，公民权深入人心，它强调公民依法享有政治、经济、文化和人身等方面的权利，公民有权依据社会契约充分参与社会活动。个人自由、政治权和经济权的强调，正是社会工作中增权理论的主张。

从增权理论的思想渊源来看，增权与激进的批判联系在一起。增权的目的是排除个人行使权力的障碍，增强运用权力的自信和能力，在某些群体和个体之间转移权力，帮助案主获得对自己生活的决定权和行动权。[①] 增权理论的发展也创造出一些实现以激进和批判为目标的社会工作实务内容和方法，然而，增权理论并不是激进和批判理论的代名词，甚至在一些地方，如以个人援助为目的的机构中，非激进的观点和背景更容易被接受，它并不总是贯彻执行批判性任务。增权理论介于社会主义

---

① ［英］马尔科姆·派恩：《现代社会工作理论》，冯亚丽、叶鹏飞译，中国人民大学出版社2008年版。

和集体主义之间，介于个人主义和改良主义之间，也介于反身性和治疗性观点之间，强调的是社会变革和在具体的实务中创建不同的路径。①

二 增权的内涵

在社会工作发展的早期乃至当时的整个社会，对老人、贫困人口、残障人士、精神疾病患者等少数群体是带着问题视角来处理的，认为这些群体是存在问题的、非正常的、病态的，专业工作人员所要做的事情就是针对这些人发现问题、找出"病因"、然后运用专业知识和技能帮助他们回归正常。增权理念的提出和实践改变了这样的观念，也使专业人员转变了工作方式和技巧。在不断的反思下，学者和实践者发现，这些群体面临的问题并不是因为自身生理或心理的原因，而是因为他们缺乏生活的信心和改变生活的能力，因此，社会工作者要做的就是帮助案主找回信心、提高自我意识、树立生活的希望；通过一系列的活动和资源的整合，赋予案主更多的能量，使其变得更有力量。

增权是社会工作的一个专业主题，也是社会工作领域中的权威话语。然而，"增权"一词具有多层面的含义，在不同的使用者和不同的场合中有着不同的含义。从学术上看，增权是指如何赋予无权和去权的弱势群体以权力，对有权和无权的关系进行理论化；从修辞上看，主要用于描述人们获得权力和主张权力的事实；而对机构管理者而言，增权又与危险和激进联系在一起，社会工作者和案主对权力的主张可能会令机构管理者无法容忍。② 正因为这样，增权并没有一个权威的定义来获得一致的认同。尽管增权是社会工作的一种理想追求，但如何定义却有不同的认识，案主、专业社会工作者、社会工作机构、学者、管理人员等相关利益群体都无法认同一个单一面向的定义，更多的是主张增权这个概念应该不断地重新定义和重构。从理解上，增权是一个批判性概念；从社会工作实务上，增权是一种反思性行动。因此，增权概念具有动态性和建构性的特点。

从字面上看，增权是指"权能得到增加"，赋予服务对象"权能"

---

① ［英］马尔科姆·派恩：《现代社会工作理论》，冯亚丽、叶鹏飞译，中国人民大学出版社2008年版。

② ［英］Robert Adams：《赋权、参与和社会工作》，汪冬冬译，华东理工大学出版社2013年版。

和使其"变得有力量",它是一种行为,也是一个过程,是理论,也是方法。在《社会工作词典》中,增权与自助联系在一起:"增权可以关联到服务中的使用者参与和一般的自助活动";① 而其操作性定义可以描述为:"是一种理论,阐述了人们如何为其生命取得集体的掌控,以便实现整个团体的利益;也是一种方法,指导社会工作者通过这种方法来提升服务对象的力量"。② 在巴巴拉·所罗门的奠基性著作 *Black Empowerment: Social Work in Oppressed Communities* 中,增权是一个与社会政治因素相关联的概念,涉及强权者与受压迫者之间的关系,不同层面的社会排斥和政治歧视使黑人逐渐形成负面的自我形象,并逐渐内化;社会政治权力的不平等导致了弱势群体很低的自我评价、无权感和无力感。③ 拉帕波特(Rappaport)认为,增权是个人、群体、组织或社区控制自己生活的一个过程或机制,④ 这一定义侧重的是增权实施的主体或受益者,并没有涉及对过程或机制的性质的讨论,也没有对"控制"的具体意义进行探讨。斯威夫特(Swift)和莱文(Levin)则认为增权是权力的再分配,是过程,是目标,也是一种状态。⑤ Robert Adams 将增权定义为:"个体、团体和社群掌管其境况、行使其权力并达成其自身目的的能力,以及个别和集体,能够借此帮助自己和他人将生命的品质提高到最大限度的过程。"⑥ Mechanic 将增权界定为学习的过程,"增权也许可以被看作个体学会看清其目标同如何实现目标的方法之间更紧密的关系,以及他们的努力和生活结果之间的关系的一个过程";这一定义强调,通过学习过程,个体认识到自己的努力可以影响其生活的结

---

① Thomas, M. and Pierson, J., *Dictionary of Social Work*, New York: Collins Educational, 2010, pp. 134–135.
② Thomas, M. and Pierson, J., *Dictionary of Social Work*, New York: Collins Educational, 2010, p. 98.
③ Solomon, B. B., *Black Empowerment: Social Work in Oppressed Communities*, New York: Columbia University Press, 1976.
④ Rappaport, J., "In Praise of Paradox: A Social Policy of Empowerment over Prevention", *American Journal of Community Psychology*, Vol. 9, No. 9, 1981.
⑤ Rappaport, J., "In Praise of Paradox: A Social Policy of Empowerment over Prevention", *American Journal of Community Psychology*, Vol. 9, No. 9, 1981.
⑥ [英] Robert Adams:《赋权、参与和社会工作》,汪冬冬译,华东理工大学出版社2013年版。

果，认识到如何通过行动来实现其目标；这个定义对于个体层面的增权具有重要的指导意义，也是老年人学习生存和生活技能、通过学习实现增权的理论基础。世界卫生组织（WHO）在卫生健康领域对增权有一个官方的界定，即"增权可以是一个社会的、文化的、心理的或政治的过程。通过这些过程，个人或者社会群体能够表达他们的需求、陈述他们的关注、为参与决策制定设计策略，并为满足这些需求实现政治的、社会的和文化的行动。"[1] WHO 在界定增权概念时意在强调增权对个人健康的影响，但这对老年人的增权与健康同样适用。

在增权内涵的争议中，有三种不同的倾向，第一种是宏观层面上表述为集体政治权力的增加，第二种是微观层面上表述为个人权能的增加和对生活掌控感的增加，第三种倾向则是调和宏观与微观之间的鸿沟，认为个人层面和集体层面的增权是相辅相成的。[2] 在增权的维度上，有不同的分类：Robert Adams 将增权的实践分为自我增权、个体增权、团体增权、组织增权、社区增权和政治体系增权；[3] 廖楚晖等将增权的维度分为主观增权和客观增权：[4] 客观的增权有一个提升的过程，而主观的增权是可以立竿见影地见到效果；老年人主观增权的内涵远超精神慰藉的内容，它是一种精神状态，使老年人变得主动，在主动的追寻中获得精神上的满足，并发挥其自身的价值。尽管对"增权"一词的含义有不同的看法，但我们还是需要有一个可操作性的定义。本书研究的焦点在于老年群体及个人生活质量的提升，着眼于老年人对生活的掌控，克服生活中的无力感和无权感，因此我们将增权界定为：老年个体或群体在社会互动中通过参与社会活动，运用自助和互助的形式，挖掘和激发自身潜能，提升个人能力，实现对个人生活境况的掌控，最大限度提升生活品质的理念、方法、技能、过程和机制。在这个定义中有以下几点需要强调：

---

[1] Bandura, A., *Health Promotion Glossary Geneva*: *WHO*, Cornell University Press, 1998, p. 68.

[2] 陈树强：《增权：社会工作理论与实践的新视角》，《社会学研究》2003年第5期。

[3] ［英］Robert Adams：《赋权、参与和社会工作》，汪冬冬译，华东理工大学出版社2013年版。

[4] 廖楚晖等：《中国一线城市社区居家养老服务质量评价》，《中南财经政法大学学报》2014年第2期。

第一，增权是一个基于本土文化特点和实际情况的社会工作理论框架。

第二，增权是指老年社会工作中以激发潜能为目的的一系列方法。

第三，增权包含了能落实到实践层面来增加老年人对生活进行掌控的技能。

第四，增权是指老年人停止负面形象内化、自我意识提升的过程。

第五，增权是一种老年人持续不断改变不利境况的机制。

增权本身就是一个目标，对生活的掌控这个事件本身就具有治疗的效果。它是一种工作目标，是个体的一种状态，也指达到这种状态的手段。

需要注意的是，增权需要参与社会活动，与他人互动才能得以实现，而自助和互助是主要的形式。

三 权力与无权

社会工作进行干预的目标是服务对象获得权力，增权则是手段和路径。因此，仔细探索"权力"和"无权"，有助于深化对增权概念的理解。

（一）权力

对权力的界定有不同的观点。第一种观点认为权力是获得所需东西的能力，第二种认为权力是影响和改变他人的能力，第三种观点认为权力是影响资源分配的能力。从这三种观点来看，都强调权力是一种能力。[1] 上述对权力的理解有两种倾向：一是倾向于"权威权力"，二是倾向于"社会权力"。"权威权力"是指决策制定的权威，是一种刚性的、总量基本不变的权力，在这一层面使用增权，则会把增权理解为获取决策权，主要从政治层面入手，主张弱势群体参与决策过程，这样一来，增权的过程就是权威权力的传递和转移，增权也就变成一种对抗性的零和游戏。[2] 在早期争取阶级压迫和反抗的文献中，多是采用"权威权力"这一概念。基于"权威权力"的社会工作在实践中会出现增权"内卷化"现象：社会工作者在社会工作实务中对增权不断增强其专业

---

[1] 陈树强：《增权：社会工作理论与实践的新视角》，《社会学研究》2003年第5期。

[2] Rifkin S. B. and Lewando-Hundt G., *Participatory Approaches in Health Promotion and Health Planning: A Literature Review*, London: Health Development Agency, 2000, p. 253.

性，进行专业化的转化，而这样的趋势对服务使用者来说却是一个增权被弱化的过程，因为增权越来越成为一个学者的主题或实务工作人员主宰的领域，而不是考虑案主实际增权的过程和结果。此外，科层制的官僚机构雇用社会工作者来使服务使用者得到增权，在多大程度上能得以实现增权的目标也是值得商榷的。因此，基于"权威权力"的增权在社会工作实践中逐渐式微，也在反思和批判中不断接受质疑。在一个权力固化、社会系统相对僵化的环境中，只关注权威权力就会把增权推向一个激进和批判的向度，从而忽略了现阶段社会工作可能实现的目标。

"社会权力"的概念基于社会心理学领域，在社会工作领域也被广为接受，它是指对其他人的权力或影响——这是关于权力更大、更宽泛和更一般性的概念。在社会交往中，拥有影响力的因素取决于一个人拥有决策的权力，也取决于个人的知识、技能、信息，或者是声望，抑或是对资源的控制——这一维度对权力的理解就更为贴近增权的实践。"社会权力"的大小不单单是客观上获取利益多少的一种度量，同时还是一种主观的感受，这种主观的感受同样能使个体获得良好的情感体验，形成自尊、尊严感和存在感。因此，在构建本土化增权理论框架和实务模式的时候，对权力的度量不能采用单一的客观标准，更要强调主观感受。

权力是社会互动的产物，在社会交往的过程中，人才能产生影响他人和社会公共事务的能力和感觉，才能摆脱被孤立和被排斥的境地。在一定程度上可以这样认为：对权力的强调更多是对服务对象社会参与的强调。在社会参与和社会交往中，个体适应环境，表达意见，实现对公共事务的决策和控制，在这个过程中获得积极的自我概念和尊严感，促进个体形成积极的自我形象。

（二）无权

权力是一种能力，那么无权就是缺乏这种能力。也有观点认为，无权也可以理解为缺乏资源：经济上和社会上的弱势群体因为缺乏资源而导致无权。[①] 当然，这里所提的资源不单单是客观存在金钱、住房等有形资源，也包括积极的自我观念、健康状态、学习和表达能力、社会网

---

① Serrano, G., *The Illusion of Empowerment: Community Development with in a Colonial Context*, *Studies in Empowerment*, The Haworth Press, 1984, p. 54.

络等无形资源。与权力具有主观维度一样，无权也是一种主观感受，不但是客观上缺乏能力和资源，同时也在主观上表现为较低的自我评价、认可社会的污名化标签、自我指责和贬低。

无权表现为一种缺乏能力和资源的状态，其根源在于个体对这种状态的不断内化。当个体面对能力或资源缺乏的状态时，会逐渐将这一事实进行内化，产生无助和无力的感觉，个体在与环境的互动中建构了自己无权的形象和感觉。这一内化过程在学术上有不同的表述，如异化、习得的无助等。

四 增权与自助

自助可以简单理解为自我帮助，因而也是增权的一种形式。增权概念从观点和实践上看，很大一部分是源于自助和互助的传统。18世纪，欧洲就出现了很多互助形式的社团组织，这些互助会或组织向会员收取小额的会费，然后利用这些会费和向外界争取的援助，及时向有困难的会员提供支持，帮助会员摆脱困境；直到今天，欧美许多国家（如英国、德国、加拿大、美国等）还保留着存款互助会这样的一些互助组织（类似于为穷人设立的银行）。19世纪中叶，强调个体自主、自助成功的慈善政策和社会工作提供的支持越来越常见，并深入人心。在自助实践中，个体和小团体的作用得以凸显，专业人员的职责限定在激励、提供物质支持和精神支持上，解决问题的根本还是个体。因此，自助也是一种个人主义的表达。

自助的起源有多种，从人类群居以来就得以发展，其现代和当代根源有人追溯到20世纪中叶在美国蓬勃发展的自助观念，也有人认为它是由撒切尔主义进一步推进的。而在无政府主义理论先驱Kropothin那里，自助和互助早就得到了深刻的阐述，他认为自助对整个民族都是有利的，因自助而产生的集体利益能使整个民族成为一个健全的共同体；对个体而言，通过增进个体社区参与的方法，自助能满足个体的需求，为个体提供安全保障，增进个体的自觉，避免个体丧失对生活的掌握权。[①]

自助在某种程度上是一种反智主义的载体。反智主义主张效用论哲

---

① Kropothin, P., *Mutual Aid: A Factor in Evolution*, Boston: Porter Sargeant, 1902, p. 132.

学和偏好业余主义，以此来对抗当代社会工作中基于科学主张的专业主义。自助根植于业余主义、自愿组织和自助团体，在慈善事业中成为主流。慈善施与只是一种给予，而基于自助理念的慈善和志愿行动则能真正帮助个体成长，个体的自助精神在人生命中得以彰显，就能形成整个国家的活力和实力的来源。

国外社区照顾和健康看护越来越重视自助和志愿行动，有多个方面的原因：一是人们对机构照顾和治疗的方式充满着失望和质疑，传统的临床治疗并没有实现公众的期望；二是政府经费紧张，基于经济的考虑而减少了机构的数量，将更多人推向社区，希望他们在社区能得到系统的照顾和支持；此外，自助和互助发展出来的补充式健康理念和实践受到欢迎；而服务使用者自我意识的提高也是一个因素，越来越多的人不愿意将自己的处境置于专业人员的审视之下，因为成为专业社会工作者的"案主"容易给人以"污名化"的感受——这在传统文化深厚的社区中更甚。

自助与志愿活动也总是联系在一起。尽管20世纪40年代之后福利国家得以扩张，但基于自助的进取精神和创造性活动得到了大力的鼓励和支持，志愿活动和自助依然得到了蓬勃的发展。

基于自助的增权在居家养老服务中有着重要的地位。以治疗为主的社会工作模式并不能彻底地解决老年人的问题，老年人在这种模式中是一个被救助的角色，专业人员充当着拯救者的角色，然而，拯救并无法使老年人增权，拯救与无力感之间也总是存在共生的关系；只有当老年人通过自助主动利用资源，通过专业人员的协助（而不是拯救）实现自我增权，老年人才能获得生命的掌控感。

专业社会工作服务以机构和服务为中心，运用专业知识和特定的理念，通过系统的应用和反思，对服务对象提供正式的、收费的服务，而自助则是以服务使用者为中心，运用通俗的知识技巧，通过直觉的应用方式，为服务对象提供非正式的、花费很少的服务。基于此，基于自助的增权在社会工作中得以发展，为服务对象所认同，也为政府所倡导。

五　增权与倡导

增权与倡导都是社会工作的重要内容，两者之间又存在密切的关系。倡导在某种程度上就是"代表"，是一种提倡案主观点和需要的服务，一套实现这种服务所需的技能或技术，以及在强势群体面前为无权者所做的解释。① 倡导的目标是代表无权案主的利益去面对强权者和社会结构，为案主争取福利最大化以及其他权利；从这一角度来看，倡导更多的是一种"利益倡导"，源于法律的倡导，倡导者充当案主的代表，为案主代言，向当权者和强权社会结构陈述、解释和争取利益；倡导在个体层面是为了实现个人或家庭的福利，在群体层面则是为了群体的利益，通过抗争等手段实现其利益，促进社会的变革。与"利益倡导"类似的表述还有"原则性倡导""自我倡导""公民倡导""同辈倡导"等方法。原则性倡导是指遵循案主个人意愿和指示，从现有社会福利体系中获取最大利益的行动方针；它回避了案主社会压迫的一面和抗争的政治诉求，要求社会工作者具有良好的协商能力和果敢（assertiveness）的品质。自我倡导主要应用于官方组织的群体活动中，面向具有学习障碍的人，人们聚集在一起探讨个人境遇、陈述困难、表达期望。公民倡导则是社会工作者加强与潜在孤立案主之间的联系，理解他们的需要并为之代言。同辈倡导发源于自主组织，身处同样困境的人们通过协同工作来表达个体的需要。这些倡导的方法从不同的层面展示了倡导的工作面向和技巧，都蕴含在增权取向的社会工作之中，因而增权与倡导这两个词也经常交互使用。

增权是社会工作长期追求的一种理想，其最早针对受压迫的群体，但发展到今天，针对个体的倡导工作也被归入增权的过程；而在实践中，社会工作者大多采用某种形式的倡导方法来实现增权的目的。倡导并不以增权为唯一目标，但离不开增权的主张；倡导是增权的一种方式和途径，增权是倡导的一个必然的过程和结果。

从发起主体上看倡导的形式有三种，一种是由困境中的当事人发起的倡导，一种是由律师、社会工作者、会计等人推动的有报酬或专业的倡导，还有一种是无报酬、业余的倡导。② 无论是哪一种形式的倡导都有增权的取向。在传统的社会工作中，社会工作者是专业的授予者，给

---

① ［英］马尔科姆·派恩：《现代社会工作理论》，冯亚丽、叶鹏飞译，中国人民大学出版社 2008 年版。
② ［英］Robert Adams：《赋权、参与和社会工作》，汪冬冬译，华东理工大学出版社 2013 年版。

案主提供服务，而倡导中的自我倡导则对这一模式进行了颠覆，在自我倡导中，案主通过努力可以进行自我增权，同时可以越过社会工作者继续主张和追求自身的利益，在没有社会工作者的情况下继续获得援助，行使案主本人的权利。在老年领域，案主容易被边缘化或差别对待，因而在老年社会工作中运用自我倡导的方法，可以使老年人通过自我的确立和权利的探求而改变现有的一些境况。增权的一个重要方面就是在观念上的倡导。对于老年群体而言，改变自身的观念，本身就是一种增权。

六 增权与参与

参与是老年人增权的战略目标——战略目标是指实现最终目标的过程或手段，服务于最终目标。具体到老年人的增权上来看，参与是实现老年人自主的过程或手段。在学术界，增权跟参与一样，被看作方式和目的，增权可以看作实现参与的手段，也可以看作参与的目的，但最终的目的是帮助老年人实现自主。增权与参与紧密相关，有时两者会交互使用。为了使老年人增权，非常重要的途径是让老年人真正参与到决策和增权的过程中——这个意义上的参与是一种实现增权的特定方法；老年人增权的结果就是能实现自主，获得参与资源分配的机会，接近参与社会活动的渠道，获得参与感和掌控感——这个意义上的参与是指增权的结果。

不过参与并不一定能带来增权的结果。近些年我国有不少学者针对中老年人参与广场舞等社交活动进行了研究，一些研究发现：休闲类的参与并不能带来增权。众多的中老年人活跃在各大广场上，从参与的角度看是老年人抱团、集体跳广场舞、相互交流和慰藉，其本身是一种社会网络的支持，通过参与，老年人获得了情感上的支持和健身的目的，但这样的结果离实现老年人的自主还有一定距离：广场舞等社交休闲类的参与只局限在老年人的内部，是一种对增权而言效率较低的活动，容易陷入社交内卷化的境地，即老年人花了更多的时间和精力在同层次的人群中，但没有获得整个社会的认可，整体上在增权维度是没有多大效力的。老年人之间的互助和自助是一个值得挖掘的方向，但融入整个社会、获得多维度的支持也是一个需要努力的方向。抛开增权的参与更多的只是一种休闲时间的分配。老年人增权的表现是老年人拥有了自主的意识和能力，以及获得自主、自助的平台、渠道和机会，但在广场舞活动中，更多反映的是老年人没有其他参与的机会和渠道来实现自主，被结构性地挤出了获得自主的途径。

七 增权与自主

自主指的是个人自我选择和行动的机会与能力。人的自主分为三个层面：个人自主性（direct personal agency）、代理自主性（proxy agency）和集体自主性（collective agency）。[①] 本书从狭义的视角使用人的自主性，即指个人自主性。

从"自主"层面来理解增权的概念与增权的活动比从"权力"的层面更具有解释性和可接受性。自主强调的是个人在自我改变和主宰命运中的作用，增权强调的是让个体获得知识、技能，通过自身的努力去获取资源、形成更广泛的保障联盟、获得更多的政治和经济的支持，从而实现自主；在寻求自主的过程中，个人获得"权力"（社会权力），但"权力"不是增权的目的，而是为实现自主的目标服务的。因此，增权的本质就是增加人的自主性。

从"自主"层面更容易理解增权中的权力采用"社会权力"而不是"权威权力"。在"权威权力"的层面，权力缺乏者应该尽可能赋予更多的权力，从而控制自己的生活和他人的生活——但这种权力的获得意味着其他人权力的失去，会损害其他人的权力，这样一来，增权就变成一个系统内部权力在不同群体间的迁移，一个人或一个群体权力的增加意味着另一个人和另一个群体权力的减少，增权不会带来整体权力的提升，只会增加对抗性。因此，以"权威权力"作为增权概念和增权活动价值取向的观点需要予以排除；个人的增权必须尊重他人的自主性。增权是增加个体的"社会权力"，在寻求个人自主性的同时也尊重他人的自主性，个体与他人在增权的过程中形成合作伙伴关系，实现共同的增权，而不是此消彼长的增权。

满足老年人的自主需求是提升老年人生活质量的内在要求，而提升老年人的幸福感和对生活的满意度是自主与增权的要义。自主是本书中反复提及的一个概念，它是个体的基本需求之一——控制和主宰自我的

[①] Bandura, A., "Social Cognitive Theory of Mass Communication", *Media Psychology*, Vol. 3, No. 3, 2001.

生活、决定自我的命运是每一个人的基本需求，是增权的目标和最终结果。老年人对情感的需求、亲情的需求，这些与其他群体无异。同时老年人还有对支配的需求、尊重的需求、奉献的需求等，这些都属于老年人自主方面的基本需求。增权对应于人对自主这个基本需求的满足，首先是主观体验的提升，同时也为提升生活质量增能；增权取向的社会工作就是将增权理念融入服务中，以增权取向的工作模式和工作机制，传播理念，帮助老年人树立自主的能力，达到自助和助人的目的。

第二节　老年理论及其增权启示

老年学理论包括生物学理论观点和社会学理论观点，前者从生理、生物和遗传的视角解释个体衰老的过程，后者从社会学的角度解释个体老化的历程、总结个体老化和适应老化的规律。下面探讨社会学中几个主要的老年理论，并分析其对增权社会工作的启示。

一　社会撤离理论

社会撤离理论也称为脱离理论（disengagement theory），认为老年人应该脱离原有的工作环境，退出生产领域，进入一个与社会活动保持一定距离的新角色；这种安排对老年人自己来说是颐养天年，获得更多的闲暇和自由支配时间，对于整个社会而言，老年人在人力资源上已经没有太大的竞争力，应腾出岗位，给年轻人提供平台和机会，实现正常的更替。衰老是在整个社会背景下进行的，老年人退出经济、社会和政治领域的活动之后，年轻人进行补缺；老年人退出积极的社会角色，接受被动的社会角色，可以给年轻人更多的空间和机会。因此，老年人与社会之间的脱离是符合社会发展的一种必要选择，同时对老年人来说也是利好：摆脱积极角色之后也就摆脱了社会对其生产能力和竞争能力的期待。

脱离理论的预设前提有四个：一是人的能力和对社会的贡献会随着年龄的增长而下降，老年人不具有竞争力；二是社会提供的就业机会是恒定的，需要实现新老替换；三是这种制度安排对老年人、年轻人，乃至整个社会都具有合理性，是工业社会正常运转的一种功能性安排；四是人随着年纪增大也愿意减少与社会的交往和参与社会活动的频率，更愿意关注自己的内心和过平静的生活。

　　脱离理论具有较强的指导意义，也是我们社会中退休制度背后的支撑性理论，已经运行了较长的时间，并获得大部分人的认可，成为每个人人生规划中的一部分。然而，在这个变迁社会中，变化是永恒的，社会中出现的变化足以颠覆脱离理论背后的基本预设。

　　第一，从"老年人的能力随年龄下降、不具竞争力"来看，在以体力劳动为主的农业社会和工业社会初期是符合实际情况的，大部分国家将退休年龄设置在55—65岁，具有一定的合理性，从生理特征和健康状况来看都是必要的，然而在后工业社会，体力劳动并不是工作的必备条件，个体可以从事更多不依赖于高强度体力劳动的工作，此时，限制个体能否继续从事工作的客观条件——体力，就不再是决定因素。在当前社会就已经初显端倪，越来越多的老年人从事零售、电子商务等非传统意义上的正式工作，退而不休；在某种意义上，老年人一生的经验和知识积淀在一些领域更有价值，如教育培训、医疗等领域，具有年轻人无法比拟的优势。而越来越多的老年人在"第三龄"（60—80岁）表现得非常健康且有活力，与传统意义上的老人有很大的区别。人的平均预期寿命普遍延长，发达国家基本都达到80多岁，身体状况和健康状况比以往好很多，也就是说，在老年人退出工作岗位之后还可以再生活20年以上，但能为社会做出贡献的时间也因人而异，有的可能会一直为社会奉献到直至生命的结束；因此，如何开发老年人的潜能、充分利用老年人的人力资源、为老年人提供适当参与社会活动的机会成为世界各国面临的重大问题，关系到"老有所为"的实现。

　　第二，就业机会并不是恒定的，而是可以创造出来的，尤其是技术进步带来的变化，使就业机会的总量变得不确定，人工智能的兴起导致越来越多传统工作的机会消失，新的就业岗位被创造出来，而老年人从事相应的工作是否对年轻人就业造成挤占的威胁也就无法确定。

　　第三，基于第二点，年轻人和老年人之间在技术变迁和社会变迁的大背景下，两者之间的关系会不断被重塑，我们预设的紧张冲突、非此即彼的结果并不一定符合现实。如果技术进步到代际之间的互融互通，那么这一前提也会产生动摇，甚至有可能发生根本性的颠覆。

　　第四，老年群体内部存在很大的差异性，既有愿意主动退出积极社会角色的老人，也有愿意一直保持较高活动水平的老人；许多老人的生活满意程度直接与社会参与度紧密联系在一起，积极与社会和他人的交往和参与社会活动更有益于其身心健康。此外，不同文化背景下的老年人角色是不一样的；在一些文化传统中，老年人能为年轻人提供经验和指导，为家庭提供巨大的支持，他们并不能套用到社会撤离理论中；而老年人退出积极的社会角色是否一定对社会有利也是一个值得争议的话题，许多在文化、教育、科学、卫生等领域从业的人随着年龄的增长及其丰富的经验，继续在原来岗位上工作对社会而言也是一个有利的选择。

社会撤离理论的争议给增权取向的社会工作实践提供了多面向的视角。面对不同年龄、不同身体状况和不同社会活动参与意愿的老人，我们采取的增权策略就要因人而异。身体状况好、参与意愿强的老人可以在小组活动、社区互助组织以及慈善和公益事业中为其找到发挥潜力的平台和机会，实现"老有所为"的目标，实现自身的价值；而身体欠佳、参与意愿弱、更愿意移交一些社会角色和责任的老人，则可以协助其充分表达自己的意愿，让家庭成员或社会接手其职责，为老年人营造平静的晚年生活提供条件；不得不违背意愿承担职责或脱离社会活动的老人，则需要为其提供调适的机会使其能适应这种状态。

二 活动理论

活动理论（activity theory）的主张与社会撤离理论相反，认为积极参与社会活动、与社会环境保持良好互动关系的老人比活动水平低的老年人对生活更为满意，更有可能度过成功的晚年。从理论上来说，老年人与社会保持积极的互动，在一定程度上能降低衰老、丧偶、退休、空巢等不利处境带来的负面影响，把自身与社会的距离缩小，使老年人将注意力和精力分配在社会活动和人际互动中，延缓大脑退化的进度，促进身心健康。该理论普遍为老年社会工作者所接受，认为给老年人提供参与社会活动和人际交往的条件，鼓励老年人参与合适水平的社会活动是老年人生活品质的保障。

当然，活动理论并非适用于所有老年人，在实际情况中还得具体对待。一方面，每位老年人对适当水平的社会活动会有不同的理解和接受程度，部分老年人如活动理论所假定的那样，高程度地参与社会活动能带来高质量的生活品质，如果没有机会参与或低程度地参与则会郁郁寡欢，只能枯坐家中，导致患老年抑郁症；还有部分老年人则会更倾向于内心的自我交流，对不再承担一些角色和职责感到轻松和愉悦，赋闲在家养花、写字获得生活的满意；另一方面，活动理论忽视了老年人在经济水平、身体健康和生活方式方面的差异：外出旅行、积极参与多样的社会活动等需要相应的经济条件和健康状况作为基础；年轻时倾心抚养孩子，中年时又没有经济上的积累，晚年可能还需抚养孙辈，如此一来，老年人就没有保持积极活动的金钱、时间和精力，对这些老人而言，轻松一些的生活更有吸引力，他们生活质量的提升与活动理论预设的路径就会不一致。

三 延续理论

延续理论也称为连续性理论（continuity theory）。该理论认为，每个人有不同的性格、生活方式和活动水平，这些因素在衰老的过程中起着重要的作用；老年人在衰老的过程中一般不会选择迥异的生活方式，也不大可能彻底地改变自己的性格，在活动水平上基本也会延续中年时的情况——这种稳定性和延续性是保证老年人生活质量的重要因素，是老年人生活幸福满足的保障。延续理论认为消极和内敛的人退休之后也会如此，而自信、活跃、积极的老人也很少能在家枯坐，如果老年生活能与中年时代保持连续性，老年人的生活会更为满意。当然，这种延续性包括外部的延续性和内部的延续性：外部延续性是指对某些活动保持着持久的兴趣，即使条件不具备（比如说身体不允许再打羽毛球了），也能转移到相关的方面（如观看羽毛球赛事，为羽毛球协会做志愿服务等）；内部延续性是指性格特征的稳定性。

延续理论认为老年人的生活是中年时的翻版，连续一致使老人生活满意幸福，不一致则导致沮丧和生活质量的下降——这一假设在心理学中也能找到有力的支撑：人的性格和人格特质会在一生中保持稳定和一致。然而，如果过分强调老人活动水平的延续性也会带来一些困扰，它无法解释社会环境、经济条件和身体状况等重大变化给老年生活带来的影响。如一些老年人由于身体状况恶化而无法参与某些活动，是否就意味着他就不可能调适好生活，再也无法获得幸福和快乐？一些老年人在中年时由于财力和家庭的限制无法建立较多的社会联系，是否就意味着他老年时无法主动获得令人满意的社会支持网络？延续理论忽视了老年人调整自己适应新情况的潜力，可能妨碍老人根据自己的意愿选择不同的生活方式。

延续理论给增权理论的启示是：①深入地了解老年人的性格特征和其青年及中年的生活方式，有助于有针对性地提供其延续一贯活动水平的方案和措施；②根据老年人的个性特征制定服务标准，而不是假想某一共同的规范和标准适合所有老人；③充分尊重老年人改变自己生活方式的意愿，帮助老年人适应因衰老和不可抗变故带来的新情况，挖掘其适应新情况的潜能。

四 社会角色理论

社会角色理论（role theory）强调社会对老年人在互动和关系中的期待。角色是社会交往和互动中成套的行为期待，是人与人之间的一种稳定的相互关系。人的一生在不同阶段会承担着不同的角色，对老年人来说，从年轻和中年时的角色过渡到老年所扮演的角色是否成功，决定其晚年生活是否幸福。人在年轻时是父母、工作人员、社会组织成员、配偶等，而老年人承担的角色就会转变为祖父母、退休人员、丧偶等，一些中年时所承担的角色会丧失，也会得到一些新的角色（一些中年时所承担的角色会随着时间的更替而丧失，他们也将会获得新的角色）；角色扮演是否成功关系着一个人的自尊和自信，也维系着一个人的社会身份。角色理论认为，老年人从原有的角色中成功过渡到与年龄相匹配的角色时，老年人就能拥有幸福满足的生活，如果转化不成功，或无法建立相应的替代角色，老年人就会对自己的生活感到不满。

角色理论为老年人调整和适应新的环境和情况提供了指引，为增权理论的应用提供了可供借鉴的维度：帮助老年人找到和适应新的角色是帮助老年人掌控生活的一个重要方面，有助于社会工作者找到激发老年人权能的工作突破口。

五 符号互动理论

符号互动理论（symbolic interationism theory）是社会学中一个比较成熟的理论派别。关于符号互动的探讨源自早期美国学者詹姆斯、库利、米德等学者，他们关于"自我"的分析、"情景定义"给后来的分析奠定了基础，戈夫曼的拟剧论乃至后来的现象学和常人方法论，将符号互动理论推向了一个新的高度。符号互动理论强调，个人"自我"概念的形成来自人与人之间、人与社会环境之间的互动，这种互动则是依靠个人赋予"符号"以意义来完成的，个人依靠着"我看人看我"形成"镜中我"，个人对媒介和他人发出的符号进行意义解读，在此基础上形成一个外部世界如此认为的"自我"，然后个体对这个"自我"进行内化。

"污名化"的视角来自符号互动理论。如果整个社会文化对老年人是一种歧视态度的话，那么这个社会就会在不同的场合和环境下发出一系列的"符号"，如广播、电视、电影、广告、整个社会环境将老人描述成无用、无力、昏聩、偏执等形象，那么老年人就会将这些符号进行意义解读，然后内化，形成一种错误的自我认知，接受外界所贴的"标签"。

符号互动理论从宏观和微观角度都给增权理论以启示：①宏观上针对老年人的增权必须考虑从整个社会对待老年人的文化和环境入手，营造一个尊老、敬老、爱老的社会，建设一个对待老年人环境友好的社会，包括文化传媒、基础设施等，彻底清除"污名化"的因素，防止"标签化"的倾向；②微观上我们需要正确对待老年人在衰老过程中的表现，防止做出过度的反应而损害老年人的自我认知；如在衰老的过程中，子女或社会对老年人的正常表现关心过度，处处替其做决定，时间一长，老年人就会接受这些消极的标签和符号，也认为自己不再能处理自己的事情，没有办法掌控生活，自己主动退入到消极和依赖的角色，内化了"无力感"和"无能感"，从而对身心造成损害。

六 社会交换理论

在古典经济学中，交换理论（social exchange theory）就得以蓬勃发展，后来人类学对原始部落的考察陆续提出了非经济领域关于交换理论的观点，而心理学和社会学领域也各自拓宽了交换理论的解释范围，针对社会领域中的交换进行了深入的勾勒。社会交换理论认为社会互动是一个交换的过程，在这过程中双方以各自拥有的资源来满足对象的需求，而一旦一方无法通过交换得到适度的满足，交换就会停止；而用来交换的资源不单单指物质财富上的交换，还包括尊重、能力、权力、成就、健康、美丽等；整个社会是以个人拥有的资源来确定个体的社会地位的。老年人拥有的社会资源和权力比年轻人少，因而在社会交换过程中处于不利地位，更多屈从于依赖的角色。

社会交换理论揭示了老年人与年轻人互动中的弱势处境，尤其是考察家庭内部老年人的权力和影响力衰退的过程，也有助于理解传统社会和现代社会老年人在家庭中地位变迁的过程。对于增权理论来说，社会交换理论启发了社会工作者从社会交换的视角思考老年人的不利处境，也启发了社会工作者从倡导整个社会的尊老文化到增加老年人的交换资源的增权路径。让老年人拥有帮助和支持下一代的能力和资源，意识到自身的价值和曾经做过的贡献，身处于被尊敬和被需要的文化和社会环境——这些都是增权的具体方式。

七　社会建构理论

社会心理学领域中关于"污名""刻板印象"等概念的提出开拓了群体压迫和歧视的研究，而角色理论、标签理论等对人类互动领域的描述和解释给人们更为深刻的理解。社会建构理论（social constructionism）综合了社会心理学中的成果，基于后现代主义哲学的视角对个人生活世界做出了独特的诠释。社会建构理论认为，一成不变的客观事实并不存在；每个人的日常生活都是建立在意义赋予的基础之上的；人们自己创建了现实，而这些现实又是会随着时间而改变的。年轻人会在特定的阶段将谋取生存资源、对家庭尽责作为生活世界的首要任务，而随着时间的推进，当进入晚年之后，对自己现实世界的社会建构就会将做好伴侣排在靠前的位置，人们自己建构了自己的现实，认为老年应该与社会保持一定距离、降低社会活动水平，那么他就会如此行动；反之，如果老年人认为应该在老年阶段完成更多以前没有完成的事情，那么他也就会积极去行动。总之，社会建构论认为老年生活是个人对自己所处人生阶段看法的反映。①

对增权理论而言，社会建构理论有助于增权取向的社会工作者采取个性化的工作方法，从生命历程、个体叙事等角度了解老年人建构的事实，从而帮助老年人参加符合其建构的生活世界的活动。

---

① ［美］凯瑟琳·麦金尼斯-迪特里克：《老年社会工作生理、心理及社会方面的评估与干预》，隋玉杰译，中国人民大学出版社2008年版。

八 女性主义

女性主义（feminism）批判父权制下的社会关系，认为父权制下的观念和社会关系贬低了女性的价值，对女性经验进行了剥权和去权。[①]女性主义认为传统理论否定了女性经验的特殊性，忽视了女性在社会结构关系中的不平等地位，把男女的经验混为一谈。女性主义对老年社会工作产生了很大的影响，使社会工作者对女性老年人独特的需求、经验、不平等待遇给予了充分的理解和尊重。

事实上，女性比男性的平均预期寿命更长，女性在职业地位等方面获取权力受到了差别对待，导致晚年经济地位相对较低等，女性主义的这些视角有助于增权理论在宏观层面上从政治性高度进行考虑，在微观层面上更多考虑老年女性的独特性，在活动安排和取舍上更关注两性之间的差异。

第三节 增权取向的叙事治疗理论

叙事治疗理论可以实现老年人的增权，消除老年人的无力感，挑战主流叙事，使老年人获得生命的掌控感。在我国传统文化中，通过叙事治疗实现老年人的增权也是比较容易入手的指导理论，容易为老年人及温和增权取向的社会工作者所接受。

一 叙事治疗理论概述

20世纪80年代迈克尔·怀特和妻子雪莉尔·怀特开创了一个家庭治疗中心，在运用传统家庭治疗方法的过程中发现，家庭心理治疗师以一个旁观者的角色，将案主视为问题，采用建立在决定论、因果论、系统论和控制论之上的心理治疗方法并不能有效解决案主的问题，意识到个人有自我建构自己生活和问题的能力；此后，迈克尔·怀特在吸收人类学、心理学等知识的基础上，结合临床实践著有代表作《从叙事方法到治疗终点》《叙事治疗的工作地图》等，奠定了叙事治疗的理论和实务基础。美国的吉尔·弗里德曼（J. Freedman）和金恩·康姆斯

[①] ［英］马尔科姆·派恩：《现代社会工作理论》，冯亚丽、叶鹏飞译，中国人民大学出版社2008年版。

(G. Combs）逐步将叙事治疗引入社会工作领域，其合著的《叙事治疗——解构并重写生命的故事》成为社会工作领域的工作指引。[1]

在叙事治疗理论中有四个基本的视角，一是社会建构主义的理论视角，认为不存在一成不变的客观外在，客观世界存在于人与人之间的交往和互动之中，不断受到社会性和历史性因素的塑造，是一个动态的存在。二是语言哲学的视角，人与人之间的互动是通过语言来进行的，语言规定了我们看待问题和世界的方式，也只有通过语言，我们的生活世界和个人经历才得以成为故事。三是知识和权利的视角，人们在社会生活中通过沟通和交流赋予生活以意义，不断建构自己的生活世界和生活故事，形成不同版本的故事；然而，在现实生活中有主流叙事的版本，有可能排斥个体的叙事方式和对故事意义的特有诠释，从而剥夺了个体生活经验的本原意义。四是相对性的视角，个体的独特性使对同样生活经验的解释变得多样，人们借助语言认识和解释自己的生命历程，通过对故事的不断讲述和诠释来建构自己的一生，这是一个动态的过程，也不存在绝对的、一元化的版本。

叙事治疗理论强调个体通过叙事来将生活事件和经历故事化，并在叙事的过程中组织自己的生活，而社会工作者则在与案主的互动过程中，通过对话使问题得以呈现，并鼓励案主通过意义赋予来诠释生活事件，通过共同建构故事和意义来减轻焦虑，消解困扰，重获生命的意义和动力。叙事治疗是一种自我叙事，是一个意义赋予的过程。[2]

二 叙事治疗的工作程序与技巧

叙事治疗的基本逻辑是发现对案主造成不利影响的叙事，从而挑战主流叙事，与案主共同建构一个具有建设性的有利叙事。这一过程可分多个步骤加以实施。[3]

（1）树立合作、共同构建故事的理念；

（2）将案主个人与问题进行分离，采取外在化的视角；也就是说，案主的"问题"在于其与他人对问题的界定不同，而不是案主等同于

---

[1] ［美］迈克尔·尼曼、理查德·施瓦兹：《家庭治疗——理论与方法》，王曦影、胡赤怡译，华东理工大学出版社2005年版。
[2] 文军：《西方社会工作理论》，高等教育出版社2013年版。
[3] Carr, A. M., "Narrative Therapy", *Contemporary Family Therapy*, Vol. 20, No. 4, 1998.

"问题",因此需要外化问题;

（3）帮助案主发现和辨识生活中没有遭受压制的时期（或者说案主成功处理问题的独特经历和事件）;

（4）强化案主对这一时期的叙事;

（5）将过往成功的经历与当前的事情和问题联系起来,重新对自我进行叙事;

（6）与他人互动,让他人见证新的自我叙事;

（7）用文字记录过往成功的经历,以支持新的叙事;

（8）与他人分享。

对这一过程的描述还有美国学者弗里曼（M. Freeman）和卡切诺尔（G. Couchonnal）的成果：①倾听案主的叙事,并加以理解;②协助案主找出问题;③共同寻求故事的意义;④帮助案主找出主流叙事与个人叙事之间的压制关系,帮助案主认识到其中的权力和宰制关系;⑤外化问题;⑥重构故事;⑦帮助案主提升重构替代性故事的能力;⑧分享故事。[1]

以上程序大同小异,都包含着案主叙事、找出问题并外化问题、重新叙事这三个基本的步骤,在这个过程中需要运用到社会工作实务中的倾听、提问和仪式化释义、使用治疗文件等技巧。[2] 倾听技巧的使用中要求社会工作者放弃主流叙事的宰制,配合案主,以案主为中心,理解和体会案主对生活世界的叙事;提问技巧需要社会工作者发展结构式提问、发展故事的提问和意义性提问的技能,外化案主的问题,帮助案主重构故事,帮助案主对新故事赋予意义;仪式化释义技巧要求社会工作者对案主生活进行"深描",在讲述、复述和重述的过程中实现意义的重新赋予;治疗性文件则是社会工作者或案主记录的笔记、录音、影像、信件等,有助于丰富案主重构的故事;治疗性文件主要应用于评估和结案阶段。

三 叙事治疗法在居家养老服务中的应用

埃里克森（Erickson）在他的生命周期理论中将人的一生划分为若

---

[1] Freeman, M. and Couchonnal, G., *Narrative and Culturally Based Approaches in Practices With Families*, New York: Families in Society, 2006, p.60.
[2] 文军:《西方社会工作理论》,高等教育出版社2013年版。

干个阶段，每一阶段个体都有自己的特点和任务，如果相应的任务得不到完成，人就会陷入困境；在生命周期最后一个阶段的任务是自我整合和解决自我绝望的问题。① 完成最后生命阶段任务的一个有效的方法就是缅怀往事和人生回顾；老年人通过回顾人生及人生中的重大事件，给相关事件赋予意义，从而获得人生的成就感和圆满感，为自己的一生进行有意义的诠释，从而为余生找到坐标和支撑点，获得生命的动力。

由于老年人逐渐意识到死亡的临近，因而更倾向于缅怀往事或进行人生回顾，找出人生中尚未解决的冲突事件，通过正面面对这些事件，寻找解决之道或进行自我宽慰，从而消除内疚感，实现内心的平和。人生回顾有助于老年人有机会处理未了事宜，弥补人生缺憾，将自己的一生赋予价值和意义，实现自我的整合，避免自我绝望情绪的产生。

（一）缅怀往事

缅怀往事的目的主要是让老人回忆起幸福快乐的往事，从而改善当下的情绪，协助老人更好地适应现在的生活，平息可能的焦虑或缓解潜在的抑郁情绪——这是一种叙事型缅怀往事方法；缅怀往事还有利于老年人提升应对目前生活的技能而重拾自尊，如相当一部分老年人只是关注目前的困境，从而妨碍老人运用既有的能力和技能来改善和处理问题，如果老年人对往事的缅怀能意识到自己曾经成功处理过类似的事情，拥有相应的技能，那么老人就可以重拾信心和自尊，调动以往的经验和能力来改善目前的处境——这是一种工具性缅怀往事方法；此外，缅怀往事还有助于老年人提升社会交往能力，长期居家老年人的一个潜在的危险倾向就是自我疏离和自我隔离，尤其是身处病痛折磨的老人，他们与人相处时更多的是倾诉自己的不幸和夸大目前不利的处境，从而丧失了社交技能，所以，通过个案工作和小组工作，可以有效地帮助老年人改善交谈内容提升交流能力，学会积极正面地与他人互动。

缅怀往事对治疗老年人的抑郁症、轻度阿尔茨海默症具有很好的疗效，一方面是因为回忆往事的本身能调动老年人的积极情绪，改善目前的处境；另一方面，在个案工作或小组工作中缅怀自己的过往具有很好的社会交往和社会互动的功能，从而对树立老年人的自尊和社会化具有

---

① Erikson, E., *Childhood and Society* (2nd ed.), London: Hogarth Press, 1965, p. 200.

正面的作用。

(二) 人生回顾

凯瑟琳·麦金尼斯-迪特里克（Kathleen McInnis-Dittrich）认为，不能将缅怀往事和人生回顾混为一谈：缅怀往事主要是帮助老年人回顾人生中的正面事件，从而获得良好的感受和从中获得应对当前生活的技能；人生回顾不仅是回顾正面事件，同时也回顾负面事件，通过完整地回顾塑造老人对自己一生经历的正面理解，赋予人生的意义，实现自我整合，坦然面对已经无法弥补的往事，尽力处理目前能做的事情，对自己的一生进行完整的诠释，从而获得内心的平静，改善自身的自信和自尊，并树立积极面对余生和死亡的价值观。①

人生回顾主要应用于经历重大危机或努力寻找人生意义的老人。丧偶老人经历着人生重大危机，老人可能无法面对独自一人的生活，亟待树立新的"自我观"，进行角色的转变，应对家庭的变化，而此时进行人生回顾疗法能帮助老人重新意识到自身拥有的优势，获得对生活的信心。老人经历慢性病或者伤残等危机时也是人生回顾疗法介入的好时机，通过回顾一生使老年人正确面对自己的疾病和伤残，理解当前生活只是人生中的一个小片段，而不是全部，这样能防止老年人陷入自怨自艾的困境，从而接纳自己，接纳现实。对于自我隔离和孤独的老人来说，赋予生命的价值和意义是头等重要的事，人生回顾有助于老人重拾对生活的信心，找到生活的意义和动力。

四 生命历程范式在叙事治疗中的应用

(一) 生命历程范式概述

针对生命历程（life course）的研究，国外已经形成了稳定的分析范式，并有较为成熟的成果。早期美国社会学中的芝加哥学派在20世纪40年代针对移民、青少年越轨和犯罪、家庭婚姻问题进行了深入的调查研究，代表作有托马斯等的《在欧洲和美洲的波兰农民》，率先运用了生活史、情景定义等方法，对移民的生活轨迹以及当时社会的变迁

---

① [美] 凯瑟琳·麦金尼斯-迪特里克：《老年社会工作生理、心理及社会方面的评估与干预》，隋玉杰译，中国人民大学出版社2008年版。

进行了长时间的记录。① 20世纪60年代，雷德尔（Norman Ryder）在《社会变迁研究中的同龄群体概念》一文中提出了"同期群"（cohort）的概念，并将其应用于生命历程的研究；② 此外，纽加尔顿（Bernice Neugarten）在1976年提出的标准时间表（normative timetable）、20世纪60年代开始盛行的纵贯研究等，共同推动了生命史的深入研究，逐渐形成了从历史视角分析同期群的生命历程和从社会文化视角分析生命历程两种分析传统。

我国引入生命历程研究范式的时间较晚，直到20世纪末才针对其发展历史、分析范式及其应用进行系统的介绍；③ 包蕾萍对生命历程理论中的时间观进行了探讨；④ 江立华和袁校卫探讨了生命历程理论的知识传统和话语体系。⑤ 在应用领域，主要集中在移民⑥、下岗失业工人⑦、农民工⑧、老年人⑨⑩⑪等领域。

生命历程理论不同于生命周期理论。生命周期理论更强调代际更替和角色转换，默认所有人都会经历相同的阶段和固定的模式，但这明显地忽略了个体的差异性和多样性。第一，生命周期理论忽视了生命历程的多元性和丰富性，抹杀了个体差异，因而也排除了有针对性地开展特殊个体社会工作的机会。第二，角色期待和角色扮演已经发生了巨变。社会变迁导致社会角色与以往发生了很大的变化，呈现出多元化的特

---

① Thomas, William I. and Florian Znaniecki, *The Polish Peasant in Europe and America*, New York: Knopf, 1918-1920, p.56.
② Ryder and Norman, "The Cohort as a Concept in the Study of Social Change", *American Sociological Review*, Vol.30, No.3, 1965.
③ 李强等：《社会变迁与个人发展：生命历程研究的范式与方法》，《社会学研究》1999年第6期。
④ 包蕾萍：《生命历程理论的时间观探析》，《社会学研究》2005年第4期。
⑤ 江立华、袁校卫：《生命历程理论的知识传统与话语体系》，《科学社会主义》2014年第3期。
⑥ 成梅：《以生命历程范式浅析老年群体中的不平等现象》，《人口研究》2004年第3期。
⑦ 郭于华、常爱书：《生命周期与社会保障——一项对下岗失业工人生命历程的社会学探索》，《中国社会科学》2005年第5期。
⑧ 徐静、徐永德：《生命历程理论视域下的老年贫困》，《社会学研究》2009年第6期。
⑨ 胡薇：《累积的异质性生命历程视角下的老年人分化》，《社会》2009年第2期。
⑩ 徐静、徐永德：《生命历程理论视域下的老年贫困》，《社会学研究》2009年第6期。
⑪ 徐洁、李树茁：《生命历程视角下女性老年人健康劣势及累积机制分析》，《西安交通大学学报》（社会科学版）2014年第4期。

点，老年人作为一种社会角色，不再是一个统一的、刻板的整体，而是丰富多样的，老年个体承担的社会角色千差万别，比儿童、青少年、青年、中年等任何群体的差异都大，因此，用一个统一的角色模式来形容老年周期是不妥当的。第三，代际更替出现了非敏感性的特点。世代的传承和传递与年岁的关系出现了一定的分离，对时空并不敏感。第四，用一个固化的生命周期来进行划分，在视野上割裂了生命与社会的联结，限制了老年人的社会参与。

老年群体内部的差异性使其需求呈现多样性和复杂性，也使社会养老政策的制定面临更多的挑战，对社会工作者而言也提出了新的课题，需要社会工作者不断进行变革，根据不同的老年对象改变自身的角色，在协助者、健康顾问、权益倡导者、个案管理者、咨询师、社会关系协调员、心理慰藉者、治疗师等角色之间变换，需要社会工作者充分发挥社会学的想象力来理解服务对象的生命历程，从而创造性地解决老年人实时面临的问题，提高生命质量。

(二) 生命历程范式对叙事治疗实现老年人增权的启示意义

生命历程关注个体的独特性对老年人的增权具有很好的启发性。现实的生活世界，掺杂着社会期望、子女期望，以及老年个体的预期，这诸多要素之间的张力造成了老年人养老的困惑和矛盾。社会变迁导致以往一致的社会路线对个体的制约性下降，因而每个老年个体的老年经历和心理历程都会存在或多或少的差异。了解老年人出生地习俗和文化，老年人成长的时代背景和历史社会事件，以及老年人经历过的重大事件，探寻这一系列因素对老年人的意义，将老年人看作是独特生命历程的载体，社会工作者才能理解老年人的生活世界，探求其意义世界，从而准确有效地运用生命回顾、意义赋予等方法，帮助老年人理解和接受自己的一生，为自己的人生做出有意义的诠释，赋予生命更多的动力。

个体的生命时间体现为实际的年龄，个体的社会时间体现为社会角色，个体的历史时间体现为生活史。生活史强调社会时间与历史时间，从时间的节点来进行探讨。用毕生发展理论来理解老年人的生活轨迹、转变节点和延续，更有价值。人的生命历程会历经多个关键节点，并在此之后转变和延续相关内容，但每个个体历经转变的时间节点不完全一致，对一些重大社会事件也并非全盘被动接受，体现出一定的主动性。

生命历程视角可以克服人生回顾等叙事疗法可能存在的负面情况。每位老年人的生活经历都是不同的，回顾时也可能面临痛苦，从而引起不良的强烈情绪，甚至是抑郁症之类的严重精神疾病，这对社会工作者在应用人生回顾方法时提出了更高的要求和挑战。而引入生命历程视角能提高人生回顾方法的适用性、有效性，避免出现极端、负面的效果。

五　叙事治疗在增权社会工作中的应用

缅怀往事和人生回顾是叙事治疗的两种基本方式。具体落实到工作方法上来说，个案工作和小组工作都是可以选择的方式。个案工作采用一对一的方式，为特殊老年人量身定制干预方案，可以随时调整工作节奏和计划，尤其是对因病或因沟通困难而困在家中的老年人，个案工作优于小组工作；对于非个人性和痛苦的回顾来说，个案工作也是更优的选择。小组工作则能使更多的老人受益，尤其是以改善社会关系为目的的叙事治疗，小组工作更是具有独特的优势，能为长期居家的老人提供生命意义支撑的同时还提供了社会交往和互动的平台；更为重要的是，小组工作中的社会交往可以延续到小组外，改善更多的社会交往；在同一主题中，老人能发现大家面临同样的挑战，因而自身的记忆可以从同期群老人那里得到启发和触动，对于不能主动进行缅怀往事和人生回顾的老人而言更有效果；当然，有时小组工作难以让每位老人实现发言机会平等也是社会工作者需要注意的。具体采用何种工作方式还需根据对象的特点和主题做出选择。

第三章

增权视角下"老"的界定

何为老？——这是养老研究的一个根本性问题，界定"老"的含义既是确定养老服务对象的前提，是确定养老服务内容的基础，也是决定居家养老服务中采用什么样的理念和方法来提升养老服务质量的关键。然而，在不同维度下，人们对"老"的界定有着截然不同的结论。本章从年龄、生理、心理、社会这四个维度进行了详细的分析，揭示了"老"的多样性、差异性、可塑性和建构性的特点，并从老年人的基本需求与增权的角度，对"老"进行了操作性定义。

第一节 年龄维度

年龄是判断"老"的最常见的标准，具有客观性，但并不是一个单一的标准，因此也具有可变性。

一 年龄分组

年龄是以年为计量单位的人生尺度，表明一个人从出生到现在为止生存的时间长度。[①] 由于年龄的计量方式非常客观，因此，人们普遍认同这一概念。但把生理学上的年龄放到不同维度中考察，其意义却大有不同。根据不同的用途可以将年龄分为心理学年龄、生物学年龄、年代学年龄和社会学年龄。

心理学年龄（psychological age）多用于衡量儿童、青少年的心理发展程度，分析认知能力与年龄之间的对应关系，判断其适度行为能

---

① 佟新：《人口社会学》，北京大学出版社2006年版。

力。生物学年龄（biological age）则是从生命历程的视角判断一个人处在哪一阶段，常见的阶段划分是婴儿期、儿童期、少年期、青年期、成年期和老年期。年代学年龄（chronological age）是指一个人从出生之日起，按年月顺序排列计算的年龄；① 一般是按照一岁一组或五岁一组将年龄进行划分，用来显示人口年龄结构，常见的人口金字塔图就是基于年代学年龄进行的分组，可以预测随年龄推移而可能出现的社会问题，在同期群分析中也多有应用。

社会学年龄或社会年龄（sociological age）是指担当某种社会角色的年龄。关于社会结构、社会角色、社会地位、社会阶层等方面的社会学研究需要把年龄进行详细的划分，这就诞生了社会意义明确的社会年龄分组，常见的分组有政治和法律年龄（如公民有选举权和被选举权的年龄）、受教育年龄（如 7—15 岁为学龄青少年）、劳动适龄人口（15—64 岁）和非劳动适龄人口（0—14 岁的人口与 65 岁及以上人口）等。社会年龄的划分受法律的规定和社会制度安排的共同影响，在不同文化、不同国家中也各有差异。如欧美国家大多将 65 岁及以上人口视为非劳动适龄人口，这与欧美国家的退休制度、人们的身体素质等因素密切相关。在我国城市中，非劳动适龄人口往往以退休年龄来划分，我国现行的退休制度中对退休年龄的规定尚未形成统一规范：在企业职工中男性的退休年龄是 55 岁、女性的退休年龄是 50 岁，机关事业单位职工男性的退休年龄是 60 岁、女性的退休年龄是 55 岁；② 私营企业和不正规的劳动用工单位中对于退休年龄的规定则相对灵活，劳动力充分时对于员工的年龄要求限制在 45 岁以下，劳动力短缺时则适当放宽对年龄的限制，65 岁及以上的人也可以参加招聘从事门卫、保洁之类的工作；而在农村，由于没有退休金保障，农民为了维持生计会一直从事农业耕种，直到干不动了才把口粮地分给子女，同时干不了农活也不意味着"退休"，老人们会继续力所能及地帮子女做家务、照看孙辈。可以看出，整个社会的退休制度以及基于此的养老保险制度都需要对"退休年龄"有一个整齐划一并清晰明确的规定，但用退休年龄来判断

---

① 佟新：《人口社会学》，北京大学出版社 2006 年版。
② 我国将启动延迟退休的时间表，城镇职工的退休年龄会延后，整体上将逐渐延后 5 年左右。

"老"是有很大缺陷的。

二 第三年龄与第四年龄的划分

第五届全球老龄大会从生命历程的视角将人的一生划分为四个阶段，分别为第一年龄段（幼年、少年成长期）、第二年龄段（青壮年期，即劳动年龄期）、第三年龄段（低龄老人，从时间上来看是处于60—85岁的老年群体，他们生活能自理，相对健康，也称为户外活动场地中的老年人）、第四年龄段（高龄老人，从时间上来看是处于85岁及以上的老年群体），他们生活不能自理、患有老年病和慢性病，不能参加或只能低限度参加社会活动、体育运动和文娱活动，这些特点导致他们以室内活动为主，甚至长期卧床，因此也称为户内生活型老人。

尽管我们可以根据年龄及生理特征将老年人划分为第三年龄段和第四年龄段，但老年群体内部的差异性却比其他任何年龄段的群体差异性都要大。生活方式、经济水平、个人性格、对衰老的态度、健康状况、社会支持网络等因素影响着生物学意义上的老化，因此我们能看到许多低龄老人无法或不愿参与各种活动，也能看到许多高龄老人依然保持着健康、活跃在各个场合和领域。老年阶段是生命历程的最后一个阶段，受身体变化的影响最大，每个人都经历着一些共性的身体变化，但又不完全由身体变化所决定。生命历程是一个流动的过程，是一种独特的个人经历，呈谱系发展，具有动态性，我们无法用一个固定的模式来套用到所有人身上，因为每个人的生命历程由诸多"参数"决定。

三 平均预期寿命的变化与"老"的判断

"老"在某种意义上说是一个相对的概念，在不同的生产力水平下有着不同的含义。平均预期寿命（life expectancy）是基于生命表计算出来的一个值，是指同批人出生后平均每人一生可存活的年数，它不受年龄结构的影响，可以跨时期、跨地区进行比较，综合反映了一个社会的经济状况和生活水平，是一个重要的社会发展指标。我国2019年平均预期寿命是77.3岁，其中男性寿命预期73.64岁，女性寿命预期79.43岁；[①] 我国平均预期寿命高于世界平均预期寿命（70.31岁），已经与发达国家的平均预期寿命基本相同。

---

① 国家卫生健康委：《2019年我国卫生健康事业发展统计公报》。

在工业革命之前的漫长时期里，人类的生存条件并不尽如人意，由于营养的缺失、医疗卫生条件的恶劣，新生儿和婴儿死亡率非常高，加上战争、瘟疫、饥荒等天灾人祸频频发生，人口死亡率波动幅度较大，人类的平均预期寿命很低。人类学和考古学对罗马时期的墓碑分析估计，当时1岁内的婴儿死亡率达150‰—200‰，人口出生的平均预期寿命为22岁，中世纪大约达到30岁左右，18世纪中叶，世界各地人口的平均预期寿命一般不超过35岁。18世纪中叶后，欧美国家受益于工业革命的成果，营养、卫生条件和住房持续改善，在19世纪早期平均预期寿命达到40岁左右，20世纪50年代全世界的平均预期寿命达到46岁，80年代上升到59.5岁，1995年为65岁。① 2019年全世界平均预期寿命是70.31岁，最高的是日本，平均预期寿命为83.7岁，男性寿命预期80.5岁，女性寿命预期86.8岁；② 从人类平均预期寿命的发展历程来看，发达国家率先降低了死亡率，平均预期寿命上升，但在第二次世界大战后，发展中国家平均预期寿命也有了大幅度的提升，人类科学技术的进步和社会发展惠及到了全世界所有人。

从人类平均预期寿命的变化过程来看，对老年人的界定在不同的时代有着各自的标准。有研究从欧洲和非洲挖掘出来的公元8000年以前的300多具成年人骨骼进行考古发现，他们的平均死亡年龄在30岁左右，能活过40岁的人寥寥无几。③ 在工业革命之前的大部分时期里，40多岁就算是"高龄"，也就是当时社会真正意义上的"老人"。我们熟知的"五十而知天命""人生七十古来稀"反映了这一残酷的现实。在今天平均预期寿命超过70岁的社会大背景下，不到50岁去世就算是英年早逝了，我们对青年期、壮年期、老年期之间的时间跨度的判定也随着平均预期寿命的增长而不断调整，真正意义上的老人的年龄标准也不断往上提。

---

① 佟新：《人口社会学》，北京大学出版社2006年版。
② 世界卫生组织：《世界各国人均寿命排名（2019）》。
③ 潘纪一、朱国宏：《世界人口通论》，中国人口出版社1991年版。

第二节 生理维度

衰老是一个自然老化的过程，是人从中年迈入老年必然经历的一系列身体上的变化。但衰老在每一个老年人身上却有不同的表现：有的老人在 60 多岁时就老态龙钟、疾病缠身，有的老人 80 多岁还活跃在各个领域，虽然视觉、嗅觉、听觉、味觉、触觉的反应都已经变慢，但这并没有给他们带来太大的不便。老年人在衰老过程中存在时间序列上的巨大差异，提醒我们不能把年龄作为衡量"老"的唯一标准，"衰老"程度也许是个更好的度量标准。这引起我们进一步思考：身体衰老的原因是什么？身体衰老的表现有哪些？衰老到何种程度可以判断为"老"？

一 身体衰老的原因

目前，科学界对身体衰老的解释也尚未达成一致，主流的学说可以分为三大类。[①]

（一）基因程序说

该理论认为，人体的老化过程如同器物的耗损过程，是人体按照遗传结构决定的预先编制好的程序运行的结果。随着年龄的增长，人体所有主要系统的细胞都会丧失修复损伤的能力，遗传因素起决定性的作用，但不同生活方式和不同环境对老化的进程会有所延缓或促进。这一理论解释了跟年龄密切相关的一系列疾病的出现，如晚年发病的糖尿病、阿尔茨海默症、青光眼等，也能解释一些家族病的出现，以及健康长寿在不同家族中的延续性现象。我们从这一理论可以推导出：人体衰老过程主要是由基因控制的，健康的生活方式能在一定程度上影响这一过程。

（二）交联与自由基说

细胞生物学家认为细胞和分子结构内出现的不良反应是导致衰老的原因。人体内的分子自身内部和与其他分子间会产生交联现象，导致一

[①] ［美］凯瑟琳·麦金尼斯-迪特里克：《老年社会工作生理、心理及社会方面的评估与干预》，隋玉杰译，中国人民大学出版社 2008 年版。

系列微妙的变化，细胞因之而堆积一些物质，导致器官发生变化，如关节僵硬、皮肤起皱、血管硬化等。另一种解释是自由基理论，自由基是细胞新陈代谢氧的过程中产生出来的一种不稳定的分子，它附在人体的蛋白质上，造成健康细胞功能的损伤，进而导致机体的损伤。维生素C、维生素E、β胡萝卜素等抗氧化剂可以稳定自由基，减缓细胞受损的进程。这一理论告诉我们，富含抗氧化剂维生素的食品可以帮助我们延缓衰老，如橘子、草莓、西红柿、菠菜、卷心菜等（含维生素C），麦芽、干果、植物油等（含维生素E），南瓜、胡萝卜、桃子、橙子等（含β胡萝卜素）。

（三）免疫系统退化说

该理论认为，人体的免疫系统能产生抗体，使人体摆脱病毒、细菌和畸变细胞（如癌细胞）的侵袭。随着年龄的增长，人体免疫系统识别和对抗疾病的能力减弱，体内畸变细胞可能会开始增长，造成慢性疾病，导致身体某些器官的功能受损。还有一种免疫系统学说认为，免疫系统功能退化会导致机体自身排斥或摧毁正常细胞，导致关节炎、糖尿病这类的疾病出现。

以上几种学说都从某个角度诠释了衰老的原因。尽管没有任何一种理论被认为是衰老的真正原因，但给我们很多启示，为社会工作者提供增权提供了医学知识储备和评估决策的依据。

二　身体衰老的表现

一说到"老"字，我们脑海中可能会浮现出一些词：步履蹒跚、老态龙钟、驼背、头发花白、颤抖、老花眼、白内障、耳背、高血压、冠心病、糖尿病、干枯、健忘、唠叨、瘫痪、大小便失禁、变矮、喘粗气、反应慢……这些都是对老年人的相关描述，尽管里面带有一些偏见的成分，但确实从不同角度描述了老年人生理上衰老之后的结果。[①] 当人的身体衰老之后，就会出现上述特征，所不同的是，这些特征在不同的老年人身上出现时间的先后和多少会有差异。凯瑟琳·麦金尼斯-迪特里克详细列出了人体的各系统随着年龄增长后产生的变化：①皮肤系

---

① 笔者分别在社会工作专业的本科生和硕士研究生中做过调查，让每位同学在尽可能短的时间内（不假思索地）写下20个描述老年人的词。此处列出的是调查结果之一。

统。皮肤丧失皮下脂肪和水分而出现皱纹、变薄、弹性减少、色素沉着（黄褐斑）；因对冷热反应的灵敏度变低而容易低烧或高热；头发变得稀少、变白；手指甲、脚指甲变厚。②神经系统。神经系统效能降低，对外界刺激反应变慢、时间延长；睡眠质量较差，深度睡眠时间少，晚上清醒、白天犯困；容易犯脑血栓、脑溢血、中风、帕金森氏病。③心血管系统。随着时间推移，脂肪和胶原蛋白的附着导致心脏供血效能降低，容易出现冠心病、动脉粥样硬化、高血压等疾病。④肌肉骨骼系统。由于脊椎骨的压缩而变矮；肌肉因肌肉细胞萎缩而导致缺乏力量、弹性和耐力；平衡感变差，容易跌倒；可能掉牙瘪嘴；软骨退化导致关节炎；骨质疏松而导致骨折、驼背。⑤胃肠道系统。容易有饱腹感而吃得少；经常便秘。⑥呼吸系统。肺部功能减弱，导致呼吸慢而浅，更容易呼吸困难，也更容易患肺炎。⑦泌尿系统。肾脏过滤毒素的功能降低，膀胱丧失紧张性，前列腺肥大，易出现感染，容易小便失禁。⑧内分泌系统与生殖系统。老年人胰腺生产胰岛素的功能减弱，可能发展成晚年发病的糖尿病；男女雌性激素及睾丸素水平降低，导致男女在泌尿生殖系统方面的变化。⑨感觉系统。① 70 岁之后，老人的感觉系统都会发生一些改变，变得不再敏锐，阈限提高；触觉中的痛觉阈限升高，感受不到轻微的一些疼痛，平衡感变差；视觉上会出现老花眼，视觉减退，分辨颜色的能力下降，容易出现白内障、青光眼；听觉的灵敏度下降，对不同声音的分辨能力下降，可能造成老年性耳聋；味觉阈限降低，老年人口味变重；嗅觉受损，可能闻不出煤气、烟雾或变质食品的气味。

三 如何根据"衰老"做判断

人体机能的衰老是不可避免的。随着年龄的增长，人体的各部分系统都会出现程度不同的"老化"，表现出"衰老"的特征。但"衰老"并不意味着疾病，也不代表着健康会很糟糕，当然，衰老与老年人的幸福感也不能画等号。我们观察到的老年群体，虽然经历着"衰老"的过程，但其生命状态却千差万别：有的疾病缠身、终日卧床；有的出现

---

① ［美］凯瑟琳·麦金尼斯-迪特里克：《老年社会工作生理、心理及社会方面的评估与干预》，隋玉杰译，中国人民大学出版社 2008 年版。

在各种体育运动中，活跃程度不亚于年轻人；有的因"衰老"而自卑，主动与社会隔离，减少社会活动；有的则积极进取，丝毫不受"衰老"特征的影响；有的觉得自己老了，没有用了，情绪低落，整天唉声叹气；有的则更享受老了之后的新角色，可以做以前没有机会和时间做的事情，幸福感强……如此种种，不一而足。如果单以某种"衰老"特征作为"老"的判断，会使我们的养老系统失去瞄准性，无法提供针对性的服务。

纠结在"衰老"的特征中无法给我们指明方向，如果跳出这个窠臼，用医学护理上的判断标准也许更有针对性。老年人的自理能力是判断老年人是否需要护理的直接标准，如果完全自理，那么，老年人几乎没有护理的需求，半自理状态的老年人则需要外界的协助才能应付基本的日常生活，完全不能自理的老年人则需要全程的护理。但是"衰老"过程与自理的渐进谱系之间并不能等同，有一部分老人终其一生也没有护理的需求，尽管老化的过程一直在持续进行，但没有影响到老年人的自理能力，在生命的最后阶段"无疾而终"，或者只经历了短暂的不能自理时间。有部分老人可能在进入老年之前健康状况就很糟糕，自理能力差，需要持续的外界护理协助。

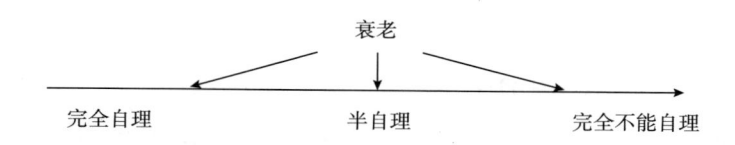

图 3-1 衰老与自理能力的关系

通过"衰老"与自理能力的谱系之间的关系可以发现，从生理上的"衰老"程度来判断养老需求是不合理的，应当将自理能力作为判断标准，充分考虑衰老的过程与特征，有助于合理评估老年人的自理能力，有助于养老服务的供给和养老资源的配置。

第三节 心理维度

生理上的衰老取决于遗传基因和生活方式的选择，有其可循的规律和比较明显的特征，但老年人在心理上的变化却有着极其复杂的差异性和难以辨认性。

一　智力的变化

大多数人通常认为智力会随着年龄的增长而下降，但实际情况很复杂，两者并非线性的负相关关系。心理学家（Schaie，1996）将智力分为"结晶智力"（crystallized intelligence）和"液态智力"（fluid intelligence）。[1] 结晶智力由后天努力获得，与个体经验、知识的积累密切相关，而个体知识积累的成效取决于受教育程度、人生经历、信息接触条件，以及遗传基因等因素。从这个角度来看，随着年龄的增长，老年人在阅历、知识、经验上会逐渐累积，从而增加结晶智力，也就是说，老年人的结晶智力是不断增长或保持不变的。液态智力与大脑、神经系统等相关，取决于个体器官的生理结构与功能的变化情况，如信息综合处理能力、思维敏捷程度的变化。一般而言，个体的液态智力在成年早期会达到巅峰，随后会随着年龄的增长而衰退。不同类型的智力随着年龄的反向变化使测量老年人智力过程变得比较复杂，但单一地认为老年人智力必然衰退是不正确的。有纵向跟踪研究表明：老年人在 74 岁时，仍有 70% 的个体在过去的 7 年中保持稳定的智力，到 81 岁时，至少有 60% 的老年人维持与之前一样的智力水平。[2]

二　记忆力的变化

理论上人脑的记忆能力是无限的，老年人的记忆能力也与年龄无关，但老年人处理形成记忆的信息的能力会受到疾病和衰老的影响。[3] 记忆的过程包括编码、贮存和提取三个阶段，老年人在编码阶段可能无法更好地加工新信息而出现记忆问题，在贮存阶段处理信息的速度也可能减慢，在提取阶段也会有一定难度，回忆能力减弱。[4] 老年人的知觉速度下降，反应能力衰退，这导致老年人的记忆力无法表现得像年轻人那样快速，从而给人其记忆能力低下的印象，而老年人对自我记忆能力

---

[1] ［美］凯瑟琳·麦金尼斯-迪特里克：《老年社会工作生理、心理及社会方面的评估与干预》，隋玉杰译，中国人民大学出版社 2008 年版。

[2] 邬沧萍、姜向群：《老年学概论》，中国人民大学出版社 2015 年版。

[3] ［美］凯瑟琳·麦金尼斯-迪特里克：《老年社会工作生理、心理及社会方面的评估与干预》，隋玉杰译，中国人民大学出版社 2008 年版。

[4] 邬沧萍、姜向群：《老年学概论》，中国人民大学出版社 2015 年版。

的评价也要低于年轻人。但排除疾病、营养不良、抑郁等情绪的影响，老年人记忆能力可以表现得很好。

老年人记忆能力还有两个特点：一是通过一定的训练和锻炼，老年人的记忆能力可以维持得很好，尤其是赋予一定的意义和动机，老年人的记忆能力会表现得更好。也就是说，通过适当的干预措施和一定的记忆策略，老年人的记忆能力是可以得到维持和改善的。① 二是老年人的记忆能力因人而异，在衰退时间、程度和速度上都不大相同，表现出很大的个体差异。

三 性格的变化

性格是对现实的稳定态度和习惯内化后的行为方式，是个体行为、情绪和认知功能的混合体。性格决定了个体与现实环境互动的方式。个体从出生开始就显现出不同的性格类型，并在成年后基本成型，大多数会保持到老年阶段，表现出一定的稳定性。性格是个体与环境持续互动的结果，因此，老年人的性格也会随着年龄增长、生活方式变化、家庭变故等发生改变。在老年生活中，疾病、丧偶、经济拮据、对死亡的恐惧等因素都会给老年人带来很大的压力，个体的性格提供了看待问题的视角和应对方式，每个老年人处理同样问题会表现出截然不同的认知方式和行为方式。在生活中，有的老年人会为一些鸡毛蒜皮的小事而苦恼不已，但有的老年人只在遇到危及生命之类的重大事件才表现出忧虑；有的老年人对以后的生活感到悲观，有的则更乐观；有的感觉生活失控，只能听其他人安排，有的则能游刃有余地掌控生活……以上情况都表明老年人在性格上的多样性，就如同个体在其他年龄段表现的一样。

有两个方面值得关注：一是大多数老年人适应环境的态度和行为方式基本上会由主动转向被动、由朝向外部世界而转向内部世界。② 关注这种变化可以引导我们从整体结构中寻找老年人无力感的原因。二是代际变迁的视角。每一个同期群的老年人都被烙上了时代的印记，其独特的历史经历造就了一代人共同的人生态度和行为标准，因此年龄并非老

---

① 张恺悌：《老年社会工作实务》，中国社会出版社2009年版。
② 邬沧萍、姜向群：《老年学概论》，中国人民大学出版社2015年版。

年人性格的决定因素,更多的是个体特征与独特的经历共同塑造的结果,这可以引导我们解构社会对老年人整体的偏见与歧视①。

四 常见的老年心理疾病

老化的过程中认知功能会发生很大的变化,老年人因认知和情绪问题而产生的常见疾病有抑郁症、阿尔茨海默症、谵妄症、焦虑症等。② 抑郁症是情感和情绪失调的结果,患抑郁症的老人通常表现出心情抑郁、精神萎靡、睡眠紊乱、胃口差、对生活有适应性障碍等症状,这大多发生在晚年生活中常见的重大变故之后,如丧偶、退休、患病等。抑郁症可能是某些常见病的症状之一,如脑瘤、帕金森氏病、内分泌失调等,也可能是因为自我隔绝于外界或服药的副作用之一。阿尔茨海默症是指认知或智力功能的严重受损或者丧失,通常是由生理原因造成的,这在老年人中发病率非常高,65岁之后老年人患阿尔茨海默症的比例每5年就能增加一倍,总的发病率在5%—10%。正常衰老过程中人的神经系统反应变慢,认知上变得迟钝,但这并不意味着认知功能的丧失。谵妄症的症状主要有精神混乱、有幻觉、情绪反复等,该病发病急,但可以治愈。焦虑症在老年人中比较普遍,但该病在青少年、成年人群体中同样有比较明显的表现,尤其是在竞争压力比较大的环境中。在老年人中,焦虑症有多种表现形式,如过度的忧虑和紧张、情绪激动易怒、恐慌症、恐惧症(如广场恐惧症、社交恐惧症)、强迫症等。

需要注意的是,尽管上述任何一种心理上的疾病都会降低老年人的生活质量,但出现在老年人身上的病态问题并非正常衰老的一部分,而是老年人因为生理原因或社会原因而出现了认知和情绪问题。

五 心理变化无法提供"老"的判断

我们分析了老年人在智力、记忆力、性格、情绪和认知等方面的变化,可以看出:衰老本身会对心理有一定的影响,但并不是决定因素;年龄与心理上的变化没有必然的因果决定联系;个体在心理变化上存在

---

① 一段时间里社会上老年人碰瓷事件频发,有人从生命历程的视角分析,得出"不是老人变坏了,而是坏人变老了"的结论。这种一概而论的判断包含了偏见与歧视,但生命历程和同期群的分析视角是值得肯定的。

② [美]凯瑟琳·麦金尼斯-迪特里克:《老年社会工作生理、心理及社会方面的评估与干预》,隋玉杰译,中国人民大学出版社2008年版。

巨大的差异，这些特点让我们无法根据心理特征来判断人的衰老程度。有些老人早在踏入老年行列时就在智力、学习能力、记忆力、认知能力等方面不尽如人意，而有些老人一生都很清醒，且随着年龄增长更显睿智，经验和技能的积累与娴熟让年轻人望尘莫及。如极其耀眼的投资界大神巴菲特，一生致力于投资领域，即便是90多岁的高龄，也依然任伯克希尔公司董事长，亲自管理着公司的投资组合，每天跳着踢踏舞去上班，能极其精明和谨慎地在暗流汹涌的投资界保持着世界最长时间、最耀眼的投资纪录。不仅如此，政治界、学术界等各行各业也都不乏高龄的老人活跃在第一线。

第四节　社会维度

社会科学通过观察或推导，提出了一些理论模式，或总结归纳出一些社会认为老年人"应该"如何的模式，有助于我们理解老年人适应社会环境的行为。有关老年的社会理论中常见的有社会角色理论、脱离理论、活动理论、社会建构理论等，① 这些理论视角可以给我们一些关于"老"的启示。

一　相关老年理论对"老"的论述

（一）社会角色理论

与老年相关的社会角色是这个社会对老年人的整体期待，如何适应老年角色是老年人成功老化的一个衡量标准，老年人找到和适应新的角色是老年人掌控生活的一个重要方面。可以说，角色理论为老年人调整和适应新的环境和情况提供了指引。老年角色综合了年龄和社会整体的期待，是具体的社会环境给老年人行为进行模式化规定的一种努力。

（二）社会撤离理论

社会撤离理论强调人进入一定年龄之后退出主要的经济活动和社会活动，为年轻人腾出更多的岗位和机会，实现代际间的更替。这是从社会整体上对"老"的一种安排，一方面是基于老年人身体和能力的衰退，但更多的是从社会整体更替的角度进行的考虑，因而会强调到了一

---

① 具体见第二章的老年理论部分。

定年龄退出相应的经济和社会角色,这在一定程度上忽略了老年群体内的差异。

(三) 活动理论

活动理论关于提供更多的条件和机会帮助老人参与社会和人际交往的主张是增权理论、积极老龄化等主流观念认可和推崇的:增加老人自主决定活动水平的决策能力和提供相应的资源和机会,对提升老年人生活品质来说是一个关键的变量。当然,活动理论对老年人经济情况、家庭情况和身体情况的忽视而带来的质疑也是在具体实践中需要警惕和避免的。

(四) 社会建构理论

该理论放弃了将老年人归为某种类型的努力,也不再注重老年人对生活调适的共同标准,而是着力于理解老年人自己对生活世界的理解,从老年人个体的视角来看待他的生活经历,并理解其对此如何赋予意义。①

二 老年社会理论对判断"老"的启示

社会角色理论、脱离理论和活动理论是具体的社会环境对老年人行为模式的期待,是对老年人"应该"如何的规定,是指导社会如何看待老年人的观念。社会建构理论则从老年人自身经历出发,对主流的观念进行解构,试图从老年人自身对生命历程的理解来寻求对老年人当前生活方式的解释。角色理论和脱离理论描述了社会曾经或现在对老年人行为模式的期待,而这种期待是不断变化的。前工业社会和工业社会中老年人的社会角色和社会地位截然不同,对老年人价值也有不同的判断。前工业社会重视老年人的经验,将老年人视为一种宝贵的人力资源,后工业社会则从代际关系出发,要求人在一定年纪后退出相应的工作领域,为年轻人腾出工作岗位和发展空间,因此主张老年人"撤离"。活动理论则聚焦于老年人自身行为的调整,观察到大部分老年人与社会环境积极互动更易使老年人达至"成功老年"。从这三种理论来看,"老"并不是人自身的状态,而是社会根据需要对人到一定年纪之

---

① 社会建构理论对社会工作方法中的叙事治疗、优势视角产生了很大的影响,从精神层面为提升老年人的生活质量开创了新的模式。

后的一种期待，一种随具体情境和社会条件变化的规范。社会建构理论放弃了整齐划一的标准界定，倾向于从老年人自身的内省和意义发现中寻找"成功老年"的答案，在这一视角上给了我们很好的启示，但无助于我们对"老"的判断。总体来看，老年社会理论无法提供"老"的判断标准，给我们的启示是："老"是一个社会判断，是一个可变的、建构的观念。

第五节　"老"的特征与定义

一　"老"的多样性、差异性、可塑性和建构性特征

我们对"老"的判断和认定具有极度简化的倾向。从政策上看，简化、去模糊化是可操作的前提，但不加思辨的简化本身就包含了模糊，再结合社会养老资源的有限性和必须要考虑的资源配置效率，使简化、模糊的概念在现实中无法实际操作——这是现实中的一大"悖论"。基于此，从不同维度思考"何为老"这个本源的问题就显得极有价值和意义。

何为"老"？上面我们从年龄、生理、心理和社会四个维度进行了考察，但很遗憾的是，无论哪个维度给出的信息都不足以给出一个清晰明确的定义。一个所有人都要面对的事实、一个我们经常使用的概念竟然存在如此多维度的理解和差异，这可能出乎一般人的意料，当然也是许多研究者没有认真思考和辨识的，这就导致我们虽然使用同样的词语，在不同场合交流，尽管都能理解对方表述的部分事实，但我们实际上并未达成真正的共识，因而也就无法达成一致，无法采取适当的行动。

在年龄维度中，一个人的实际年龄是客观的，这一点所有人都毫无疑义，但基于客观年龄的分组和基于年龄分配相应的社会角色却是主观的、可变的。如我们使用的老年人口、非劳动适龄人口、退休年龄、第三年龄和第四年龄，会随着社会平均预期寿命的变化、人类健康的改善、工作能力的延伸、社会供养的经济条件的变化、代际关系的变化、社会观念与文化的变化而产生相应的变化。

在生理维度中，"老"是生命历程中一个客观的过程和结果，但存

在极大的个体差异。身体机能的衰退在个人身上存在很大的差异,每位老年人对自身身体状况的判断和认知也是存在差异的,因而简单地把衰老与年龄结合起来做一个判断并不是一个合适的做法。如果从护理的角度将自理的维度考虑进去,生理上的衰老就具备了客观的判断标准,增加了可操作性,也为养"老"提供了一个具体的锚定标准。因为自理与自主存在极大的相关性,与本书中以增权为导向的旨趣比较吻合,所以,后续还将在此基础上进行相关的探讨。

  在心理维度中,"老"的差异比生理维度更大,也更具有争议性。智力、记忆力、性格与年龄并不存在线性关系,尽管生理上的衰老会在一定程度上影响心理方面,但不是必然的因果关系,甚至相关程度都比较弱,与老年相关的一些心理疾病在其他人群中也同样会出现。各个人群中的心理疾病都是存在的,心理疾病的多少与年龄之间并没有紧密的相关性,而在心理学视角下,每个人都会不时地面临不同程度的心理困扰,人生苦难重重,并非只是衰老一种,因而心理问题在每个人群中都是普遍存在的。值得注意的是,心理问题是生活质量的一个决定因素,关注老年人的心理问题,有助于提升老年人的生活质量。本书的主题是"增权",本质上是微观领域中心理学视角下的探讨。

  在社会维度中,社会科学家通过观察我们社会中老年人的行为调适模式,或通过推导认为老年人应当如何,从而提出不同的理论视角来分析和解释老年现象,为我们提供了多种视角去理解和观察老年人。但正如社会科学中的其他理论一样,有关老年的社会理论都是某个维度下得出的观察模型,具有与老年人多样性、差异性一样的特征。在既有的老年社会理论中,社会建构的视角是非常值得重视的,尽管其本来的意图是用来分析老年人对自身经历和现状在意义层面的诠释,但对我们在"老"的判断上也具有借鉴意义:"老"在生理层面是客观的,但在心理层面和社会维度是主观的,是社会、家庭和自身不断建构的结果。什么是"老"?因社会环境而异、因个人而异,根本就不存在整齐划一的标准,真正的"老"只是建构的一个结果而已。

  从上述的分析可以看出,不同角度来认识"老",得出的结论迥然不同,与我们的常识也相去甚远,"老"具有多样性、差异性、可塑性和建构性的基本特点。其基本特征可以列表简述如下:

表 3-1　　　　　　　　　　　　"老"的判断

维度	内容	结论
年龄维度	1. 年龄分组：心理学年龄、生物学年龄、年代学年龄和社会学年龄 2. 第三年龄与第四年龄 3. 平均预期寿命	1. 社会学年龄是我们通常采用的判断标准（退休年龄），但这是一个建构的标准； 2. 第三年龄和第四年龄的划分，将老年人分为健康老年人和需要照顾的老年人，这有了更大的直观性和可操作性，但也掩盖了老年群体的多样性； 3. 平均预期寿命是不断变化的，也因之而挑战我们对"老"的划分和判断
生理维度	1. 衰老的原因 2. 衰老的表现 3. 衰老与"老"	1. 衰老是不可避免的过程，但衰老的过程和表现因人而异； 2. 衰老并不等于不健康，也不能简单地划为"病"； 3. 衰老的过程和表现千差万别，具有个性化特征；与衰老相关的自理程度是一个值得探索的判断标准
心理维度	1. 智力的变化 2. 记忆力的变化 3. 性格的变化 4. 老年心理疾病	1. 衰老可能导致心理变化和心理疾病的出现，但并不是必然的因果关系，与遗传基因、生活方式密切相关； 2. 衰老与心理变化及心理疾病在个体上表现出了极大的差异性和多样性； 3. 伴随衰老而出现的心理变化和心理疾病，一部分是因为客观上的生理变化，还有很大一部分原因是社会环境的塑造，以及个体对衰老和外界影响的认知；老年人内化社会刻板印象，因之而产生"无力感"，导致心理上的变化和心理疾病——这个因素在很大程度上被忽略了
社会维度	1. 社会角色理论 2. 社会撤离理论 3. 活动理论 4. 社会建构理论	1. 角度各异的解释也预示着"老"的复杂性、多样性和建构性； 2. 忽视老年人"自主"需求的社会理论具有宏观上的压制机理； 3. 社会理论具有解释性，但要警惕其规制性；一些社会理论为某些制度和政策背书，脱离老年人实际，导致老年人的"去权"和"无权"

二　用发展的观点来看待"老"：过程及结果

"老"是一个必经的过程，是所有老人必然面对的生物进程，无法回避，也无法忽略。"老"又是一个结果，是人到了一定年龄后身体、心理、社会等方面出现的一系列结果，既包含客观上年岁的增长、身体的衰老，也包含他人和社会的角色期待、主观认定（如刻板印象），以及个体对自身衰老情况和外界认识的综合认知。面对这一复杂、多面的概念，从发展的、动态的视角来看待"老"这一过程和结果，更具有建设性意义。

"老"是人生最后一个阶段，是人生发展的结果。同时，"老"是客观的、不可回避的，正确认知这一进程，个体、家庭和社会能少一些心理上的困扰，以及一些不必要的焦虑。

除此之外，"老"的概念是建构的、可塑的。于个体而言，如何认知"老"的本身会影响衰老的过程和结果。积极乐观地面对衰老，坦然接受老年阶段的角色和任务，获得一个完美的自我解释，会延缓衰老的进程，延长健康、自主的时间。消极悲观地面对衰老，伴随而来的是心理上的负面情绪和一些"老年"心理疾病，反过来又影响身体的健康，束缚了自身的自主，获得的是一个低质量的老年生活。所以，个体对"老"的认知本身就是可塑的，是可以由自己建构的。于社会而言，"老"是一个社会共识，是基于文化、社会代际传递和新老更替的制度安排、社会经济发展情况等而形成的一个判断，这个判断既可以将老年人视为社会中有价值的人群、社会的财富，也可以将老年人视为社会的纯消费群体、社会负担。从人类既有的历史来看，在一定的经济条件和文化下，各种判断都存在过，也基于相应的判断而对老年群体做出了弃老、尊老、制度安排等相应处理。也就是说，"老"是社会整体的"共谋"，包括老人在内的个体有意无意地接受社会的共识，从而综合产生对老人的制度安排和态度上的认知——而这又是相对的，可变的。处于当前的现实环境下，我们所能做的是认识到建构这一本质，基于当前条件对"老"进行有益的重塑，以达到解放老年个体、在现有条件下合理满足老年个体基本需求的养老目的。

三 "老"的界定

上述讨论促使我们去思考：目前的主观分类标准是否科学？基于经济条件看我们可以养哪些"老"人？在伦理视角下思考必须养哪些"老"人？如此一来，从养"老"的角度，我们就有必要重新界定"老"这一个定义。

综合上述探讨，本书的定义如下：

"老"是指个体在社会公认的退休年龄标准后需要外界帮助来恢复、维持、促进其健康和自主的一种状态。老人则是指在这种状态下的个体或人群。

在这个定义中，我们强调了年龄这一客观标准。年龄是客观的，在一定的社会条件下，人的工作能力和健康状况也是基本稳定的，尽管随着社会经济条件的改善，大多数人退出工作领域的时间会延后，但不会短时间内大起大落，所以我们可以选择社会公认的退休年龄标准作为"老"这一定义的基本属性。

仅仅是退休年龄这一标准还远远不够。在我们上述分析中，"老"具有多样性、差异性、可塑性和建构性的特征，因此不能单单以年龄作为唯一的判断标准。一是达到退休年龄标准的人群极其庞大，这是我们这个老龄化社会面临的巨大问题，我们无差异地提供相应的养老保障是不可行的。从西方发达国家的实践来看，社会大包大揽、无限制地扩大保障范围是行不通的，所以许多发达国家的老年社会福利开始强调责任分散和整体性收缩，对于未富先老的社会，可能更是无法承受之重。二是达到退休年龄标准的人群中，有很多不需要社会特殊关照[①]，从第三年龄和第四年龄的划分中可以看出，许多老年人可以自我满足基本的需求，因此，笼统地以退休年龄为标准提供服务，存在资源浪费的问题，整个社会资源配置的效率大打折扣。三是针对不需要的人群提供过度的关照，适得其反。当一个社会在整体上认为老年人都是弱势的、虚弱的、保守封闭的、丧失选择能力的、健康状况很糟糕的，那么这个社会实际上是在营造一种刻板印象，建构一个需要被照顾、被供养的形象，而文化无微不至的渗透力会影响到社会的每一个人，包括老年人自己，也就是说，老年人将内化这些观念，从而自己给自己设限，造成"习得性无助"，进一步削弱老年人的健康和自主。

我们需要突破传统意义上根据社会年龄、生理、心理和社会等不同维度对老年人的界定。根据研究的主旨——增权，我们强调老年人的健康和自主是其基本需求，因此，在"老"的定义中，我们界定：只有在健康和自主方面需要外界提供帮助的、达到退休年龄的老年人才是真正的养老对象。

---

① 提供适度普惠的养老保险是老年人自我养老的基础，也是满足老年人基本需求的关键因素。这是针对全体老年人的制度设置，不在特殊关照范围之内。

基于此，养老的另一个根本问题也就呼之欲出，即"养什么"的问题得以解决。根据这一定义，养老的基本目标和内容是满足老年人的基本需求，也就是帮助老年人恢复、维持和促进其健康和自主。这一定义不再主动制定标准去划分和选定养老对象，而是根据客观的需求，尊重老年人的自主权，提供满足其基本需求的相应服务；这样一来，解决了养老过程中真正需求对象的锚定问题，也解决了如何激发老年人主动性和能动性的问题，有利于老年人用发展的视角看待自身，也有利于老年人实现积极老龄化、健康老龄化。

第四章

增权视角下老年人的需求分析

"养老"一词在日常生活中被模糊化使用,其中的"老"有时指的是养老的对象(老年人),有时指的是养老的内容,而有时两者都涵盖。但日常生活的交流基本不受该词语模糊性的影响,人们会根据具体的情境和所处的环境比较清晰地理解对方所指,能达到一定的共识。而在学术交流和政策制定中,如果不对"养老"进行清晰的界定,结果就会导致无共识、无法对话,在政策执行时没有针对性和可操作性,偏离目标。

所有针对养老问题的探讨都有一个基本的预设:老年人的需求无法得到满足,养老因此而成为问题。在这个基本假设中,有两个本源的概念需要澄清:老年人和需求。在第三章"何为老"的探讨中,我们详细探讨了"老"的含义,通过深入梳理发现,"老"的界定在日常生活和学术界都存在较大的分歧。本书对"老"进行了界定,这一定义与"养什么"是密切相关的:"养什么"涉及"养"的对象和"养"的内容。我们定义的老年人即为"养"的对象,同时,在定义中也涵盖了"养"的内容,即养老对象的基本需求:健康和自主。

"养什么"本质是满足老年人的需求。这个议题包含三个基本的问题:一是人的基本需求是什么?二是老年人有何特殊的需求?三是老年人需求的分类及如何满足?哪些自己可以满足?哪些需要外界去满足?满足到什么程度?这几个方面的探讨,可以明确养老的目标,结合当时的经济社会条件,就可以确定养老的具体内容,也可以为居家养老服务的供给提供目标、方向,以及对居家养老服务质量的评估提供标准。

第一节 需求理论

关于需求的理论解释有多种，不同学科进行了不同视角的阐释，涉及哲学、政治学、心理学、经济学、社会学等多个学科。

一 马克思主义需求理论

马克思和恩格斯关于人类需求的论述集中体现在"两种生产"上，即物质资料的生产和人自身的生产。马克思和恩格斯在《德意志意识形态》对人类的基本物质需求进行了描述："人们为了能够'创造历史'，必须能够生活，但是为了生活，首先就需要吃、喝、住、穿，以及其他一些东西。因此第一个历史活动就是生产满足这些需要的资料，即生产物质生活本身，而且正是这样的历史活动，一切历史的一种基本条件，人们单是为了能够生活就必须每日每时去完成它，现在和几千年前都是这样"；在人自身的生产上，马克思和恩格斯认为它是直接物质需要后派生的需要："第二个事实是，已经得到满足的第一需要本身、满足需要的活动和已经获得的为满足需要而用的工具又引起新的需要，而这种新的需要的产生是第一个历史活动"；"一开始就进入历史发展过程的第三种关系是：每日都在重新生产自己生命的人们开始生产另外一些人，即繁殖"。[①] 人类第一位的需要是生存，第二位的需要是繁衍，满足人类这两种需要的生产则分别是物质的生产和人的生产，其中物质生产是根本，决定着人的生产。

马克思主义经典作品中对人的需求的形式和层次进行了论证，但主要集中在被统治阶级维持基本生存的需求水平上，没有针对广大人民群众基本需求满足之后需求层次提升及其影响进行分析。[②]

二 经济学中的微观需求理论

在经济学中，需求、潜在需求和有效需求这几个概念是严格区分的。有效需求是指市场上有支付能力的总和；潜在需求是指有购买欲望而无支付能力的需求；需求则是更宽泛意义上的需要，包含潜在需求和

[①] ［德］马克思、恩格斯：《马克思恩格斯选集》第1卷，人民出版社1995年版。
[②] 赵胜文、张富国：《马斯洛需求理论对历史唯物主义的拓展》，《北方论丛》2015年第3期。

有效需求，也包含了未被服务对象意识到的需要。

个体需求的满足离不开市场，因此，探讨养老问题也离不开市场需求理论的分析。经济学中的需求是指消费者在某一特定时期内，在每一价格水平上愿意而且能够购买的商品量。需求是购买欲望和支付能力的统一。① 经济学中的需求概念将心理上的欲望与市场上的真实实现行为区分开来。心理学上的需求理论探讨的是人心理上的需要，是人行为的内驱力，经济学中的需求概念则只关注真正发生了购买行为来满足的需求。

影响需求的因素有消费者偏好、商品自身的价格、消费者收入、替代商品的价格、互补商品的价格、消费者预期的商品价格、消费者预期的收入。② 从社会因素来考察，社会财富分配的平等程度、人口数量和结构都直接或间接影响消费需求。社会财富分配不平等会导致需求减少，人口数量增多会使需求增加，人口结构的变动会影响需求的结构，如一个老龄化加速的社会会增加对于医疗、康复、护理、保健用品等商品的需求。

市场是满足老年人需求的一个重要的平台。老年人的个性化、差异化需求的满足，不可能由政府和社会组织包揽，而是必须将自身作为市场参与的主体，结合自己的经济实力进行选择和满足，政府在老年服务市场的建立过程中主要起到引导、规范、监管等作用。在市场上，需求和供给之间存在失衡时，市场会及时调整，这种调整基于买方和卖方对信息充分了解之后的选择。买方充分了解产品和服务的信息，在自己需求的基础上进行选择或替代性选择，卖方则尽可能了解买方的需求，采取两种方式迎合买方的需求，一是提供新的产品或服务，二是尽可能让原有的产品或服务为买方所了解，如加大广告的投入。

总的来说，经济学中的需求理论强调个体偏好及选择，而需求就是众多个体偏好的集合。进一步推导可以得出结论：老年市场的发达程度反映了老年人需求的满足程度，是老年人生活幸福的一个重要尺度。同时，经济学中的需求理论强调个人自主，认为个体具有私有财产权，具

---

① 梁小民：《西方经济学教程》（修订版），中国统计出版社1995年版。
② 万春：《西方经济学的微观需求理论体系及相关政策启示》，《经济问题探索》2010年第2期。

有足够的消费理性,具有足够自主的决定权——这些理念对老年人的自主具有促进作用。当然,经济学中的需求理论过于强调个体的理性,强调欲望自主、自由表达等基本前提也是存疑的。在资本的裹挟下,个人欲望往往是被市场操控的,广告的刺激就是对个体欲望刺激的例子,个人并不是那么理性,欲望的唤起往往不是自己发出,而是由广告等操控。每个个体理性表达自己需求的前提也不是那么牢靠的,个体需求的表达会受限于自己的文化、思维和外部环境,尤其是老年人,普遍存在文化程度低、个体表达能力弱的情况,个体的需求其实是被压抑的。

三 马斯洛的需求层次理论

从生物学的角度来看,吃、喝、睡眠、性等是基本的需要,是人的内在驱动力。针对内在驱动力的探讨,人本主义学者马斯洛的需求层次理论做了一个金字塔形的需求模型来解释人的需求。

人本主义承认人的价值和尊严,把人看作是万物的尺度。在人本主义哲学范畴中对人的需求的探讨主要包括人的自由和自为、烦恼、孤独、痛苦、个体与群体的关系等,分析人在不同阶段的需求及其变化。马斯洛于20世纪50年代从人本主义伦理学和心理学的角度对人的需求进行了经典总结。

马斯洛认为,人有五种基本需要,即生理需要、安全需要、归属与爱的需要、尊重的需要、自我实现的需要。这五种需要依次构成了人类需要的五个层次,呈阶梯分布,人只有满足了低层次的需要之后才会产生高层次的需要,占优势的需要则支配着人的意识和行为,高层次需要出现后,低层次需要依然存在,但对人的意识和行为的影响减弱。人的需求是一个整体,人不断地追求自己需求的满足,一个欲望满足后往往又会迅速生成新的欲望,而欲望产生的驱动力则驱使人采取行动满足需要,这会贯穿于人的一生。

"自我实现"是马斯洛需求层次理论中的核心概念。这个概念最先由人本主义心理学奠基人戈尔德斯坦提出,是指人潜能发挥的一种内驱力,是人的本性中的一种创造性倾向,是人的主要动机和生活最高目标的表现形式。[①] 马斯洛认为个体存在的目的和生命的意义皆是为了自我

---

① 叶浩生:《西方心理学理论与流派》,广东高等教育出版社2004年版。

实现。自我实现是人的内在本性和潜能得到充分的挖掘和发挥，是人性的完美状态，是人最高程度的发展状态。人的自我实现关键在于改善人的自我意识，使人认识到自我的内在潜能和价值。"自我实现的人"具有一些共同的特征：对现实具有洞察力；拥有良好的人际关系网络，接纳自我、他人和自然；日常生活中以问题为中心；拥有超然的独立性（离群索居的需要）和自主性（对文化与环境的独立性、意志、积极的行动者）；具有丰富的感情和良好的体验等。

自我实现的需要是人最高层次的需要，是实现个人理想、发挥个人潜能、实现自我价值的一种自我肯定性需要。在追求这个层次需要的过程中，个人努力释放潜力，使自己成为自己所期望的人。"这种需要可分为两类：第一，对于实力、成就、适当、优势、胜任面对世界的自信，独立和自由等欲望。第二，对于名誉或威信（来自他人对自己的尊敬或敬重）的欲望"。① 值得强调的是，马斯洛认为"自我实现"是一个不断发展的过程，而不是一种静止的、始终不变的状态。也就是说，自我实现是人永远都在追求的需要。

马斯洛需求层次理论得到了广泛的认同和应用，当然也受到了一定的批评。一是需求满足的阶梯性，认为只有当低层次需求满足之后才会产生高层次的需要，无法解释在物质匮乏状态下矢志不渝地追求理想信念之类的现实特例，如登山爱好者忍饥挨饿，仅仅为了达成登顶的愿望，这就与马斯洛描述的这种时间序列式的动机不相符。事实上，人在针对自己需求的选择时，并不一定是按照一定的排列来进行，而是基于组合式的考虑，各层次之间的需求会在个体面临的现实中出现冲突，个体把各个阶段的需求综合在一起来进行判断和决策。二是"自我实现"作为一种理想状态，过于理想化，目标笼统，难以测量。三是把需求与动机、驱动力混为一谈。保持健康是人的需求，需要个人适当运动、少喝酒，但人的驱动力会驱使酗酒者多买酒、多喝酒，从而危及健康，这就出现了需求和驱动力之间的矛盾。驱动力不会让个体避免受到伤害，饮酒、吸毒等使人上瘾并损害个体健康的行为是由驱动力带动的，并不是个体需要的，纵容和沉溺驱动力的某些行为，给个体带来快感的同时

---

① ［美］马斯洛：《动机与人格》，许金声译，中国人民大学出版社2012年版。

也伤害到身体，但身体本身并不需要这些无益的行为。生物性是人的根本属性，身体需要受制于基因，但人同时具有想象力、理性、较强的沟通能力、合作能力、认知能力和推理能力等，使人与其他动物有截然不同的区别。因此，人同时具有生物属性和社会属性，单纯考虑基因决定，忽略社会属性或脱离生物属性只谈人的理性，都会产生盲点。人在进化过程中学会了很多东西，可以超越自己能力去做决定，能超越本身需求，做出与本能、驱动力运作方向不一致的决定，如延迟满足、强迫自己牺牲享受去追求道德情操、追求自我实现，克服恐惧和贪婪。通过转移注意力、寻找替代物或互补的社会事实来满足某些需求，如老年人对子女"孝顺"的追求就是一种包含了情感转移的满足途径，而不单单是基于物质上对基本需求的满足。

四 阿尔德弗尔的 ERG 理论

阿尔德弗尔（C. P. Alderfer）于 1969 年提出了与马斯洛需求层次理论相关但又有所不同的 ERG 理论。[①] 在 ERG 理论中，人的需要分为三类：①生存（existence）的需要，包括人机体存在所需的基本条件以及实现这些要素的手段；②关系（relatedness）的需要，即发展人际关系的需要，个体在与人接触、交往和沟通中得到满足；③成长（growth）的需要，即自我发展和自我完善的需要，个体通过发挥自身潜能得以实现。这三个层次的需要包括马斯洛需求层次理论中的各要素，所不同的是，ERG 理论认为这三种类型的理论之间并没有层次顺序，个体在某种需求满足之后可能去追求更高层次的需求，也可能停留在原来的类型中继续强化；在个体追求较高需要遇到挫折时可能会坚持，也可能退而求其次；某种需要得到满足之后其强烈程度不一定会减弱，也可能会进一步加强。

ERG 理论简化了需求的层次，增强了理论的包容性和解释力，使其更符合现实，在某种程度上对马斯洛的需求层次理论进行了修正和完善。

[①] Alder, C. P., "An Empirical Test of a New Theory of Human Needs", *Organizational Behavior and Human Performance*, Vol. 4, No. 4, 1969.

第二节　人的基本需求：健康与自主

上面的探讨基本明确了需求是主观与客观、相对与绝对的综合体。在进一步探讨人的生存和日常活动的基本条件时，客观、绝对的基本需求就是必要的了。主观感觉不可能给我们一个可靠的标准，因为相对的、主观的需求因时、因地、因人而变。同时，主观感觉需要的，并不一定是我们真正的需求，如对某些有害的东西有强烈的欲望和偏好（如毒品），但实际上是损害我们健康和自主的。个人的理性是有边界和局限的，我们可能无法抵御有害物品或事情的诱惑，也可能同样无法辨别和察觉自己真正的需求或受抑制的需求，即使在被剥削的群体中，也有44%的人察觉不出自己严重被剥削的状态。[①] 因此，我们需要确立一个不依赖于主观感受和相对虚无的需求标准，探讨一个能达成共识且具有可操作性的、客观的基本需求，以指导具体的实践。

一　基本需求是人存在和互动的必要条件

在扶贫研究和社会分层研究中，贫困线是一个客观的共识，是根据当时社会经济发展状态而划定的，具有客观性和地域内的比较性，它独立于个人的偏好之外。绝对贫困线指向的是缺少生活必需品，生存都存在问题的人群，这个群体属于生存型贫困人口[②]。低于贫困线的生活状态对个人的健康和自主会造成伤害，而这种伤害不因个人的偏好和文化而不同。贫困线以下的人群无法满足基本生存需求，无法参与正常的社会互动，无法达成自己的目标。贫困线的划定正是基于基本生存需求的测量，我们有一个共通的认识，人不应该生活在贫困线之下，需要社会和外界的帮助摆脱贫困的状态。正因如此，只要有条件的社会都会对贫困线之下的人进行救助和帮扶。

当然，简单地用绝对贫困线来衡量人的基本需求是不够的。绝对贫

[①] Towsend, P., "The Need of the Elderly and the Planning of Hospital", R. Canvin and N. Pearson (eds), Needs of the Elderly for Health and Welfare Service, *University of Exeter*, Vol. 13, No. 2, 1972.

[②] 贫困人口的分类标准有多种，其中一类是从发展的角度进行划分，贫困人口分为生存型贫困人口、温饱型贫困人口、发展型贫困人口。本书探讨的人的基本需求是基于生存和温饱，因为发展是一个相对的概念，不同社会和不同情境其含义不同，无法达成共识。

困线仅仅针对生存和温饱进行探讨,关注的是人活下来需要哪些生活必需品,基于这些必需品的市场价格,制定一个具体的收入标准或消费标准。① 然而,人活着只是一个方面,还需要有正常的社会参与和社会互动。缺乏生存所需会对个人造成伤害,这种伤害不同于伤心、忧心之类的主观感觉,是实实在在存在的。没有自主选择的能力、无法参与必要的社会活动、无法与人正常互动也同样会对个人造成伤害,会导致个体无法达成目标,无法正常地完成一件事情。完成一件事情的必要条件有身体上、心理上(或心灵上)的能力去执行,身体上有活力,心理上有选择力,个人才可能自主,个人自主,才能完成一件事情。自主包含着选择的能力,包括形成目标的能力、评估的能力、预测选择结果的能力、行动的能力等。拥有自主的人才可能主动形成目标并达成目标,能自信和有责任、有担当,能肯定和认同自我。缺乏自主、不自主、自主有障碍的人缺乏行动力,缺乏控制自己行动的能力,对生活没有掌控感,伴随着"无权感""无力感",因而也无法实现自己的目标,不能完成必要的事情,也因之而缺乏幸福感,降低了生活的质量。

Harris(1987)认为,社会政策的主要目标是保障每一位公民的生活机会,使之能在社会上有一席之地,使之能参与社会上的某种生活方式。② 参与是一种能力,社会参与方能改变生活方式,才能进行必要的选择,才能真正地掌控生活。参与需要必要的资源,而这种资源正是人之为人的基本需求,即健康和自主——身体健康和精神自主是个人存在并行动的前提,也是参与社会、与他人互动的必要条件。

二 健康是人生存的基本需求

生存是自然界所有物种的首要目标,是人存在的第一要义。生存的根本要素是身体,而身体健康则是人生存最根本的需求。生存是人存在的基本前提,身体健康则是人之为人的根本。没有身体健康,活着只是一个生物上的存在,无法作为一个有意义和有价值的社会存在。日常生活中的诸多活动需要个体有感情能力、心智能力、行动能力、沟通能力等,如果没有身体上的健康,这些都是无根之木。

---

① 绝对贫困线的确定有多种方式,其中常见的有市场菜篮子法,即根据个人生存所需物品(主要是食品)的市场价格进行划定。

② Harris, D., *Justifying State Welfare*, New York: Anchor Books, 1987, p.200.

如何定义健康？世界卫生组织的定义是："健康是一种在身体上、精神上的完满状态，以及良好的适应力，而不仅仅是没有疾病和衰弱的状态。"这个定义包括躯体健康、心理健康、社会适应良好和道德健康四个方面。"身体没毛病、心理无阴影、社会无压力"是这个定义的通俗表达。这是一个理想化的定义，也是一个无法操作的定义。尤其是在当今社会，按照这个定义，极少有人是健康的。因此，将实现这个定义所描述的状态作为人的基本需求是不适当的。退而求其次，将健康限定在身体方面是一种相对客观，且具有可操作性的做法。

身体健康是一种状态，而一个群体中人的身体健康状态呈现出连续谱系特征，也就是说，从极不健康到完美状态这个连续的区间内有无数的状态，那么，以什么标准为界限来区分健康或不健康呢？如果描述某种状态是健康的，势必遗漏某些方面，或扩大不健康的范围，导致在实践中的不可操作或社会资源的浪费。① 在这种情况下，反向定义是一种可行的选择。不健康是指有病，一个人没有病就可称为健康。疾病是患者社会参与的障碍，严重疾病患者无法正常参与社会活动。患者有治病的需求，治病的目的是恢复健康，使个体能与他人正常互动、参与社会并达到自己的目标。

反向定义健康，使健康需求具有了客观的标准。不论哪个地域、何种文化、哪个阶级、哪个种族、怎样的经济条件，对有病的认定是基本相同的，非常具体又具有可操作性。生活在北美洲的青年与生活在非洲的青年得了同一种病，其诊断标准和治疗方法不会因为地域、文化、阶级、种族而不同，疾病损害健康的程度、妨碍其参与社会的障碍是一样的；在感觉上，两者都会觉得生病了，疾病对身体的损害一样，个体日常活动都会因此而受限；在检验结果上是一致的，对发病的原因可能有不同的解释，但病理检验报告的结果是一样的，生化检查的标准是一致的，个体不能否认，只能面对；在治疗上，饮食、药品、治疗方式在特定的经济社会条件下都是一样的。

总之，身体健康的反向定义跨越了文化差异和地区差异，对每一个

---

① 有不少具备公费医疗或国家政策特殊关照的老年人常年住院，但并没有实质性的疾病，他（她）们占用了宝贵的医疗资源，在某种程度上也是一种浪费。

人来说都是最基本的需求。身体健康是引领个体走向幸福生活的基本要素，个体身体健康，对生活的体验感就越好，幸福感更强。

当然，心理疾病和身体疾病对个体的伤害是同样大的，因此也是同等重要的，但在心理上我们关注得较少。但心理疾病的探讨可放在自主部分。从某种意义上说，心理疾病（精神疾病）的认定也是有相同标准的，但其认定标准的操作性比身体上的疾病要差很多。

三 自主是人参与社会的基本需求

身体患有重疾的人无法正常参与社会活动，然而，即使没有患病的人也可能行动不起来，没有参与的意愿或者机会，这就涉及另一个重要的基本需求：自主。身体健康是人行动的必要条件，但不是充分条件。一个人的行动还需要个体的自主性，即有想法、有做法，推动个体进入参与社会的实践。

一个自主的人的特征包括：①

行为者有智能去形成目标与信念；

行为者有足够自信去行动，以参与某种生活方式；

行为者有实际去做的能力，会与人沟通；

行为者知道他的行动是自己完成的，而不是别人完成的；

行为者可理解事实上的限制，有何阻碍通向成功的行动；

行为者能为自己的行为负责。

自主包含了三个主要的维度：学习、心理健康、机会。学习是指了解自己、了解文化对自己的期待、掌握必要的技能；心理健康是指心理上有能力进行正确的认知及情感上的健康；机会是指个体改变生活方式的可能平台和渠道。

（一）学习

社会化是社会学中一个重要的概念（参考社会学概论之类的书），其本质是指学习这个社会约定俗成的知识（文化），了解大家都知道的东西，了解社会对自己的期待，能在社会中找到自己的位置，与他人进行良好的互动，掌握生存的必要技能。因此也可以说，自主的一个重要

---

① ［德］莱恩·多亚尔、伊恩·高夫：《人类需求：多面向分析》，王庆中、万育维译，洪叶文化事业有限公司1999年版。

的方面就是社会化。如果一个人无法与人正常沟通和交流，无法进行良性的互动，那就不能在既定的文化环境中有成功的活动，因而也就无法达成自己的目标。

一个常见的误区是：学习（或社会化）是儿童和青少年时期的行为，与中年人和老年人无关。但这忽略了一个人承担角色的变化，而每一个角色的扮演都需要学习，因此个人需要终其一生不断学习，学习新的角色，适应新的变化，顺利地履行自己的职责，满足社会的期待；如果说在传统农业社会里，每个人的一生经历的事情基本差不多，每个人的人生轨迹几乎雷同，个体社会化的难度较少，基本是复制父辈的生活和所历经的角色扮演过程，但在社会剧烈变迁的时代，无论老年人还是年轻人，都面临不断学习和更新自己知识的压力，都需要不断学习和改变自己，方能不被时代所抛弃。以通信领域为例，20多年前大家还沉浸于对"大哥大"呼叫机的迷恋，随后不久固定电话走进了家庭，但也很快就被移动手机所替代，而最近十年，智能手机迅速将传统的平面手机扫进了历史故堆中，风光一时的诺基亚、摩托罗拉等手机生产巨头消失，被苹果、华为、OPPO、VIVIO等智能手机生产商所取代；在照相机领域，传统的相机转向数字相机，但也很快就被手机照相所挤压。时代变迁和技术变化使社会的各个方面都发生了翻天覆地的变化，传统的、一成不变的生活方式也不断变化，对个体的要求也不断变迁。在这种情况下，个体停止社会化、停止接受新事物和新知识是难以想象的事。落后于社会变化，直接的影响是个体无法适应社会，无法达成自己的目标；间接的影响则是个体产生无力感、无助感，失去对生活的掌控，自主也就无从谈起。

（二）心理健康

理性是自主的主要组成部分，而心理不健康、精神失衡、失去自我都会使个体失去理性，也因而不自主。心理健康主要是指人的认知能力和情感能力方面，包括幸福感、能力感、有抱负、能整合、能自主五种感觉。①

---

① ［德］莱恩·多亚尔、伊恩·高夫：《人类需求：多面向分析》，王庆中、万育维译，洪叶文化事业有限公司1999年版。

精神病是一种不受欢迎的精神状态，不负责任、没有条理、不可理喻、极端、无法沟通、举止失常、行为无法预期、个体无法控制自己的行为和情感。精神病患者心理不健康是显而易见的。与身体疾病一样，精神病的诊断、治疗也有相应的标准，越来越发展的精神医学结合了心理学和现代医学的科学研究，发展出比较成熟的一套系统，作为对身体疾病的应对方式。当然，在精神病的认定和具体标准的制定上，精神医学还在努力的路上，其中不乏争议之处，但常见的精神病的应对方式是大家共同认可的。

心理不健康导致的不自主会表现为一系列的特征，包括个体在心理、心态和心灵上的无能，出现幻听、幻想、妄想、无能感、无力感、无价值感、挫败感、沮丧、焦虑等特征，这些会导致个体无法控制自己的情感和行为，不会与人良性互动，生活脱离正轨。与之相反，心理健康则包括自我成长、自我接纳、自我认同、自我控制，生活有目标，对环境有掌控感。

（三）机会

指个体有参与行动和某种生活方式的选择。机会意味着个体有选择的可能。这种选择能帮助个体融入一个新的环境中，评估有关的信息并做出选择；诠释既有的规则，并做出积极回应，重新塑造自己的生活，改变原有的生活轨迹，选择新的生活方式。

创造可供选择的机会是自主的一个重要的方面。个体没有选择就意味着不自主，就无法做出有意义的行动来改变自己的状况，无法达成自己想要的目标。值得注意的是，此处所说的选择不同于商品多样性的选择。商品社会的极度发达，创造了众多商品，同一商品也在颜色、款式、产地、做工、材料、外观、品牌等各方面各种各样的产品，为消费者提供了越来越多的选择，而个体在面对繁多的商品时表现出无所适从、精力耗散、焦虑、患得患失，滋生更多的不满意和不快乐，幸福感反而下降。[①] 这种选择的悖论主要出现在无价值和无意义的商品选择上。本书所提的选择是指个体基于自己的想法和创意，参与新机会，发展新关系，改变生活方式，提高自尊，提升对生活的掌控感。这类选择

---

① ［美］巴里·施瓦茨：《选择的悖论》，梁嘉欣等译，浙江人民出版社2013年版。

多出现在新的工作机会、新的生活方式等方面。

机会的本质是选择。对机会的理解有不同维度。学者 Raz 认为，机会是指有意义的选择；新机会能提升个体的尊严，在选择的过程中和选择之后的行动中提升个体的自尊。① Dworkin 则认为，自主产生于对第一级偏好的反省，是人的第二级能力；通过对第一级偏好、愿望、期待的反省后，个体选择看要不要改变自己的第一级偏好；这种选择能力会促使个体对生活重新定义，赋予生活意义，从而担负相应的责任。② 日常生活中的洗脸、刷牙是不需要反省的，而对意义的诠释、活动和行为的选择等则是需要反省的；基于这种理解，第一级偏好指的是原有的行为方式、生活方式、价值观念、意义体系，自主则是指个体对这些的批判反省。还有一种理解则是将自主上升到政治的高度，强调批判自主，强调个体参与政治活动、参与社会公益的选择机会。不论是反省自主还是批判自主，其中都包含着机会，如果没有环境提供的机会，这些自主的活动都会失去土壤。

四 基本需求的满足物

早期笼统地以国内生产总值（GDP）、国民收入总值（GNP）来衡量一个社会的发展情况和个人需求的满足情况，其隐含的前提是：经济的发展意味着需求的满足；但这一前提存在诸多问题，如其计算方式排除了许多农业产值、无酬的家务劳动，忽略了需求满足和奢侈品的差异，忽视了收入分配的情况等。于老年人而言，单纯以收入来衡量老年人的需求是否满足无法体现老年人在地域、文化、偏好等方面的差异，掩盖了基本需求满足的多样性、多元化途径和方式。20 世纪 60 年代之后，世界范围内在需求满足的测量上做了改进，1978 年世界银行在需求满足理念改变的情形下针对第三世界发动了以满足基本需求为主的援助活动，主要集中在营养、基础教育、健康、饮用水供应、卫生和住宅等方面，发展不再单单盯着经济增长，而是将策略聚焦在基本需求的满足上。20 世纪 80 年代之后，大家开始深入地思考，将基本需求的满足放在当地的生活情境中，结合社会变迁和文化价值去思考，更加强调社

---

① Raz, J., *The Morality of Freedom Dworkin*, Cambridge: Oxford University Press, 1986, p. 124.
② Dworkin, G., *The Theory and Practice of Autonomy*, Cambridge University Press, 1988.

区、参与等维度。

通过哪些东西来满足普世的基本需求呢？我们可以将满足基本需求的物品、服务、活动或关系称为满足物。健康与自主是普世的基本需求，但是，满足健康与自主的满足物却是相对的、多元的。阿玛蒂亚·森在扶贫领域中对贫穷进行了解释：贫穷就资本的角度而言是绝对的，但是以民生必需品来看却是以相对的形式出现。[①] 一种必需品或必需的服务可能同时具有多种属性，如一顿饭不仅具有满足饥饿的属性，也为家庭生活提供了互动的场合和中介。此外，同样的物品或服务，对不同的个体而言其功能发挥程度是不一样的，如一样的住宅，有人将它作为居住场所，而有人可以充分利用，满足居住的同时作为生产的场所或出租、经营等。虽然满足物是多元的，但一些基本的概念是可以适用的，如一个人一天需要多少能量（carol）的食物是可以衡量的；遮风避雨的栖身地是共同的。基于此，我们可以列举出跨地域、跨文化、跨情境的基本需求满足物：营养的食物和干净的水；可以达到躲避风雨和保护的居所；没有伤害性的工作环境；没有伤害性的物理环境；适当的健康照顾；成长和发展的空间；有意义且重要的初级关系；环境上的安全；经济上的安全；适当的学习机会。[②]

第三节 老年人的基本需求

健康与自主是所有人的基本需求，是人存在及参与社会活动的根基。这对老年人来说也同样适用。作为一个单独的群体，老年人在许多方面迥异于其他群体，这也使得其基本需求的实现具有一定的特殊性，面临着与其他群体不一样的障碍。

一 老年人的特殊性与基本需求

就健康与自主的基本需求而言，对所有人都是同等重要且必不可少的。然而，老年人作为一个独立的群体，具有一定的特殊性，而老年人的特殊性主要与老年人衰老的必然性相关。

---

① Sen, A., *Poverty and Famines*, Oxford: Clarendon Press, 1981, p.23.
② ［德］莱恩·多亚尔、伊恩·高夫：《人类需求：多面向分析》，王庆中、万育维译，洪叶文化事业有限公司1999年版。

（一）衰老与不健康

衰老本身不是疾病，但衰老使人变得虚弱，更容易得病。也就是说，老年人的健康比其他群体更易受到存活时间的影响，随着时间的推进而越发堪忧。这种状况在其他生命周期中是不会遇到的，个体在儿童和青少年时期会随着时间的增长而逐渐强壮，生命力变得更加强大，在中年时期变得平稳，而在老年时期，健康水平是逐渐下滑的，到生命的最后阶段则是陡转直下，直至死亡。由于衰老，个体终将趋于不健康，且还能维持健康的时间长度无法预知，一旦不健康，不健康的程度和不健康的状态持续多久也无法确定，这些都是老年人面临的且无解的困境，也是探讨老年人基本需求的一个重要方面。

（二）衰老与不自主

一方面，衰老导致老年人在经济上的依赖。不容否认的事实是，老年人作为一个整体，在身体、智能和操作能力上是逐渐减退，在获取知识、技能从而获得工作机会的能力上弱于青年人和中年人，因此，基于知识、技能、体能而将老年人拒在大多数有酬劳动之外，这导致其经济独立的能力大大下降，不安全感增强，经济上对子女的依赖也就伴随而生。另一方面，伴随衰老而至的疾病不但侵害个体的健康，同时也会催生老年人的"沮丧感、挫败感、无力感、无权感"，出现心理疾病，因而丧失自主。

总之，老年群体具有特殊性，老年人有自己的特殊需求：一是健康状况的维持会随着时间的推移而越来越困难，需求越来越大；二是健康状况不可逆地滑坡，直接影响到自主需求的满足；三是老年群体在健康和自主基本需求难以满足的情况下，心理健康面临挑战；四是社会对老年群体的刻板印象和歧视会恶化老年人的生活处境。

二 老年人满足基本需求的障碍

（一）受损、障碍与残障的概念

通常在探讨中，我们更多地关注身体疾病、心理疾病、认知剥夺和机会受限给个体造成的伤害，但伤害是基于受损而产生的一个概念，看不出其程度变化，因此无法精确地描述一系列的原因及其影响。如心脑血管疾病对老年人来说是造成其身体不健康乃至死亡的重要因素，相比较而言，风湿、关节炎之类的小疾病就不值得一提。但是，对于老年人的自主而言，这类小疾病会严重影响老年人的自主行动能力，其行动不便直接影响了其生活方式的选择和充分参与社会的机会。因此，引入障碍、残障的概念非常重要。世界卫生组织对受损（impairment）、障碍（disability）和残障（handicap）进行了区分：受损是指器官功能上的丧失或病态，与一般常人的生理和健康状况有别；障碍是指由于受损带来能力上的限制，如行动、阅读、语言、互动；残障是指障碍严重到一定程度而影响到个体承担相应的社会角色。① 这三者的关系如下：

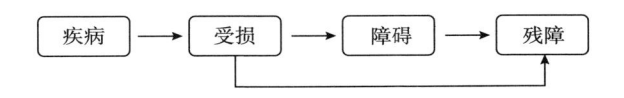

疾病 → 受损 → 障碍 → 残障

图 4-1 受损、障碍与残障的关系

受损是一个生物学上的概念，具有明确和公认的判断标准；残障是一个社会学上的概念，具有社会情境性，与社会角色的承担紧密联系在一起；障碍是介于受损和残障之间的中介概念，可用来测量基本需求的满足。障碍主要有十个方面②：看、听、沟通、理解能力、肢体移动、动作的灵敏度、肌肉伸展、触及、个人照顾和自我创造能力。当然，每一个方面都涉及程度的问题，从极其轻微到极其严重，可以分成不同的等级，当个体某个方面或某几个方面呈现出不同程度的障碍，可以对其障碍等级进行划分，并因此而采取相应的措施帮助个体延缓或恢复其功能。如一位老年人患有风湿和关节炎疾病，最近一次又因中风而行动不便，此时便可以将他的障碍等级定级为 5 分③——这种障碍程度的划分可由医疗机构、照顾者、研究人员等共同做出，他的肢体移动功能受损，无法自己做清洁工作和倒水等自我照顾的活动。当然，这些障碍是否判定为残障，还有待专业人员依据具体情境进行甄别。

（二）健康方面的障碍

身体疾病会导致身体器官功能的受损，严重到一定程度就会形成障

---

① ［德］莱恩·多亚尔、伊恩·高夫：《人类需求：多面向分析》，王庆中、万育维译，洪叶文化事业有限公司 1999 年版。
② WHO 的界定。
③ 假定最轻微赋分 1，最严重赋分 10。此处仅仅是示例。

碍，再进一步就会导致残障、死亡。发达国家老年人患病以退行性疾病为主，如心脏病、恶性肿瘤、心脑血管疾病。发展中国家的老年人则以传染性疾病为主，如肠胃炎、流行性感冒和肺炎、事故伤害等，当然，心脏病、恶性肿瘤等也占据了一定的比例，疾病分布比较分散，总体上以传染性疾病为主。发达国家和发展中国家老年疾病的多发率、致残率和致死率存在较大的差异，主要原因是发展中国家卫生水平和疾病预防能力较低，但随着经济水平的发展，两者的差异越发缩减。不管是退行性原因还是传染性原因，或者社会性的原因（如精神病、事故、他杀、自杀），疾病都会造成个体器官的受损。老年人因为衰老而患退行性疾病的居多，而退行性疾病意味着身体机能的衰退、老化，各器官功能正常发挥存在障碍乃至丧失。对于老年人来说，退行性疾病对个体的障碍与其他疾病对其他群体的意义有所不同，因为老年人得退行性疾病的过程几乎是不可逆的，也就是说，老年人因身体上退行性疾病而导致的障碍是难以恢复的，能加以努力的更多的是延缓疾病从受损到障碍的过程、减轻障碍带来的不便、维持障碍存续的时间以防止其进一步滑向残障或死亡。

（三）自主方面的障碍

1. 心理疾病的障碍

心理疾病造成老年人参与社会的障碍是显而易见的，各社会对精神疾病患者参与社会都会有一定的限制，如精神病院的设置。老年人因衰老而在智力、记忆力、性格等方面发生变化，抑郁症、阿尔茨海默症等是常见心理疾病，一旦患上这类疾病，老年人的自主性就大打折扣。针对心理疾病的诊断标准主要是依靠个人对症状的陈述和社会对某种症状的经验判断，没有一套公认的标准，同时也面临着文化的差异，但各种精神疾病的症状给个体带来的障碍是一样的。如焦虑症都表现出无助、无力感，以及对未来的不确定性，并在身体上出现头晕、呼吸不畅、心跳加速的症状；沮丧的人都经历了悲伤、忧虑、焦虑、无力感、注意力无法集中等。[①]

---

① Alder, C., *World Health Organization: Depressive Disorders in Different Cultures*, London: Allen & Unwin, 1983, p. 67.

2. 学习与认知能力剥夺的障碍

语言和从事有意义活动的互动能力是个体必备的生存技能，是基本需求中的重要内容。老年人被社会认为学习能力和认知能力衰退而应该退出劳动力市场、脱离社会，给年轻人腾出就业岗位，全社会的刻板印象或老年歧视阻断了老年人进一步提升学习和认知能力的路径，这就进一步增加了老年人自主的障碍。学习与认知能力是个体参与社会、从事有价值和有意义活动的基础，个体在参与的过程中增进自己的能力，赢得周围人的尊重，同时发展和增强自己的自尊。当老年人被剥夺提升能力的机会时，也就丧失了展示自身价值、参与活动影响他人的平台和渠道，因而难以获得更多的尊重，自身的自尊受损。而自尊和他人的尊敬正是自主的真正内涵。①

3. 参与机会受限的障碍

自主性的主要体现是个体能自愿地选择机会来参与有意义的活动，如有酬的工作。劳动是所有社会中最重要的社会活动，无论是劳心还是劳力，都能赋予个体最有意义的社会角色；尤其是有酬劳动，直接影响到个体自主性的高低。工作更是自我价值的重要判断依据。② 工作对于个人的意义除了收入之外，更是身份认定、地位的指标，为个体提供了与家庭生活不一样的社会经验；失业对于一个人的伤害等于剥夺了社会参与的机会。失业不单单是丧失了一份收入，同时对个体也有诸多负面影响：焦虑、自尊降低、沮丧、挫折、无力、无助、精神紧张等。

老年人参与社会机会被剥夺的重要事件体现在强制性退休机制上。社会整体形成老年歧视和刻板印象，通过社会机制和社会结构的安排，一刀切地将老年人从生产领域挤出——这是老年人参与机会受限的最大障碍。老年人随着生产角色的挤出，与社会进行有价值和有意义联系的主要通道被切断，许多角色被剥夺，自主的需求无法得到满足。

三 老年人基本需求的具体内容

老年人在满足健康与自主的基本需求时必须面对其特殊性和相应的

---

① Naroll, R., *The Moral Order: an Introduction to the Human Situation* (*Sage*), Houndmills: Macmillan, 1983, p. 148.
② Barrington Moore, *Injustice: The Social Bases of Obedience and Revolt*, M. E. Sharpe: White Plains, 1978, p. 266.

障碍，因而具有与其他群体不一样的具体内容。

在健康上，老年人的基本需求是：①尽量延长健康状态的时间（可以通过健康知识的学习、健康生活方式的选择、对老化过程的认识等来实现）；②获得恢复健康的机会（通过现有的医疗机构和医疗保障体系来治好疾病，恢复健康）；③在维持不健康状态时能得到适当的照料，保持应有的尊严（通过家庭、养老机构、护工、义工等获得充足的照料资源；通过国家的长期照护保险制度得到保障；通过社会工作者的专业方法保持自尊、自强、自主的精神状态）；④树立正确对待死亡的态度，减少对死亡的恐惧感，在生命的最后阶段获得心灵的平静和对生命历程的完满诠释（通过社会工作者等专业人士的介入，帮助老人解释自己的一生；通过临终关怀的服务帮助老年人减少痛苦，抚慰心灵）。

在自主上，老年人的基本需求是：①获得学习的机会和掌握参与社会的技能，包括表达自身权益的能力、权益维护的知识和能力、与他人互动的能力、老年角色的认知与扮演的能力、工作技能、认识老年过程和度过老年的知识、与社会保持同步进化的能力。②保持心理健康，包括正确地认知衰老和死亡，学会心理调节的技能，保持积极的心理状态，祛除无力感、无权感、幻灭感，能破除外界的消极影响，防止内化环境中的刻板印象或歧视，抵御因此而产生的无力感和无权感。③获得参与社会的机会，包括生活方式选择的机会、劳动的机会、参与有意义的活动的机会、嵌入社会结构并达成自己目标的机会和途径、批判的能力和反省的能力、通过法律援助获得公正的机会。

第四节　老年人需求满足的探讨

养老即老年人需求的满足。我们上述的分析发现，人的需求是人存在的动力，也就是说，需求永远都没有完全被满足的时候。养老语境中，老年人需求的满足是外界提供资源来进行，但资源永远都是有限的，全部包揽老年人的所有需求是不现实的，也不必要。因此，"养什么"的探讨应针对老年人的需求进行分类，选择应该养、养得起的部分。

一 老年人需求的确定

(一) 明确老年人需求的方式

老年人需求的确定有两种不同方式。一种是归纳法的方式，即通过询问老年人的需求，以此确定老年人的需求的种类，并通过排序、归类的方法，将其划分为几个方面，我们常见的如经济扶持、生活照料、精神慰藉。另一种是演绎法的方式，即确定人类的基本需求，然后考虑老年人的特殊性，综合确定老年人的需求。本书采用的是后者，通过探讨，确定健康和自主为人类的基本需求，在考察老年人衰老过程的基础上，明晰老年人的基本需求。

两种方式各有利弊。归纳法得到的需求比较直观、容易理解，且符合大多数人的思维方式，但流于表面，无法清晰地权衡各类别的重要性，以及无法解释为什么要满足这些需求这个根本的问题。同时，归纳法只能归纳老年人表述出来的、研究者已经想到的，不能考察到老年人压抑的需求、未能表达出来的需求、未被研究者考虑到的需求。在通常的三分法表述中，经济扶持和生活照料的目的是保障老年人的健康，慰藉其在精神上的需求，但无法解释这种需求在老年人需求体系中的位置，而基于此提出的措施也多是缘木求鱼（如聊天解闷、嘘寒问暖等），不具备可操作性或不解决根本问题。演绎法从人类的基本需求出发，探讨人之为人所需要的必备需求，能从本源上考察老年人的基本需求，从而避免纠缠于细枝末节，能清晰地确定养老服务的供给内容和原则，防止头痛医头脚痛医脚，也能根据老年人的基本需求建立明确、可操作、符合养老需求的居家养老服务评价标准；值得注意的是，演绎法推导出的基本需求在很大程度上会忽略老年人多种多样的相对需求，对老年人的偏好考虑不够。

老年人具有健康和自主的基本需求，这是绝对的、客观的，缺乏健康与自主，个体无法成为一个完整意义上的人，但与此同时，社会变迁、时间和跨文化之间等存在着特殊性和相对性。在现有经济社会发展条件下，我们探讨养老的主要内容很显然只能是普世的基本需求，而不是变幻不定的相对需求。

健康与自主是普世的，是个体基本生存所需的资源和环境，针对这一层次，需要加强针对老年弱势群体的救助，防止社会道德底线的下滑，同时发展适度普惠的养老事业和服务体系，满足广大群体对健康和自主的基本需求。

（二）老年人需求总量的分析

一个比较现实的问题是：老年人的需求 D = 老年人的数量 N×（老年人的基本需求 d1+随着社会变迁而伴生的需求 d2）。在这个等式中，老年人的数量在目前的预测中，其数量是越来越多，且可以大体预测；d1 在一定的经济条件下可以测定，d2 则是与社会发展联系在一起，无法预测。社会的发展是非线性的，其方向也未知，因此，老年人的需求预测也面临着诸多不确定。欧洲国家福利社会的发展也证实了这一点，基于当前的经济条件进行的制度设计，随着经济条件的变化和社会的发展情况而变化，并不存在一成不变的模式。因此，当前的很多制度设计、模式构建，具有很大的局限性，因为它们基于未来的线性预期来建构，也导致这种基于经济发展和社会发展预测的体系和模式不具有可操作性，同时，一旦采用，还会造成制度转换带来的社会成本和对个体的心理冲击。

（三）老年人自主需求的满足

老年人自主需求的满足极其重要，具有正外部性。

1. 老年人的自主需求被忽视

自主是人的基本需求，但在大多数情况下也是我们所忽视、漠视的需求，对老年人来说则是被压抑的需求。但自主需求被忽略，主要有三个方面的原因：

一是不言自明。人的能动性是人的本质之一，因此，老年人的自主被认为是无须明言的、自然具备的。然而，能动性与自主并不能等同，能动性是达至自主的必备条件之一，但不是充分条件；自主状态的实现还需要破除外界的约束，解除结构性的限制，需要一个良好的环境。因此，老年人的自主并不是不言自明的结果，而是需要不断增权才能达到的状态。

二是自主状态的达成很难立竿见影地改善。局部地、单项地推进某一服务或某几项措施，都无法立即提升老年人的自主能力，增权也只是局部的效果，并且不明显，很难衡量。从行政执行的角度看，这一方面的努力无从着手，且难以看到效果，因此自主需求的满足就会有意无意地被执行层面所过滤掉。

三是结果的不可见。自主需求的满足很难衡量，也无法比较相关措施实施前后的变化，不可测量，因此不具有可操作性。

正因为自主基本需求的满足在投入上看不到明显的效果，结果不可测量和证实，也难以找到合适的执行手段，因此被盲视和无视。

2. 老年人自主需求的满足具有正外部性

默认身体健康的需求和自主的需求都需要由社会和他人满足，排除了个体的能动性，自然这就成为社会巨大的负担。但身体的健康需求可以由老年人通过知识的学习和良好生活方式的选择来满足，延长老年人身体健康的时间，对老年人的生活质量是一个极好的选择，对社会而言也是巨大的福音，减少社会医疗和护理的支出。自主的需求更是老年人积极主动去寻求才能解决的，当社会将老年人视为无价值、无法自主解决问题的群体之后，老年人的自主性被压抑、被抑制，自主的需求更难以被满足。缺乏自主，老年人的精神状态欠佳，也会影响到身体健康；缺乏自主，老年人的基本需求没有被满足，老年生活质量就无从谈起。

二　养老需求的分类

需求的界定是探讨养老问题的核心，需求满足是养老服务质量的客观评价标准。细化需求的概念，对其进行分类，是评估居家养老服务的基础，是居家养老服务开展的前置工作。

老年人的需求包括了基本需求、特殊需求、群体偏好、个体偏好。基本需求含健康和自主两个方面的内容，是所有需求的根本。特殊需求是指老年个体因自身的特殊性而产生的需求，如患腿部疾病的老年个体对轮椅的需求、视力不好的老年个体对眼镜的需求，即个体克服自身达至健康和自主的障碍而产生的需求，只是这种需求不是像食物、水、住房等一样是所有老年个体都需要的中介需求，而是因人而异的需求。

特殊需求实质上是基本需求，单独列出讨论，有助于养老责任主体的分工和养老服务的精准输送。对于政府而言，提供兜底的、保证老年人生存的服务，且不可能大包大揽直接作为服务主体，而是购买社会组织的服务，那么，在制定服务购买目录时就需要考虑到普世意义的基本中介需求（食物、水、住所、无伤害环境等），同时也要考虑到特殊老年个体（残疾、病患、特殊家庭等）满足基本需求的障碍。对需求的这种细分，有助于需求评估和对居家养老服务质量的衡量。

群体偏好指的是经历特定时期、特定事件的老年群体的集体偏好，如现阶段老年人对"孝"的需求；大规模下岗潮时代的老年集体普遍缺乏社会养老保险，因而在经济上并不宽裕而导致的集体需求；因赶上严格计划生育时期而处于4—2—1家庭结构中的老年人的需求；失独老年人的需求等。群体偏好有的超出了基本需求的范畴，但又会妨碍老年人自主基本需求的实现，因此也是需要关注和考虑的。这就需要在政策的制定和实施过程中，全盘综合考虑，对细分群体予以充分的倾斜和关照。

个体偏好是指老年人对个性化目标的追求，如对登山、滑雪的需求，这对其他老年人来说压根就不在考虑的范围内；对自我价值实现的需求、奉献的需求；对某种商品或某些活动的需求等。个体的偏好是个体较高层次欲望的体现，会因时因地而改变，也会在满足这个偏好之后追逐下一个偏好，永远都不可能完全满足和停止追求满足——这是个体行动之源。

三 养老需求的变化性与差异性

（一）养老需求的变化性

农耕时代老年人面临着健康基本需求无法满足：受制于生产力水平低下，物质匮乏，医疗卫生条件差，营养、住房没有保障，整体上平均预期寿命低，老年个体在"老"的状态持续时间短，健康没有保障。但农耕时代的老年人由于掌控了家中的生产资源，且老年个体的知识、经验具有极高的价值，老年人在知识和经验的传承中起到关键的作用，因而具有较高的社会地位，具有自我实现的价值感，自主性强，自主的基本需求得以保证。工业社会老年人的健康需求受益于社会经济发展，住房、营养、卫生条件的改善惠及包括老年群体的所有人群，老年人的健康基本需求整体上得以满足，但知识和技能更新快、老年群体被社会结构强制性移出有酬劳动领域，老年人的价值感降低，无力感、无权感增强，自主能力减弱，自主的基本需求难以满足。

传统文化下的"多子多福""人丁兴旺""不孝有三，无后为大"等观念决定了老年人精神慰藉的内容。然而，社会变迁已使传统孝文化的经济基础不再，观念在年轻人、中年人中已发生了根本的变化，但在老年人中，存在变化不一的情况，这就导致不同观念的老年人其精神慰藉的需求也是不一样的。

此外，经济水平提升，老年人的需求也会随之提升，因为只有这样，老年个体才能共享社会发展的成果。因此，老年人的需求也会不断提高。

(二) 养老需求的差异性

老年人的多样性，尤其是不同年龄的老年人，需求各异，呈现出差序格局的状况。老年群体可分为生存型、生活型、发展型三类。生存型老年人是指老年贫困群体，温饱尚存在问题的老年人，他们迫切需要的是政府救助，外界提供无偿的资助来解决生存问题，满足其基本的健康需求。生活型老年人是指脱离贫困困境，解决了温饱问题，生活水平处于平均水平附近的老年人，这是老年群体中的大多数，这部分人群追求的是共享社会发展成果，获得更多的自主，提升生活质量，提高对生活的掌控感；这部分人群迫切需要的是整个社会养老事业的发展，有自主的空间和环境，有可及、便利、低偿的养老服务；这部分人群需要政府提供普惠型养老事业和养老服务，助力老年人随着经济水平的发展而提升生活质量。发展型老年人是指比较富裕、不再为生存发愁，且高于一般生活水平的老年人。这部分老年人迫切需要的是能从市场上获得优质的养老服务，如生态养老、文化养老、智能养老，更强调自主、舒适，追求的是高品质的生活，针对这部分群体，需要培育良好的老年市场，开发高品质的老年服务，获得更好的发展。

老年人需求的相对性根源于老年群体的差异性，在基本需求之外还有诸多个性化的需求。从心理学的角度来看，需求是个体行动的驱动力，所有需求都被满足了，行动就失去了目标，个体的存在就失去了意义——这显然是无法实现的情境。真实的情况是，欲望是无限的，个体的需求是欲望与现实制约的公约数，资源和环境的制约是客观的，但个体的欲望却是千差万别，且不断变幻的。也就是说，脱离基本需求的相对需求、个性化需求、偏好是无法达成社会共识的。因此，不确定的个性化需求的满足，难以通过政策制定和资源投入来解决，也不应作为社会锚定的目标。实际上，个性化、多元化相对需求的满足，我们有一个很好的机制加以解决，即市场机制。

四 老年人需求满足的程度

从个体来看,养老资源与老年人需求满足或幸福程度之间的关系会呈现出一条 Logistic 曲线,即随着养老投入的增加,老年人需求的满足迅速提升,但到一定程度之后,养老投入与老年人需求满足、生活质量、幸福感的产出将出现边际递减效应,但投入总会有产出,只是在效率上出现滞胀的情况。也就是说,在基本需求的满足上所做的投入,能迅速提升老年人的生活质量,但当老年人基本需求满足之后,超出基本需求的个人偏好、相对需求的满足就需要投入更多的资源,才能有相应的产出。

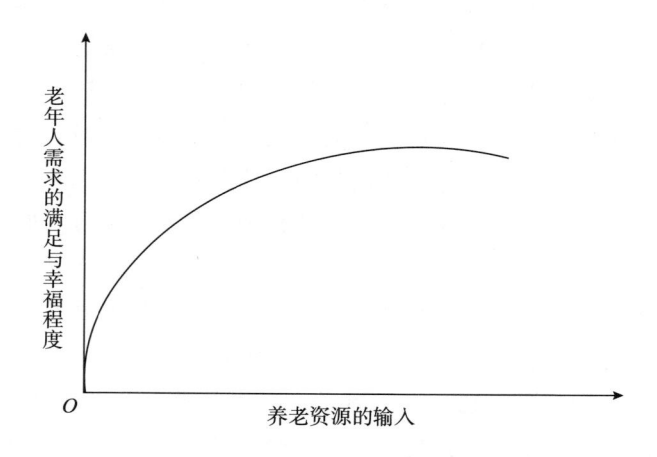

图 4-2 养老资源的输入与老年个体需求满足之间的关系

从社会总体来看,社会资源的配置需要考虑各个群体,以及整个社会的生存和发展,因此,资源是不可能无限投入到老年人需求满足的事业中去的,老年人需求的满足就存在投入与产出之间的一个最适水平,会有一个投入与产出的临界点,这个临界点就是多一分太多,少一分则不足,这就是需求满足到什么程度是最佳、最适的状况。以维他命(vitamin model)模型来解释输入多少资源,满足多少基本需要的关系:维他命的摄取对身体来说是必需的,但摄取量与身体健康之间并不是一个线性的关系,而是会有一个适量的临界点,超过这个临界点的摄取就是过量，反而对身体健康有害。① 一个社会对养老基本需求满足的投入与之类似：投入过少，没达到临界点则会使老年人的基本需求无法得到满足，甚至可能出现人道灾难；而投入过多，超出临界点则会影响代际关系，甚至是整个社会的生存和发展。医生数量的增长在不发达国家对应着死亡率的下降和健康状况的提升，但在发达国家，医生数量的增长并不能预测死亡率的降低，因为发达国家在医疗照顾上的投入超过了最适水平，并不能在基本的降低死亡率指标上有太大的贡献（但不能排除在其他层面会有更多的产出）。在住宅方面，一栋别墅和一个安全温暖、符合公共卫生标准的住所，对满足老年人住的需求是没有太大差异的。基于此，我们就比较容易理解：食物摄取过多会对老年人的健康带来伤害；而对老年人过多地关注和照顾，会使老年人内化社会的不正常期待和刻板印象，也同样会弱化老年人的自主。

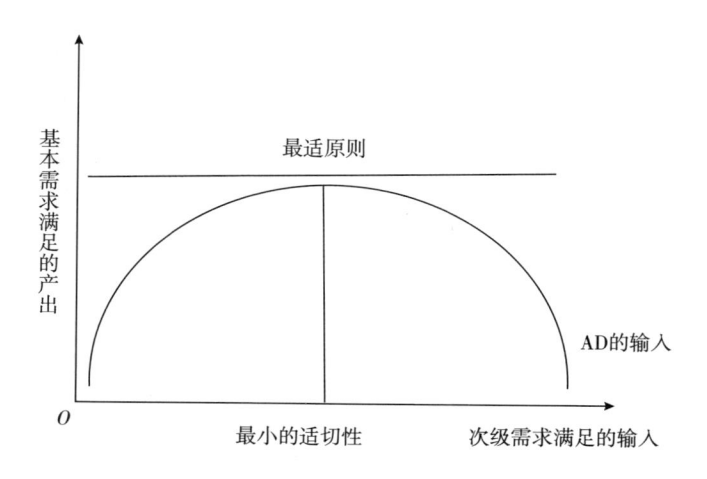

图 4-3　全社会养老资源的输入与老年个体需求满足的产出之间的关系

当然，以上针对老年人个体和社会整体的两个模型只是理论上的推导，因为在现实生活中很难明确这个最适原则。用最小单位的输入获得最大的产出，理论上是一个理想的状态，但达到这个理想的状态很难衡

---

① Warr, P., *Work, Unemployment, and Mental Health*, Oxford: Oxford University Press, 1987, p. 122.

量，同时还要考虑需求之间的替代性和需求互补的关系，这就导致我们很难界定一个统一的标准来实施。替代性的例子如对食物的需求并不是恒定的，与个体所处的状态和承担的工作密切相关，在一个温暖的环境或承担的工作量减少，都会降低个体对食物的摄取。互补的例子如给老年人提供进一步学习的机会，会促进老年人的健康，帮助老年人调节心理、避免心理障碍，提升老年人的幸福感。因此，针对老年人需求满足的输入有很多的种类和形式，它们之间又存在抵消、共振、协同等效应，使输入与产出之间变得更加复杂，因而最佳平衡点难以给出一个标准的答案。在实践中就需要充分考虑老年人的自主性，社会工作者作为中介进行引导和帮助，助人自助，帮助老年人获得需求。而社会则是在总的原则下提供机会、平台和制度，为老年人、社会工作者、社会、政府、家庭等各主体提供能充分互动的环境和氛围，从而通过无形的手将需求满足达至最佳的平衡点。

第五章
增权视角下的养老问题分析

　　从生物学的视角来看，如何安排群体中老年个体的生活是文明发展的结果，只有物质基础达到一定程度、群体中构建起稳定可靠的代际契约，"养老"才成为可能，而老年个体的生活质量则是文明发展的充分体现。人类的养老问题与社会发展阶段、社会生产力密切相关，原始社会、农耕时代和工业社会各个阶段面对的养老问题都不一样，我国的养老问题更是具有自身的特点。农耕时代，我国依靠家庭养老，传统家庭养老运行的支持因素包括以"家国同构"为支持的政治基础，以自给自足的小农经济为支持的经济基础和以"孝"为支持的文化基础，而家族主义和孝道则是家庭养老得以运行和延续的灵魂。

　　近代以来，我国农村社会发生了翻天覆地的变化，"家国同构"的政治理念已是明日黄花。工业化、城市化进程已将小农经济的领地局限在偏远地区，且逐渐减少。"家族主义"和"孝道"文化赖以存在的家庭载体形式和价值观念也几乎被市场经济侵蚀殆尽。家庭养老的支持因素要么丧失殆尽，要么正在发生变化。计划生育政策加速了我国的老龄化进程，加速了家庭结构核心化的过程。此外，社会分工促使迁移大幅增加，年轻人对自主和独立的追求使老年人与子女同住的可能性越来越小，生活照料的可及性也越来越差。这一系列因素，使传统家庭养老的根基不再稳固，而社会化养老服务尚不能弥补家庭养老功能的退化和弱化，养老问题也就越发明显。

第一节 养老的生物学思考

一 原始社会的老年个体

在原始社会,生产能力低下,人类通过木棒、石器等简单的工具去改造世界,通过采集、狩猎等方式获取生活所需,在这种情况下人类只有依靠集体劳动才能生存,而劳动所得的生活和生产资料极为有限,只能勉强满足人们"活着"的需要,生存极为不易,如何活下来是人类所有问题中最为重要的问题。由于生存资源匮乏且不稳定,养老无从谈起,在群体分配资源的过程中年纪大的人是首先被考虑牺牲的。据人类学家对至今还没有文字记录的39个原始部落的考察发现,18个部落的习俗对虐待和抛弃老人持宽容态度。因此,在原始部落中,65岁或更老的人比例很少超过3%,在更为原始的初级人类社会结构中很少有老人。①

二 农耕社会的养老安排

当人类迈入农耕时代之后,或者说当生产方式达到一定程度、生存资源比较充足和稳定之后,养老才进入人类道德的视野。可以说"养老"是人类文明的一个结果,而不是人类文明发展的原因。当人类摆脱与其他动物肉搏抢食的局面、物质丰富到一定程度之后,老年群体可以免予物质匮乏和生存竞争的直接冲击,养老得以可能。衰老是所有个体都必须历经的过程,自然建立起适当的养老规则,对群体中的每一个个体都是有利的,尤其是当人类的想象力足够想明白生老病死的整个过程之后,就具有了为衰老做准备和规划的意愿,在条件具备时就可以实施。养老的道德规则一旦确立,通过文化渗透、伦理和政策的宣扬和强制,就能成为行为准则的一部分,虽然不是基于基因的本能行为,但是文化、传统和道德一样可以规范个体的行为,使之在物种延续的前提下尽可能安排好个体的生活。老有所养是每个个体期待的,是每一个个体可以预见的,因而能得到很好的贯彻和执行。

---

① [美]马克·赫特尔:《变动中的家庭——跨文化的透视》,宋践、李茹等译,浙江人民出版社1988年版。

三 竞争与合作视角下的养老

人类生产力发展到一定程度之后,有条件满足年老体衰者的需求,也就是我们所说的养老,使老年群体避免生物界弱肉强食、适者生存法则的考验。但是这并不意味着竞争的考验在老年群体中不起作用,而是因为老年群体所在的种族或国家保护了这一群体,种族或国家作为整体经受着生存竞争的考验。尽管人类整体上已经成为地球的霸主,但不同人群(种族、国家)之间的竞争依然存在,依然受到进化过程的支配。丛林法则潜藏在我们的血液之中,稍有不慎一些群体就可能被开除地球"球籍"。在资源充裕时竞争以和平的方式出现,当资源紧缺、威胁到生存时,竞争必然以暴力的形式出现。"战争是一个国家觅食的方式,战争是竞争的最终极形式。"① 也就是说,竞争任何时候都是存在的,那么,作为一个群体如何给年长者提供养老资源也必然要考虑到两个最基本的问题:一是这个群体能够提供多少资源给老年群体;二是考虑到对老年群体资源的供给会不会影响到这个群体在竞争中的优势。如果忽略这一基本的法则,很多针对老年人养老的构想和建议都将成为无根之木,失去事实依据。西方福利国家在经济滑坡时几乎不约而同地开始强调福利主体的多元化和福利的收缩,想方设法提升经济竞争力,其背后正是基于生物竞争的考量。从竞争的角度思考一个群体内老年人的养老粉碎了一些乌托邦式的建议,前景并不乐观。

我们还可以从合作的角度来思考。动物之间为生存和繁衍而进行的厮杀并不会有丝毫的内疚、自责,但人类已经能够摸索和试探建立了诸多合作的准则,并且实施了大量行之有效的合作。通过文化的宣扬进行了内化,成为行为规范之一,因而可以避免许多血腥的暴力竞争。对群体内的年长体衰者进行养老也是这个群体合作的一种方式,因为每个人都会经过这个过程,那么,适当的养老安排对群体内的每一个个体都是有益的,这就在不同年龄的代际之间建立了契约关系,免除了年富力强人群的后顾之忧,能更大程度地发挥其创造力,从而提升整个群体的竞争力。可以说养老这种代际之间的合作方式是保持群体竞争力的工具或

---

① [美]威尔·杜兰特、阿里尔·杜兰特:《历史的教训》,倪玉平、张闶译,中国方正出版社 2015 年版。

手段，尽管从竞争的角度来看，养老资源的供给受限于群体资源的总量，也受限于群体面临竞争压力的情况，但从合作的角度来看，养老安排是必要的，是提升群体竞争力的制度保证，是必不可少的。因此，我们针对养老的思考就可以忽略必要性的问题，重点应放在"何以可为"这个方面，在资源总量和群体竞争力的权衡下考量"满足哪些需求""满足到什么程度"这些根本的问题。

第二节 养老问题的历史演变

一 早期的"弃老"与"杀老"

在漫长的原始社会，人与动物无异，养老无从谈起，自然界通过残酷的竞争法则淘汰体弱的老年个体，也就是说个体还没有等成为真正"老人"时，在自然竞争中就消亡了。其他物种的威胁、受伤、抵抗力和恢复力下降、被细菌和病毒侵袭等，都是老年个体继续存活不可逾越的障碍。在自然法则主宰的时代，一个小小的伤口、一次轻微的感染就会将体弱者淘汰出局，即使躲过了自然的选择，当物质匮乏时，"老人"所在群体也不会容忍成年个体长时间地被供养。

二 农耕时代的"尊老"与"敬老"

传统农业社会的生产力比原始社会高，物质供给比较稳定，弃老与杀老的情况较为罕见，大多数社会还发展出了较为完善的养老道德来约束个体，以其作为代际间合作的一部分，稳定社会的预期。但农业社会的生产力相对而言也比较低下，死亡率高，平均预期寿命低，大多数人都活不过40岁，所以养老的问题并不突出。一是真正需要供养的"老人"并不多，因为活过40岁的人很少。二是从人类的身体机能衰老的进程来看，40—50岁的人是可以继续从事劳动的。在农耕时代，衰弱的老年个体依然可以做很多事情，如家务、需要体力较轻的农业生产活动。三是"老人"在"老"的状态上存活时间短。今天的老年人可以获得较好的治疗，可以治愈大多数疾病，即使饱受慢性病折磨，也能继续存活很长的时间，但当时社会医疗卫生条件恶劣，40岁以上的"老人"抗击疾病的能力和手段都极其有限，今天看起来微不足道的小疾病都会夺走人的生命。四是子嗣众多，家庭养老压力小。传统农业社会由于死亡率高，为了社会和生命个体的延续，早婚、早育、多生就是一种理性的生育行为，因此，即便40岁以上的"老人"需要供养和照料，一般也是在一个大家庭中，能得到比较充分的资源。

整体来说，农业社会中养老所需的照料时间和供养资源不多，无须社会和政府予以承担，在家庭内部即可解决问题。我国儒家传统中的"孝文化"将"孝"上升到治国的根基，更是在生活、文化和政治层面进行了渗透，每个家庭和每个人都将老年人的养老视为义不容辞的责任，因而，家庭作为养老的责任主体并无任何违和感，国家除了在道义和法律上对家庭养老给予支持外，并无经济供给上的责任。智残、鳏寡孤独等特殊群体的养老则由以家族为单位的宗族予以解决。养老在文化上有道德的支持，在政治上有家国同构、以孝治国的社会结构和理念支持，在经济上也相较原始社会具有较好的基础。

三 工业社会的老年"问题"

传统农业社会中老年人面临着物质匮乏、医疗卫生条件差、平均预期寿命低等限制，但拥有更多的自主和精神上的满足。工业社会的生产力突飞猛进，世界各国基本解决了老年人物质供养的问题，老年人作为整体在温饱上无虞，且在医疗、卫生等方面都享受着发展的成果，生活水平与生活质量远超原始狩猎时代和农耕时代。但养老问题并没有随着生产力的发展而消失，而是面临着新的问题，工业社会中老年人则解决了资源绝对匮乏的问题，但丧失了一些自主，无力感和无权感增强，尊严感和掌控感缺乏。

工业社会的养老成为"问题"的原因主要有：①

一是老年人的绝对数量增多。在茹毛饮血的原始社会，活过50岁的人就很稀少，在漫长的封建社会，生产力水平低下，超过60岁的人数也不会太多，"人生七十古来稀"，一个村落有那么几位寿星，也是寥若晨星。自工业革命以来，医疗卫生条件、营养、住房得以改善，人的平均预期寿命大幅度提高，老年人增多。根据世界卫生组织发布的《2013年世界卫生统计报告》，全球平均预期寿命达70岁，人均寿命最

---

① 曾富生：《农村家庭养老研究——基于现行农村养老保障的探索》，黑龙江人民出版社2014年版。

高的国家，如日本、瑞士、圣马力诺，达到83岁，我国的平均预期寿命也达到了76岁。绝对数量的增多意味着供养资源的总量增大，尽管生产力有了较大的发展，但老年群体消耗的资源总量也在不断增长，对一些社会来说就是一个较大的负担。

二是老年人的相对比例大。当一个社会中老年人所占比重较小时，被供养老人的比例就小，养老的压力不大，自然不足以成为一个社会性问题。生育率的下降，导致社会总体上的儿童和青少年比例相对减少，老年人比例上升。少子化加剧了老龄化，同时也使养老问题更为突出。一方面老年人比例增多，意味着养老的刚性需求增大。另一方面，少子化也意味着家庭照顾资源减少，家庭养老功能弱化。随着我国计划生育政策的实施，出生率降低，我国人口的增长模式由"高出生率、低死亡率"转变为"低出生率、低死亡率"，人口老龄化问题成为我们不得不正视的问题。第四次人口普查显示，我国65岁以上人口的比例为5.57%，这一数据在第五次人口普查时为6.96%，第六次人口普查时为8.87%，这一趋势还在继续。据全国老龄工作委员会办公室的预测，2050年以后，老龄化水平将达到30%以上。老年人相对比例较大也意味着这个群体整体竞争力的衰弱，后续发展乏力。欧洲国家和日本在最近一二十年的发展中相对滞后，与老年群体比例大、适龄劳动力不足有着直接和根本的关系。

三是供养能力不足。发达国家在经历高福利制度之后不堪重负，开始转向多元主体供养体系，发展中国家则普遍面临"未富先老"的困境。发展中国家人口老龄化和经济发展不同步，整个社会能够提供的养老资源不足，养老资金、医疗卫生、老年服务、老年福利设施等匮乏，养老保障体系不健全。从全球范围来看，经济资源供给不足、劳动力减少、人口迁移频率增加、作为照顾主力的女性进入劳动力市场的比例增加等都是重要的原因。养老资源不足是全球所有国家面临的共同问题。如何确保老年人的生存底线不被突破、老年人的生活质量得到提升是全世界面临的难题。[①]

总之，当今社会的老年问题显然不是生存的问题，而是在资源总量

---

① 潘凌飞：《西方国家的居家养老与自助养老服务模式》，《宏观经济管理》2015年第6期。

限制、群体竞争这两个基本的生物学原则下如何使老年人有尊严和自主地共享生产力发展和社会进步成果的问题。具体可表述为：①在变迁中如何保持养老资源供给的稳定；②如何过上有自主、有尊严的生活；③如何共享社会发展成果、同步提升生活质量，对应于人健康和自主的基本需求。当前的养老问题实质上是如何共享经济社会的发展、尽可能延长健康的时间、获得更多恢复健康的机会、拥有自主的能力和环境以获得有掌控感、尊严感和价值感的生活。

第三节　我国的养老问题及其原因

一　我国养老问题概况

除了上面提及的工业社会中共同的原因及相应的养老问题，我国养老还面临着一系列特殊的困境。

（一）养老逻辑和制度面临重构

前面关于养老的生物学思考和历史回顾我们明了，养老是一种群体行为，但人类的基因中并没有支持养老行为的因素，因此，在资源匮乏时必然会选择弃老。在农耕时代，物质供给开始稳定且有剩余，人类寿命增加，这时我们才在道德规范中考虑养老的事情。农耕时代老年人在生产和整个制度安排中是占有利条件的，老年人通过对财产的占有、耕作经验的掌握、继承权的掌控而拥有充分的话语权，养老资源主要来自老年人控制的生产资料和经济资源以及财产的分配权。一方面手中控制着一定的资源可供养老，另一方面在孝道文化和国家强制力下保证子女孝敬而得的资源。然而，在工业时代，养老资源结构已经多元化，包括离退休金、家庭的供养、自我劳动、财产性收入、国家强制的保险（如医疗保险等）、市场化的保险、第三部门提供的养老资源（如慈善组织）、低保、救济等政府兜底的资源。养老逻辑发生了变化，制度化的安排（养老保险制度）替代了家庭成员的供养，原有的养老逻辑和存续基础发生了根本的改变。

工业时代，人均预期寿命延长，养老的逻辑和制度开始重构。虽然生产方式已经发生了嬗变，但文化堕距现象明显，尤其是我国当前的情况下，原有的制度安排已经不再适用，新的制度还没有建立，新的养老逻辑还没有为广大群体接受，一部分老年群体在转变过程中处于劣势，老无所养、老无所依。面对这种矛盾，新道德在重建中，变化与适应一直在进行，但脱节的事实无可避免。一些学者激进地主张复古，还有一些学者则激进地割裂传统，主张与西方发达国家看齐，这两种观点都有偏颇，与社会现实偏离。当前的社会事实是我们正处在剧烈的变迁和转型期，一部分人固化的观念与生产方式的变迁不相适应，农村老年群体的大部分低保障、无法自养，这些事实使得我们必须多加考虑。

(二) 供养意愿降低

在传统农业社会，养老在家庭内部解决，家庭养老获得了整个社会在政治、文化上的支持和强化，但在农业社会向工业社会转型的过程中，社会发生了剧烈变迁，家庭养老的基础开始动摇，人口流动、家庭结构核心化、个人主义兴起、传统孝道衰落等一系列因素导致家庭养老的社会基础瓦解，文化约束力趋近消失，① 尤其是农村道德观念和价值体系的变化，个人供养的意愿弱化。

在传统"养儿防老"的逻辑链条中，子女对父母尽孝，一是社会契约的要求，二是遵守契约能为自己的养老进行储备。"互惠"的传递链条有效，基于当时的生产方式和文化约束，当这两者都变迁时，养老逻辑链条被斩断，老一代无所依，养老成为问题。年青一代陷入彷徨和迷茫，不知自己未来的养老走向何方。在这种情况下，国家顺应社会发展重建养老体系与代际间的交换逻辑，在文化层面进行渗透，在制度层面进行规制，给各群体一个明确的预期。如果任由个体自主探索，社会养老领域陷入原子化和碎片化的状况，那么社会中各人群都会历经无助和彷徨。基于当前的生产方式和经济发展水平营造一个人人认同的养老环境是极其重要的事情。

(三) 农村养老问题突出

一方面，随着城市化进程的推进，年轻人不断流向城市，加剧了农村的老龄化进程，空巢家庭、留守老人成为普遍现象，老年人在生活照料、精神慰藉方面面临子女缺位的现状；另一方面，人口的流动加速了

---

① 曾富生：《农村家庭养老研究——基于现行农村养老保障的探索》，黑龙江人民出版社2014年版。

年轻人价值观念的更新，原有的村庄道德在市场经济的冲击下逐渐失去了年轻人的支持，道德约束弱化，孝道观念淡化，农村家庭养老失去了赖以存在的社会结构和文化氛围。

养老资源匮乏进一步引发养老困境。随着城市化进程的加速，年轻人越来越多地从工业中获得资源，而老年人（或即将迈入老年期的人）在倾心为子女付出之后，并没有多少积蓄，也无法像企业退休职工那样获得足够的退休金，又加上子代生存压力加大、赡养意识变淡，一部分老年人的养老资源匮乏，甚至有些地方出现击穿道德底线的极端事件。这种现象我们也可以从现代工业社会人的生命周期中资源积累和养老逻辑的变迁来解释。

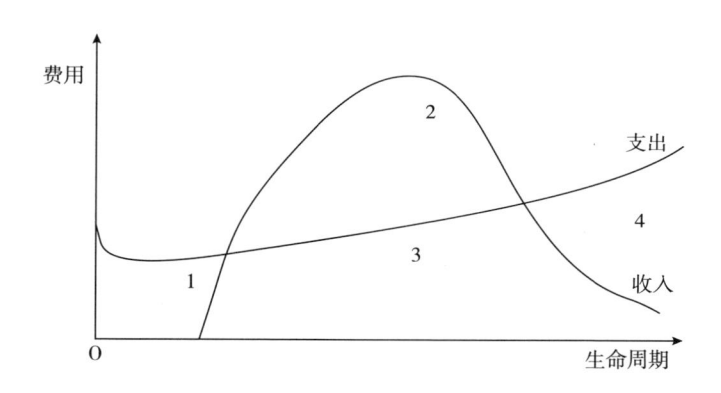

图 5-1 生命周期中收入与支出

现代工业社会中，人的一生收入和支出的曲线随着时间的变化如图 5-1 所示。从图 5-1 中我们可以看出，在漫长的成长和学习时期，人一直从家庭中获得相应的资源支持，这种支持在当代社会是巨大的，尤其是计划生育政策挤压了个人的生育选择，在子女较少的情况下，整个社会陷入教育内卷的状态，无论哪一个阶层都极力将资源倾注在子代的教育上，整体的抚育成本上升。现在的农村中老人也经历了这一过程，在他们收入的巅峰期将所有的资源都投入到子代的抚育中，收入与支出之间差额较少（图中的面积 2）（甚至是为负）。也就是说，在他们收入能力最强的时候并没有积累太多的养老资源，当这一代老年人进入了收入减少的老年阶段，收入覆盖不了支出，而之前又没有积累起相应的养老资源，在这种情况下，老年人的养老必须依靠子代、社会保障等途径来弥补养老资源的差额。"在传统的情景下，生命周期带有很强的复活的意味，因为在某一实质部分中，每一个世代都会再次发现和重过其先人的生活方式。"① 但在社会急剧变迁的过程中，老年人还是按照原来的生活轨迹和生活周期在安排自己的生活，可年青一代却转变了观念，并不认可原来的养老逻辑，对父代的养老进行反哺的意愿降低，社会竞争的加大和现代社会运行的逻辑也使当前一部分年轻人无力进行反哺。如此一来，当前一部分农村老年人养老资源匮乏。传统社会的养老责任主体是家庭，子女在孝道伦理的约束下负有全部的责任和义务，国家则通过倡导和法律保证孝道的实施。当原有的养老逻辑和养老基础发生变化之后，老年人"谁来养"的问题就凸显出来。

二 传统家庭养老的经济基础发生变迁

老年人与子女之间进行代际交换的吸引力和老年人通过自身权威而树立的对子女的约束力是维系家庭养老的重要因素。农业社会是一种劳动力与耕地、农业生产资料结合在一起的生产方式，其中耕地是家庭私有财产，在代际间传递。农业生产资料也属于家庭积累的财产，如果不分家，则属于大家庭，而分家的话，小家庭能不能得到相应的农具、牲畜等也取决于父母的意愿。此外，子代从土地获取生存资料所需的农业生产经验基本上是从父代那里获得，因此，在没有其他谋生手段的情况下，子代只能依靠家庭内生产经验的传授、农业生产资料和土地的继承，这就树立了父辈绝对的权威，同时也使父子两代之间资源的传递成为子女赡养父母的保障。② 老年人在生产经验、家庭财产、孩子照顾等方面能与子女之间进行广泛的交换，这个交换过程不仅能保证老年人经济上的被供养，同时也因为与子女共同生活和不间断的交流而获得生活上的照料和精神上的慰藉，消除了老年人心理上和情感上的压力。

老年人的权威建立在经济利益优势上，但市场经济有利于子代获取

---

① ［英］安东尼·吉登斯：《现代性与自我认同：晚期现代中的自我与社会》，夏璐译，中国人民大学出版社2016年版。
② 马雪彬、李丽：《从三维视角看我国农村家庭养老功能的弱化》，《贵州社会科学》2007年第2期。

更多的资源,老年人对子女的约束力因之而降低。城市化、工业化进程使传统农业社会的生产和生活经验失去了用武之地,老年人占有的财产也逐渐减少,而家庭联产承包责任制和市场经济更有利于第二代掌握当家权。"有能则有权"成为共识和事实,子女在经济活动中能挣到更多的钱,家庭权利落入子代手中。一些工业份额较大的村庄里,参加会议的人员由过去作为长者的家长变成了年轻人。经济地位的下降导致家庭地位的下降,而老年人在家庭内发挥传统作用的领域也随着家庭功能的弱化而减少,如对孩子的照顾从家庭转向了托儿机构、学校和专业保姆。老年人赖以与子女进行交换的资源逐渐减少乃至消失,老年人在家庭中对子女的吸引力也随之减弱。

从资源占有上来说,农村老年人所拥有的土地、房屋、存款等数量少且可供自己自由支配的少,对子女的吸引力也少。农村土地属于集体,在现行制度下无法自由买卖,收益率低,老年人所拥有的房屋基本上属于被淘汰的破旧房子(子女的婚嫁会分去较好的房子),而像树木、生活、生产器具等方面对子女的吸引力不大。在这种情况下,老年人的健康状况成为老年生活质量的一个至关重要的因素,老年人身体健康的话,一方面可以创造财富,达到一定程度的自养,甚至为子女、家庭分担经济压力,另一方面可以免除因病求医问药而给子女带来的经济负担。反之,如果老年人身体状况欠佳,与子女的关系恶化的概率变大,其承受身体和精神上的痛苦的可能性增大。因此,在农村,只要身体状况允许,老年人都会投入生产活动中,尽可能地挣钱来积攒养老资源和与子女交换的资源,也有许多老年人为了攒钱而不惜降低生活质量,将生活支出压缩到一个最低的限度。笔者对290位老人的问卷调查发现,老年人最主要的生活来源首先是自己的劳动收入(33.1%),其次是子女的供养(32.4%),再次是往年积蓄(17.2%)。

土地养老保障功能的弱化也是家庭养老面临困境的一个重要因素。在农业社会,土地是农民最可靠的保障,它给农民提供了养老保障和失业保障。然而,工业化进程迅速削弱了土地的保障功能。一是老年人的带病期和丧失劳动期延长,在此期间无力耕种土地。二是现代农业朝着规模经营发展,商品农业成为主流,要求农民在技术、管理、资金上有较大的投入,而这些是年老农民所不具备的。三是土地收入微薄且无法持续增长,而在国际农产品涌入中国市场所带来的压力下,种植收入只能使老年农民的生活水平停留在低水平,无法分享整体社会经济发展的成果。四是城市化进程中的"圈地运动"使越来越多的农民失去了土地,城市建设、乡镇企业的建设等占用了大量的耕地,许多农民的土地被征,由于现行制度的规定,处于弱势地位的农民无法从土地被征用的过程中获得足够的补偿,也无法得到足够的养老资源,许多年龄较大的农民在失去土地之后成为"下岗农民"。五是土地是维系农村家庭养老的一个基础,但土地产出已不能吸引年轻人,越来越多的年轻人摆脱了土地的束缚而进入城市,使家庭养老这一传统几近瓦解。

三 传统家庭养老的家庭结构发生变迁

传统中国农村的家庭结构以主干家庭为主,核心家庭只是主干家庭的补充。当然,分家的现象是很普遍的,因为妇女生育男孩的数量往往在 2 个以上,总和生育率超过替代水平(2.1—2.2),为了避免多重家庭关系可能引起的种种矛盾,一般会选择分家而成立核心家庭,但在父母健在的情况下,即使分家后的子女很想独立,核心家庭还是会以父母所在的主干家庭为中心,这样一来,我们很难将分家之后的家庭和西方语境下的"核心家庭"等同起来。而在主干家庭中,父母作为家庭的当家人,掌握着家庭的经济和分配,努力为子女谋取财产,而子女则理所当然地担负起供养年老父母的责任,在孝道伦理中尊重父母的权威、满足父母的温饱、照料父母的起居。

从全世界范围来看,各国都经历了一个家庭规模缩小的历程。在美国,1930 年平均每户人数是 4.11 人,1970 年下降为 3.14 人,1980 年降为 2.75 人;在日本,1955 年平均每户 4.97 人,1960 年降为 4.54 人,1965 年降为 4.05 人,1970 年为 3.69 人;在苏联,平均每个家庭人口为 3.5 人。[①] 随着时间的推进和现代化进程的加快,我国家庭人口的规模也逐渐下降。1982 年我国家庭户的规模为 4.41 人,而到 2020 年,我国家庭户的规模为 2.62 人,三口之家的家庭户成为主流(具体数据见表 5-1)。

[①] 潘允康:《家庭社会学》,重庆出版社 1986 年版。

表 5-1　　　　　　　　家庭规模变化趋势

年份	1953	1964	1982	1990	2000	2010	2020
总人口（万人）	58260	69458	100818	113368	126583	133972	141178
家庭户规模（人/户）	4.33	4.43	4.41	3.96	3.44	3.10	2.62

资料来源：中华人民共和国国家统计局：《中国统计年鉴（2021）》，中国统计出版社 2021 年版。

家庭结构向小型化转变的原因与房屋数量有关。郑卫东对山东东村的研究证实了这一点：东村过去新娶的媳妇多数在一年内分家，很少一个月之内分家，而进入 20 世纪 80 年代后，新媳妇过门一个月就分家了，因为房屋已不成问题。①

住房条件的改善为核心家庭的增多提供了物质基础，也在形式上使农村家庭养老变得难以为继。核心家庭和老年人在住房上彻底分开，一方面有助于年轻人在经济上彻底与父母分开，老人无法控制小家庭的经济，成为被供养成员的实质在形式上也愈加明显；另一方面，核心家庭一般居住在新房，且离父母所住房屋有一定的距离，这使老年人的日常生活再也无法享受到儿子和儿媳妇无间的照料。由于年轻人把更多的精力和时间放在生活水平的提高和子女的抚养上，居住分开的距离更是为年轻人推卸照料老人生活和慰藉老人情感的责任找到了挡箭牌。就多子女父母而言，老人与核心家庭的分开意味着赡养老人不再是儿子或女儿个体的责任，而是多个家庭的责任。因此，赡养老人往往需要多个家庭的反复协商，而在实践过程中，由于多个儿子之间的互相推诿，供养老人的资源和一些措施往往打了折扣，有的甚至无法兑现。

笔者对 290 位老年人进行的问卷调查结果显示，选择在已婚子女家共同居住的占 44.2%（包括与一个已婚儿子共同居住、与多个已婚儿子共同居住、在多个儿子家轮流居住、老两口分别在不同子女家居住、与女儿同住等情况），其中自己单独居住或与老伴单独居住的占 50.9%。老人单独居住的原因更多的是因为减轻子女经济压力、老人图清静、本地习俗等。

---

① 郑卫东：《村落社会变迁与生育文化》，上海人民出版社 2006 年版。

四 计划生育加速了老龄化社会的到来

20世纪80年代，我国养老问题尚不明显，仅有部分学者通过对国际上养老问题的了解，推断今后中国可能存在养老问题，只有极少数学者敏锐地认识到了未来中国的养老问题。在当时的环境下，我国面临的是人口增长速度快、人口出生率高的问题，我们更多的注意力放在了人口数量与资源环境之间的紧张关系上，在把"计划生育"作为基本国策的前提下，控制"生育"是头等大事，而老年人的养老并没有得到广泛的探讨和充分的认识，并且当时的人口结构中，老年人的比例很小，农村孝文化尚能有效约束到子女，老年人的养老并不存在大面积的危机。

随着社会流动加速，年轻人价值观念嬗变，"孝"文化价值链条出现了断裂，代际关系间的养老问题就浮上了水面。许多学者对这一问题进行了深入的描述和分析，一部分学者开始反思计划生育政策可能的后果，其中就有养老问题的担忧。我国的总和生育率也急剧下降至人口的正常更替水平（2.1—2.2）以下，低于绝大多数发展中国家，也低于许多深受低生育率困扰的发达国家。生育率的下降使生育问题不再那么紧迫，养老问题开始为许多学者所关注。联合国将1999年定义为国际老人年，也间接促使了我国学者对老龄问题的进一步研究。

计划生育政策改变了传统的家庭结构，大量4—2—1家庭结构出现，即一个家庭中四个老人、一对夫妇、一个孩子。从家庭结构就可以看出，家庭养老功能弱化甚至消失。从经济扶持上看，一对夫妇的扶养压力巨大，四个老人加一个孩子，即2.5∶1的抚养系数，而我国目前的抚养重心向子代倾斜，传统的反哺模式已大大弱化，这就意味着老年人在抚养资源有限的家庭内部能获得的经济资源就会少得可怜。从生活照料上看，一对夫妇如果女性不工作，或许能有时间和精力照顾老年人，但在现实生活中，不参加工作的女性少之又少，因为繁重的抚养压力逼迫着女性必须参与有酬劳动，如此一来，期望家庭中有女性作为生活照料人就不符合实际情况，当然更不可能期望家庭中作为经济主力的成年男性和求学的孩子能成为照顾主力。从精神慰藉上看，成年子女大部分时间在外工作、未成年孩子求学，在时间和精力上都不现实。此外，如果都依赖于家庭，意味着生活习惯不太相同的四位老年人需要居住在一起，矛盾和冲突必不可少，精神和心理上的不如意更甚。而从整体上来看，4—2—1家庭结构主要是家庭关系的分析，在现实生活中罕见这样的7人家庭，更多的是2个空巢家庭、1个核心家庭，或1个空巢家庭、1个5人或4人的家庭。

2012年，我国开始在农村全面覆盖新型农村养老保险制度，在运行过程中与城镇居民养老保险制度合并，形成广覆盖、统一的养老保险制度，但目前还存在退休金低、替代率低、养老账户空账运行、养老基金不足等问题。为了应对养老领域的"灰犀牛"，延迟退休、划拨国有资产充实养老基金等举措也相继出台。

诚然，计划生育与老龄之间并非线性关系，并不存在此长彼消的关系，只是在我国经济发展的过程中正好出现了巧合。首先，老龄问题相当一部分是因为计划生育政策引起的，出生人口的持续减少，会提升老年人口在人口结构中的比重。其次，人口寿命的不断延长也会增加老年人口的数量和相对比例。此外，生育意愿的降低叠加计划生育政策的实施加重了人口出生数量的减少，也凸显了老年人口比例的增大。在传统文化中，"多子多福""养儿防老"的生育观念逐渐被现代养老保险制度所冲击，没有被现代养老保险制度覆盖的老年人还指望着子女的"尽孝"，但接受现代养老保障制度的年轻人却不再抱守父辈的价值观念，不愿承担自己的责任，使这一部分老年人的生活陷入了困境，这在农村较为普遍，也是当前需要重视的问题。

总的来说，近代以来，在文化上，由于人口迁移和流动加快，整个社会由熟人社会进入陌生社会，社区道德和舆论对孝道的支持力减弱。经济理性改变了年轻人的生活方式和思维方式，自由、平等、等价交换等理念容不下以顺从、无违、无条件地孝顺老人为特征的传统孝道理念，再加上新文化运动、极"左"思潮对孝道文化的批判和摒弃，传统孝道文化衰落。在经济上，小农经济逐渐让步于工业经济，在经历了人民公社运动、家庭联产承包责任制、城市化和家庭结构小型化等一系列变迁之后，老年人在家庭中的地位下降，约束子女供养的筹码减少，与子女进行代际交换的吸引力降低。在家庭结构上，计划生育和生育观念的变化，生育率下降，家庭结构核心化，老年人的生活照料无法从家庭中获得满足。这一系列因素，使家庭养老无以为继，迫切需要社会养老服务。在这种情况下，结合家庭养老和社会养老的居家养老模式成为我国主动或被动的选择。

第四节 养老研究"问题化"的探讨

毋庸置疑，养老问题是一个客观的事实，也是世界各国面临的问题。但就问题谈问题，会将养老看成一个无法破局的死结。澄清一些养老研究中的误区，用增权的视角看待养老，会给养老问题的应对，乃至推动整个社会的发展带来更多的有益思考。

一 养老研究"问题化"的表现及分析

在西方老年研究中，也大多是"问题驱动"，即把老龄化作为一个"问题"看待。[1] 我国从关注老龄化问题开始，也借鉴西方的"问题化"研究倾向，将焦点聚集在老年人或老龄化社会的"问题"上。有学者考察了我国关于老年人、老化、老龄化的文献情况，发现1940年以来每年仅有百余篇论文的规模，而2000年之后大幅上升，达到目前每年上万篇论文的规模，在这些论文中，"问题"倾向的研究所占比例达70%，涉及老年人价值方面的则不到2%。[2]

联合国主张老龄化是一种"机会"，是一种"机遇"，但类似的文献相当少，大多表达出对老龄化社会的担忧，集中探讨了解、管理、应对老龄化社会的问题。[3] 国内问题化倾向的研究主要集中在以下三个方面：

（一）情感倾向和道德评判

一些研究没有进行逻辑论证，而是以情感替代的方式，唤起读者的某种情感，然后进行呼吁。中国人口众多，极少比例的个案在数量上都是巨大的。我们容易受到鲜活性效应的影响，从自己所接触的个案出发，或从新闻报道的案例出发，陷入轻率概括、逸闻证据等推理谬误。从说服力来看，权威和情感都比逻辑推理有说服力，尤其是个案的渲染力，容易让人放弃逻辑推理，忽视标准和证据的仔细考察。社会总体在

---

[1] Achenbaum, W. A., *Historical Perspectives on Aging*, N.Y.: Academic Press, 1996, p. 266.
[2] 陈雯：《老龄化、时间与老年人社会价值》，硕士学位论文，华中师范大学，2013年。
[3] 陈雯：《老龄化、时间与老年人社会价值》，硕士学位论文，华中师范大学，2013年。

进步，一部分老年人的生活状况并没有根本地改善，没有共享到社会发展的成果，尤其是一些地区养老道德崩塌，老年人的生活质量反而下降，这让人在情感上是无法接受的，从公平正义上也说不过去。但如果仅仅以个案和某几个地方的特例而忽视总体的情况，必然使研究结果出现系统性偏差，所提建议也没有可操作性和合理性。

养老领域实质上包含了道德标准评判，因此，养老"问题化"天然存在政治正确性，有道德优先感，这就导致了一些研究没有提供有用的知识，而只是重复地抒发情感和道德呼吁。很多研究忽略了老年人需求的正当性，忽视了资源的有限性和资源在代际间分配的公平和正义性，没有考虑需求的可替代性，无视老年人的能动性，过度关注、过度渲染、问题化，导致老年群体内化无力感和无权感。用有负载的语言提出养老问题，掺杂着道德评判，混淆事实判断和价值判断的标准，陷入循环论证的境地。①

（二）忽视资源有限性的事实

许多研究的前提包含一些未曾言明的假设，只考虑老年群体，而不涉及其他方面，忽略社会总体的经济情况、忽视代际关系、无视资源配置的效率、不考虑公平与正义等。如一些研究建议增加养老投入，就未曾考虑社会资源的总量、社会发展的权衡、代际关系的互动情况，因而不具备可操作性和合理性，沦为口号式的呼吁。社会资源总是有限的，而人的需求是无限的，老年群体的需求也同样会水涨船高，此时应该考虑的是在当前的资源情况下，老年人如何共享，而不是强调老年人高于社会经济水平的资源投入。做大蛋糕、让老年人参与到蛋糕扩大的努力中，同时考虑公平分配，这是我们要综合考虑的。

（三）锚定传统孝文化下的养老

一些研究倾向于认定农耕社会的养老是完美的，社会变迁给养老带来了更多的破坏性。无疑，与传统老年人相比，当前老年人在自主基本需求的满足上是匮乏的，这有利于我们看清楚现状，看到不足，找到需要改进的方向，但是，简单的类比会忽略社会发展所处的阶段，忽略社

---

① 需要注意的是，养老问题的探讨是离不开伦理判断的：老年人基本需求的适度满足、共享经济社会的发展成果、防止人道灾难——这也是本书所秉持的价值取向。

会非线性演进的事实。

古代老年人的养老并非理想状态,其物质生活的匮乏就不值得向往。为什么给人以传统农耕社会老年人生活更好的感觉呢?一方面是在孝传统下老年人的自主性更高、价值感更强,而不是生活水平有多高。另一方面是农耕社会中活得长的人往往是贵族,在人群中的地位和生活质量本身就高于当时的绝大多数人。在农耕时代,活得较长的长者多为贵族。因此,其本身就是社会的精英,年老之后依然是社会中的佼佼者,这一群体著书立说的可能性更大。因此,我们今天看到的许多典籍相当一部分是出自这部分人群,然后我们通过这些典籍来推测农耕时代老年人的状况,这就犯了幸存者偏差的错误。

农耕时代老年人生存状况并不像预想的那么好。一是平均预期寿命低;二是健康的基本需求难以保障;三是营养、住房和卫生条件差。当然,传统孝文化下,老年人价值彰显,自主的基本需求得以满足。现代养老的问题则与古代相反,即物质生活条件大为改善,健康的基本需求普遍得以解决,但自主受限,老年人价值被结构性地贬低、压制、忽视。同时,现代养老问题还体现在个体对健康更高的预期和追求,以及因此而带来的焦虑。全社会对未来深度老龄化的线性推测和恐慌、风险社会环境中的不确定和幻灭感、老年人在孝文化传统中形成的根深蒂固的"被供养"心态,使老年人的能动性受到抑制。

二 养老研究视角的再审视

在现有关于老年人问题的研究中,一部分学者从老年人的数量上着眼,认为不断增长的老年人数量是今后面临的最大问题,主要体现在资源不足的问题上,如未富先老、社会抚养系数高、社会保障体系不完善、养老保障资源不足、家庭赡养压力大等问题。另一部分学者则着眼于养老逻辑嬗变、养老文化变迁、社会变迁与老年人养老困境等问题。

从第一个视角来看,仅仅把视角放在老年人数量上是不够的,也有很大的局限性。首先,老年人的数量不是根本的问题,整体的供养比例才是要关注的。长寿是一个社会物质文明发达的一个结果,是人类的一个追求,而其结果必然是老年人数量的增多。而当一个社会老年人的比例过高,社会供养压力上升,这个时候老年人的养老才成为问题,单纯老年人数量的增多并不必然导致养老问题。当前我国突出的养老压力更多体现在严格的计划生育政策、生育意愿降低等因素导致的出生人口数量减少，从动态人口结构上看将面临更大的养老压力。因此，养老问题从根本上说是一个人口结构的问题，老年人的数量只是问题的一小部分，老年人的素质才是根本，当老年人整体素质提高，个体潜能得以挖掘，能力得以提升，能不断为社会贡献价值，那么，老年人的数量根本就不成为问题。设想一下，当一个社会老年人的整体素质较高，具有很高的劳动价值和社会价值，那么，老年人与青年人一样，是社会建设和价值创造的一部分。因此，我们应把问题的焦点放在老年人素质提升方面。在老年人口结构、人口素质方面的问题解决了之后，还面临一个重要的问题，那就是如何挖掘老年人的潜能、实现老年人的价值。从以往的问题来看，老年人的刻板印象以及老年人对刻板印象的内化、固化，阻碍了老年人自我价值的实现，这是一个社会结构性的问题，增权社会工作正是从这个层面来开展的。

第二个视角的局限体现在以下两个方面：一是忽视了风险社会变迁的速度；二是视角的问题。从他者的角度来审视老年人及其问题，将老年人群体看作一个要解救、关照的群体，依然没有脱离问题化、污名化的范畴。风险社会中，变迁是永恒的，并且随着技术的发展，变化极其地惊人，这不可避免地使传统农耕社会的孝道文化和养老逻辑发生嬗变，同时也一定会使我们今天探讨的养老逻辑与文化迅速发生改变，追求以往那种延续数千年的养老逻辑和养老文化是不大现实的问题，我们今天苦心构建的、应当如何的养老逻辑和机制会被快速变迁的现实迅速瓦解。问题化的老年群体在社会结构中是被压制的，我们煞费苦心地去构建新的养老逻辑和养老文化，本质上还是将问题化的群体放在一个规制的社会框架中，将老年人群体视为一个被动接受社会安排的群体，这从根本上抑制了老年人的能动性和潜能。老年人是一个能动的主体，如何适应社会、如何主动参与养老逻辑的建构、如何营造养老文化都需要老年人的主动参与，也只有主体能动性的充分发挥，才能在动态变迁的社会中构建有利于老年群体自身的养老逻辑和养老文化，才能使老年人具有很好的适应性，老年人才能动态地适应社会变迁，在社会变迁的过程中贡献力量，建构有利于老年人养老的社会结构、社会环境。因此，第二个研究取向最终还是要实现老年人的"增权"才是正解。

三 被建构的养老问题

老龄化研究中事先预设养老是个问题,老年人是弱势群体、无价值创造群体,需要家庭、社会来供养,这些预设将老年人本身看作一个问题。"问题化"预设本意是想引起关注、增加老年人的福利、呼吁社会给予更多的投入和支持,但其实质是老年刻板印象的另一种表现,是社会脱离理论的基本预设。一是刻画了老年人无力、多病、纯消费、需消耗大量资源的形象,进一步形成了刻板印象乃至老年歧视。二是引起社会整体的恐慌和焦虑。三是造成结构性排斥老年人参与经济活动的社会制度。四是造成老年人内化社会标签和"污名化"结果,导致压抑自我的自主性和能动性,形成心理负担。当把老年人本身看作是问题的时候,就给社会建构老年人脱离社会的机制提供了土壤,从而削弱老年人的自主,剥夺老年人自主的能力和机会。

对老年人进行问题化处理有着深远的根源,是社会结构规制的一部分。问题化的表现体现在刻板印象、老年歧视、机会剥夺、环境不友好等方面。这些问题会随着社会总体的强化和濡化,使老年人内化这些印象,从而导致不自主。经污名化和内化负面形象之后的老年人自主的需求无法满足,会导致生活动力缺失,阻碍自我价值的实现,产生无力感、无权感,影响心理健康,通过反身性从而影响身体的健康。自主需求满足上的障碍,不利于老年人人力资源的利用,不利于老年人自身价值的实现,不利于老年人心理健康和生活幸福,导致总体生活质量的下降。

老龄化是一个未知的过程,我们所描述的问题和对问题的认定,是通过纵向与以往相比、横向与发达国家相比,然后基于现在的实际情况所做的推理。然而,未来不会是现在简单的延续,也不会是发达国家和历史的重现,尤其是老年人的地位和贡献,会随着健康条件和社会变革而发生诸多可能。老龄化社会是所有国家都会面临的问题,也是全世界从来都没有经历过的普遍问题。因此,老龄化社会的惨况和不可避免的表述从推理上来看是基于比较和现状而做的假设,但假设并不是那么牢靠,而是存在无限的可能。老龄化社会里,老年人潜力的挖掘、贡献的增长、社会对老年人地位和价值的重新认定都会改变现有的预设,从而出现更多的可能,而一味地坚持老龄化的问题导向思维,会给社会和个体带来更多的焦虑,对实际问题的解决却没有多大作用。

第六章
无力感、孝道及老年人价值的探讨

老年人无力感的形成来源于个体因素和社会因素,以及个体因素和社会因素互动和强化。我国有很好的自助传统,有利于老年人自主精神的弘扬,但也存在孝文化观念的阻碍;老年人被供养、被服务的心态严重,缺乏互助的传统和增权的理念。面对这些事实,老年人如何通过增权实现自身价值是一个重要的议题。

第一节 老年人的无力感分析

无力感是一种负面的情绪,包括自责、不被信任、获取资源的渠道匮乏、经济上拮据、无助,没有影响力。[1] 无力感源自不同的因素,包括经济上的拮据、不稳定,财务上的不安全,个体生理和心理的疾病,缺乏学习能力和批判性思考的能力,缺乏信息获取的渠道,缺乏维护自身权利的经验和技巧。[2][3] 老年人无力感的形成既有个体自身因衰老而产生的因素,也有社会建构的因素,并且个体因素和社会因素互动,强化了老年人的无力感。

一 个体因素

个体因素主要包括生理因素、心理因素、支持系统因素这三个

---

[1] Kieffer, C. H., "Citizen Empowerment: A Developmental Perspective", *Prevention in Human Services*, Vol. 4, No. 3, 1984.

[2] Conway, M., *Rise gonna rise*, New York: Anchor Books, 1979, p. 200.

[3] Sennett, R. and Cobb, J. T., *Be Bidden Injuries of Class*, Garden City, NY: Vintage, 1972, p. 56.

方面。

(一) 生理因素

老化的过程必然伴随着一些生理机能的衰退。一般而言，进入老年期，大部分老年人会经历体力下降、慢性病增多、身体协调性降低、行动不变等变化，这些生理衰退在老年群体中有较大的差异，但大多数老年人会面临这些困境。

生理上的衰退直接造成了老年人的无力感。国外研究表明，人体在40岁之后肌力逐渐减少，身体输送氧气与养分的能力下降，体力也随之下降，大约在80岁，身体所能接受的氧气只有40岁的一半左右。[①]体力衰退直接限制了老年人参与某些活动，更为重要的是生病之后康复的时间延长。关节炎、心脏病、高血压、糖尿病、骨质增生、腰椎间盘突出、视力和听力受损等疾病和特征虽然不一定与老化直接关联，但这些疾病和特征直接影响了老年人的健康，引起了老年人自身的功能性限制，降低了其生活自主的可能性，增加了需要他人协助才能完成基本生活功能的依赖性。

生理衰退在社会层面会强化老年人的无力感。一方面，由于大众对老年人健康状况的感知，会对老年人参与某些活动进行社会性限制，如强制在特定的年龄退休、限制参与有酬经济活动、排除老年人参与决策等，这直接损害了老年人的参与、自助和自主。另一方面，社会对老年人老化的认知会影响老年人对自我的看法，使老年人内化和强化无力感。老年人的白发、皱纹、老年斑、牙齿脱落等是生理老化的特征，更是被大众贴标签的一个直接的判断依据，不可避免地出现标签理论中的贴标签和污名化情况。而外界的认知和对待方式，让老年人更多地关注自身的劣势，强化自身的无力感。

(二) 心理因素

记忆力衰退、反应变慢、学习速度变慢、健忘等特征会造成老年人心理上的无能。一些心理疾病会直接导致生理上的疾病，如中枢神经系统退化导致的阿尔茨海默症，非阿尔茨海默症型的记忆力丧失、下降，

---

① Aichley, R. C., *Social Forces and Aging* (6th ed.), Belmont, CA: Wadsworth, 1991, p. 200.

抑郁症等，一些老年人的心理自我调节能力和积极面对社会的功能丧失。一些老年人无法接受和适应社会角色的丧失和自身身体的变化，对自身不满意，产生极度的沮丧，这进一步加深了自身的无力感。

（三）非正式支持系统因素

"支持系统"一词在社会工作中指的是给予与接受协助的关系，这种关系是接受者维持社会、心理、生理完整的重要因素。[1][2] 支持系统包括正式支持系统和非正式支持系统，前者是指由国家、社区、机构、社会组织等提供的社会服务系统，后者是指由家庭、朋友、兴趣团体等提供的服务系统。老年人对支持系统的需求是刚性的，当非正式支持系统匮乏或灭失时，正式支持系统就需要及时跟进。在"养儿防老"的养老体系中，子代的支持是老年人最容易接受，也是最便捷的非正式支持。当家庭这种非正式支持系统的功能减弱或丧失时，老年人就迫切需要居家养老服务等正式支持系统，否则老年人的养老缺乏支持，无能感和无力感将更加强烈。

格兰诺维特的社会嵌入理论解释了老年人对支持系统的需求：进入老年期后，老年人的社会角色有了较大的转换，一是劳动角色转向被供养角色。二是决策角色转换为被决策对象。三是工具角色转换为情感角色，这些转变让老年人的价值降低，自我感觉降低，满足感和幸福感降低。这些方面需要老年人需求支持系统的帮助，以重新适应和再社会化，需要特定的社会关系网络提供社会支持、信息、情感和服务等社会资源。

老年人的无能感常常来自配偶的逝世，导致最亲密的人提供的非正式支持丧失。此外，朋友、同伴、其他家人，乃至宠物的死亡，都可能导致支持力量的丧失，这种丧失意味着经济上的扶持、生活上的照料、情感上的慰藉一同丧失。此外，由于子女工作流动或其他原因而搬迁或入住养老机构，都会引起非正式支持系统的变动，导致老年人更加依赖正式支持系统。

---

[1] Lopata, H., "Support Systems in Elderly Urbanite: Chicago of the1970's", *The Gerontologist*, Vol. 15, No. 35, 1975, pp. 370-374.

[2] 廖鸿冰、李斌：《我国社区居家养老模式的理性选择》，《求索》2014年第7期。

二 社会因素

社会建构论认为,谁来界定"问题"是最关键的。在一个社会中,强势群体更有能力、资源和动力对一个弱势群体贴上标签,进行污名化处理,然后指定政策来处理"问题"。有学者描述了老年人被标签化和污名化的处理过程:老年人身体不好,老化后大脑不好用;老年人学习能力不行;老年人不能产生价值;老人是无能的;人变老就应脱离社会;老年人的知识和技能过时,对工作没有帮助;老年人身体不好,还领有高工资;年轻人需要工作,社会需要更替,需要老年人退出职场等。[①] 通过一系列的标签,老年人被形容为没用的、没必要的人口,是社会的边缘人群。年龄歧视、刻板印象、强制退休、丧失角色等过程不断互动和强化,加深了老年人的无权和无力感。

(一) 退休

退休制度的安排是大规模社会建构的结果,并用法律予以规定,在绝大多数社会都有法定退休年龄的规定。我国当前的法定退休年龄沿用20世纪50年代的规定:男性60岁,女性干部55岁,女职工50岁退休。这一法定退休年龄的规定近70年没有调整,在平均预期寿命在70岁以下时并没有太大的运行压力。然而,当社会平均预期寿命延长至2019年的77.3岁后,社会养老保险的支付压力陡增,也到了必须改革的地步。《中共中央关于制定国民经济和社会发展第十四个五年规划和二〇三五远景目标的建议》明确提出,"实施渐进式延迟法定退休年龄"。而在国外,法定退休年龄也是随着平均预期寿命的提高不断进行调整,美国、德国、法国等都将法定退休年龄提高到了65岁甚至更高,而日本走得更远,提出了"无退休"社会的愿景,即打造一个给有能力和有意愿的老年人提供工作机会的社会。对于老年个体自身来说,是否退休要考虑到自身的健康状况和养老金、子女经济供养水平、资产收入等晚年收入的可用性,但老年人之间的阶层差异、劳动力市场的状况、科技变化情况和社会对老年人的歧视情况都对老年人是否能参与有酬劳动有重大影响。在当前平均预期寿命下,退休之后还有20—30年

---

① Phillipson, C., *Capitalism and the Construction of Old Age*, London: Macmillan, 1982, p. 3.

需要稳定的收入，但晚年生活所需收入其实是不确定的。寿命、通货膨胀、医疗费用等都是无法确定的，退休金、资产收入和子女的供养等收入来源的充足性和稳定性都影响晚年生活的确定性，这必然使一部分老年人需要有工作的机会。工作也是个人价值感和身份感的重要来源，退休总是会造成有意义的关系和收入的丧失，个人必然会经历社会性的失落。因此，在法定退休年龄的规定下，提供弹性退休制度，为有能力和意愿的老年人提供工作机会，是破除老年人无力感、增强老年人自主性的重要社会性举措。当前延迟退休年龄在社会层面有较大的争议，不同群体的老年人有不同的认知，部分劳动者希望从制度上确保更长的工作时间，而部分老年劳动者则希望早日退休领取养老金，这些争议也给我们更多的启示：给老年人自主选择的弹性退休制度是解决争论和分歧的办法。

退休的本质是脱嵌于社会结构，是社会整体的制度安排。在传统农业社会则不存在相应的安排，是因为当时的社会结构不需要强制性地安排老年人退出劳动领域以此来给年轻人腾出就业机会。相反，农业需要老年人的知识、经验和劳动力，老年人在劳动中创造出价值，也因此而嵌入社会结构中，并处于较为有利的位置。现代社会则相反，老年人退休，劳动机会丧失，价值减小，在社会中的位置下降。尽管今天的社会里老年人获得的健康需求满足比以往任何时候都要多，且能与社会同步，但脱嵌于社会而导致的价值感降低、对生活的掌控感减少、无权感和无力感侵袭着老年个体，自主的基本需求无法满足已然成为新的养老问题。

（二）角色丧失

角色丧失也是社会建构的结果。角色理论认为，角色是个人自尊和成长的重要来源，是个人价值和意义的集中体现。工作赋予了个人特定的角色和相应的社会关系，但这些角色和社会关系会随着退休而减少或消失。此外，社区、邻里，甚至家庭内部的角色也可能丧失：当老年人发生某种程度的失能或财务上的依赖时，家庭成员会将老年人视为需要照顾的人，不再是一个能自给自足的参与者，也就是说家人的态度也会进一步固化老人的无能感和无力感，降低老年人的价值感和意义感。

(三) 刻板印象与年龄歧视

脱离理论认为老年人到了一定年龄就应该退出社会，因为老化使老年人无法胜任一定的角色。通过建构，老年人被污名化、老年人知识与技术的贬值导致权力的降低，老年人被边缘化和问题化。上面探讨的退休和角色丧失主要是在刻板印象和年龄歧视的社会环境中发生的，老年人即便还有能力和意愿进行工作，也会被法定退休年龄的规定而强制退休，继续工作会受到多方面的压力和阻力。由于有年龄歧视，一些角色也会排除老年人的参与。

老年人因为依赖也会导致社会将其形象负面化。在老年人寻求正式社会支持服务（如办理低保、住院、领取社会救助金等及一些老年服务）时，刻板印象和老年歧视会经历政策及政策经办者的歧视，老年人也需要因之而承受屈辱与挫败。这些经历剥夺了老年人的掌控感，使其不能或不愿接近资源获取途径。

三　个体与社会的互动

老年人的困境主要来自健康、自主和参与这三个方面。身体上的衰老及疾病带来生活上的不便，因此而无法参与社会；自主需求的不满足和依附，导致无力感、无权感、沮丧，这种情绪上的困扰跟身体疾病一样严重，也会反过来影响老年人的生理机能，导致心理疾病与认知剥夺。失去了自主的机会，这些因素直接导致老年人参与社会受到限制，老年人的健康、自主与参与的关系如图6-1所示。

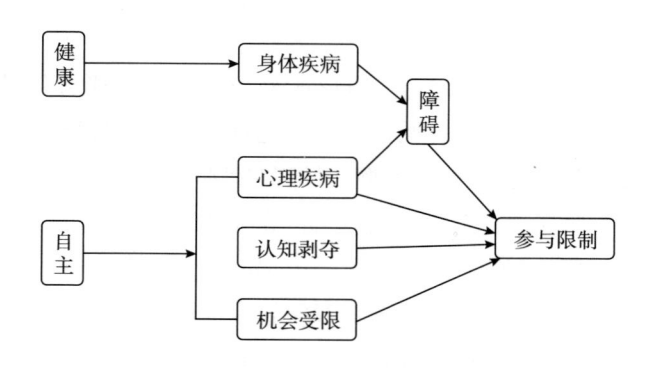

图6-1　健康、自主与参与的关系

第六章 | 无力感、孝道及老年人价值的探讨

无力感是老年人个体与社会持续互动的结果，是在老年人自身因素的基础上，社会形成刻板印象乃至老年歧视，然后通过制度和文化的方式，降低或排除老年人获取某些资源的可能性。

在养老的语境中，"养"指的是"供养""赡养""奉养"，从其字典的释义来看，都有一个基本的预设，即老年人是"养"的对象，强调了子女或社会的责任与义务，而老年人仅仅是作为受体，无法体现老年人的自主性和能动性。也就是说，在我们通常所说的"养老"一词中，包含我们对待老年人的深层次态度：子女、社会具有不可推卸的责任。老年人是弱势群体，是供养对象，是资源消耗者，这些预设本身就体现了社会的刻板印象，是社会建构的结果。老年人本身也会接受这个界定，内化之后形成心理定式，产生"无权感"和"无力感"。

我们对待养老的方式也加深了老年人的无力感。在探讨养老时，一般将养老内容概括为：经济供养、生活照料和精神慰藉。这三个方面的内容都是将老年人视为被动的受体，而老年人也以"被供养"的心态与外界互动，这进一步加深了老年人无力、无助的形象。这本质上是一种建构，忽略了老年人的差异（事实上只有一小部分有此需要），使老年人从心理上接受自己的这种无力形象，从而削弱了自主。

老年人无力感的形成原因，一方面是基于一些基本的事实：一是关于价值创造能力下降和对社会贡献降低，乃至需要大量资源的供给；二是老年人的需求无法自我满足，不能自理、自立、自助，需要外界的帮助。另一方面，学术界和媒体的过度渲染和问题化描述，使老年人内化刻板印象，进一步加深无力感。当形成刻板印象，并伴有年龄歧视之后，老年人会经历习得性无助，老年人会内化外界的刻板印象，从而丧失生活的掌控感，限制潜能的发挥，妨碍自我价值的实现。老年抑郁症相当一部分原因是习得性无助。老年人无能、无力、无价值的观念一旦被老年人内化之后，伴随而来的是对自我的贬低、自责、内疚，将生活中的困难和阻碍归因于自己，在精神上就会萎靡不振，严重的会导致"神经官能症"。老年人个体因素与社会因素相互作用，最终形成无力感的过程，如图6-2所示。

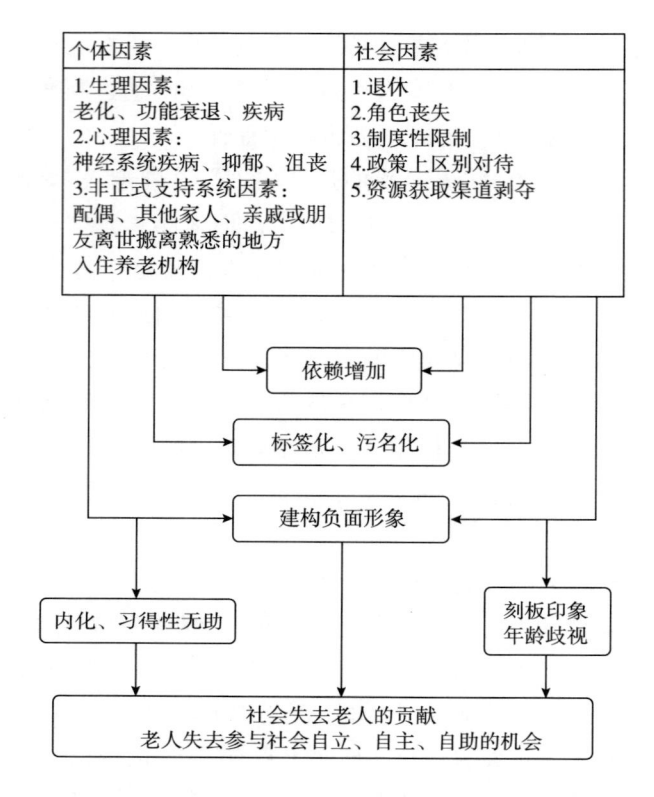

```
┌─────────────────────┬─────────────────────┐
│ 个体因素            │ 社会因素            │
├─────────────────────┼─────────────────────┤
│ 1.生理因素：        │ 1.退休              │
│ 老化、功能衰退、疾病│ 2.角色丧失          │
│ 2.心理因素：        │ 3.制度性限制        │
│ 神经系统疾病、抑郁、│ 4.政策上区别对待    │
│ 沮丧                │ 5.资源获取渠道剥夺  │
│ 3.非正式支持系统因素：│                   │
│ 配偶、其他家人、亲戚│                     │
│ 或朋友离世搬离熟悉的│                     │
│ 地方                │                     │
│ 入住养老机构        │                     │
└─────────────────────┴─────────────────────┘
                    ↓
              ┌──────────┐
              │ 依赖增加 │
              └──────────┘
                    ↓
           ┌────────────────┐
           │ 标签化、污名化 │
           └────────────────┘
                    ↓
           ┌────────────────┐
           │ 建构负面形象   │
           └────────────────┘
            ↓               ↓
  ┌──────────────┐   ┌──────────┐
  │ 内化、习得性 │   │ 刻板印象 │
  │ 无助         │   │ 年龄歧视 │
  └──────────────┘   └──────────┘
            ↓               ↓
    ┌─────────────────────────────────┐
    │ 社会失去老人的贡献              │
    │ 老人失去参与社会自立、自主、    │
    │ 自助的机会                      │
    └─────────────────────────────────┘
```

图 6-2　老年人无力感形成的原因及其形成路径

第二节　孝道与增权

孝文化是我国农业社会中两千多年的主流文化，对整个社会的结构、道德、人性都有着极其深远的影响。尽管孝文化存续的基础发生了变化，出现了不可避免的衰落，但孝文化依然是这个社会的一个不可忽视的存在，也是目前大部分老年人的执念，同时，也是探讨增权取向的社会工作模式本土化不可忽略的前提。

一　传统孝道的变迁

孝道在我国具有情感基础、社会基础、经济基础和政治基础，分别是血缘关系、个体家庭、农耕经济和家国一体的宗法社会结构。社会变革导致了经济、政治、文化等各个方面的变迁。从传统孝道形成和存在依赖的条件来看,血缘关系没有变化,家庭结构和功能发生了一定的变化,核心家庭取代了传统的扩大家庭而成为社会中家庭的主流。家庭小型化,家庭养老功能弱化,家庭内成员间的权利义务关系更加强调平等原则。农耕经济被工业经济所取代,市场经济和经济理性改变了人们的生活方式和思维方式,市场经济所要求的创新精神、平等精神和自由精神与传统孝道中的顺从、无违等理念相悖。家国一体的宗法社会结构解体,被人民民主专政的社会主义政体所替代。因此,传统孝道赖以存在的社会基础出现动摇,而经济基础和政治基础不复存在。

社会变迁也改变了社会重老的环境。一是人口流动和迁移导致老年人与子女居住分离,空巢家庭提前到来,而整个社会正由熟人社会转向陌生社会,社区成员互动减少,稳定的小社区生活不再。二是家庭成员间的相互依赖性减少,子女可以离开农耕生活进入社会独立谋取生活,对父母的依赖程度降低。三是生产力得到提升,老年人在经济中的作用下降。四是扩大家庭的比例减少,核心家庭越来越多。五是老年人拥有或控制主要生产资源的意义降低,子女可以不再依赖农业生产而独立生活,农业生产资源对子代的吸引力下降。六是现代社会的生产和生活知识及技能的来源途径主要来自正规学校教育、媒体等,老年人通过经验积累的生活知识和技能在某种程度上成为传统与保守的代名词。七是祖先崇拜文化消退,年轻人在一定程度上割裂了与传统的联系,作为主要媒介的老年人自然失去了价值。综上所述,重老的环境已经发生变化,导致整个社会也不再重孝,传统孝观念越发淡薄,孝行为越来越弱化。

此外,传统孝道衰落还有其他的原因。一是新文化运动的批判。新文化运动中,思想先驱是想通过批判传统孝道中的糟粕,如泛孝主义中宗教化和政治化因素,还原孝的本初意义,肯定孝在血缘亲情联系、强调子女供养父母的义务等方面的积极因素,但最后从一个极端走向另一个极端,对其进行了彻底的否定,使人们无视传统孝道中的合理因素。这并不是对待传统文化的科学态度。[①] 二是社会主义建设过程中的一些错误思潮。一些极"左"观念主张彻底抛弃传统,批判儒家思想,自

---

① 苏喜娥:《当代传统孝文化缺失原因浅析》,《河北省社会主义学院学报》2007年第2期。

然进一步批判传统孝道。① 三是孝道教育的缺失。由于对孝道整体上持否定态度，因此对青少年的孝道伦理教育缺失，使他们伦理道德观念淡薄，大部分青少年不懂什么是孝道，自然也谈不上孝行。于云兰等对南京 8 所小学和 4 所初中的调查发现，如果父母生病或者累了，只有不到一半的孩子会主动端水送药。②

在市场经济下，西方价值观念更易被年轻人所接受，文化多元化、传统的驱魅以及社会包容度的增加，都导致伦理道德和社会舆论压力的减弱，孝道失去了外在的强制力，家庭养老也就减弱了文化上的约束。实证研究也证实了这一点，周林等通过对两个经济水平相近而养老风气有差异的两个村庄的实证考察发现，养老文化的差异使两个村庄的老人面临迥异的养老环境，他们在经济供给、生活照料和精神慰藉方面的待遇截然不同。③

二 孝道变迁的不可逆

"农业以家庭为生产单位，受父亲和季节变化的支配，父权有坚实的经济基础。"④ 家庭中子女在 10 多岁时满足了农业生产对劳动力的要求，因此是家庭的正向资产。在工业时代，人口迁移使更多的人离开熟悉的生长环境，熟人社会变成了陌生人社会，周围人的监督和限制大大减少，权威社群的存在失去了相对固定人口这一根基，依赖于群体道德约束的孝道也随之减弱。工业时代，个人进入工厂和城市务工，所得归个人所有，且可能远多于父母，父母的权威失去经济基础的支持；工业时代对个人的要求增加，个体需要长时间的受教育和技能训练，进入社会的时间延长，经济自立延后，这导致子女不再是正向的经济资产，需要不断地投入，且很难看到现金流的反哺，这直接导致代际间的合作契约发生根本的改变，侵蚀着孝道的根基。"教育的传播助长了对宗教的怀疑，道德规范失去了越来越多超自然的支持力量。旧的农业道德规范

---

① 穆光宗：《亲吾亲，以及人之亲——从"孝道"到"仁道"以及从"血亲孝"到"仁道孝"》，《人口与发展》2008 年第 2 期。
② 于云兰、于年湖：《农村家庭养老：挑战与对策》，《莱阳农学院学报》（社会科学版）2001 年第 1 期。
③ 周林、丁士军：《不同养老风俗下的农村家庭养老》，《农村经济》2003 年第 3 期。
④ ［美］威尔·杜兰特、阿里尔·杜兰特：《历史的教训》，倪玉平、张闶译，中国方正出版社 2015 年版。

开始走向灭亡。"①

道德是历史的一部分，随着历史的变迁而变迁，尽管道德是变幻的，但任何时代都需要道德的约束。养老规范是道德的一部分，也会随着生产方式的变化而变化。孝道作为道德的一部分，是一种社会规则，虽然没有在法律条文中体现出来，但它也是具有强制性的行为规范。孝道充当社会告诫者的角色，劝诫其成员和团体，促使其行为与社会秩序、安全、社会整体运行一致。道德规则因时因地而异，也因时因地而易，不同时代可能会相互矛盾。因此，孝道并不具有天然的政治正确性，也并不是颠扑不灭的真理，而是一定时代、一定地域内的特定产物，需要根据历史和环境的变化而不断调整适应，甚至是彻底扬弃。在这个意义上，"复古"的提法是不可取的，但是道德规则又具有普遍性，是任何社会都不可或缺的。② 所以关于养老的道德规则在今天也同样是必不可少的。我们面临的困境是：传统孝道已经丧失了存续基础，但观念依然存留在大部分现存的老年人头脑中。年轻人处于剧烈变迁中，观念已经改变，但整个社会并没有发展出适应当前环境的养老道德规则。观念的冲突与一部分老年人的生存困境，拷问着我们的时代，也迫切需要社会予以回应。

三　我国老年人对孝道的需求

在不同的需求理论中，心理需求是一个重要的面向，如老年人的心理需求一般包括以下内容：支配的需求、情趣的需求、和睦的需求、亲情的需求、尊重的需求、奉献的需求，以及自主的需求。而在我国传统文化的熏陶下，老年人对孝道的需求涵盖了上述的很多心理需求，成为一种特殊的基本需求。

需求具有相对性，在不同的文化情境中，同样的需求可以借助不同的媒介得以实现。在中国的文化传统中，对孝道的追求就是一种相对的中介需求，通过这种需求满足老年人情感上的需求。从更深层次来说，孝道需求的满足可以帮助老年人对生命延续、生命价值进行有意义的诠

---

① ［美］威尔·杜兰特、阿里尔·杜兰特：《历史的教训》，倪玉平、张闶译，中国方正出版社 2015 年版。

② ［美］威尔·杜兰特、阿里尔·杜兰特：《历史的教训》，倪玉平、张闶译，中国方正出版社 2015 年版。

释，从而实现对人生最后生命阶段的认识，获得生命完善的体验。

老年人期望子女尽孝道，不单单是追求生存资源的保障，还包含了对生命延续、社会认可、尊重和自我实现等需求的满足。中国传统文化中，孝道与"肖"在一定范围内是重合的，不孝道意味着不"肖"，不"肖"也意味着不"像"，不"像"自然是与自己的基因相悖，从这一逻辑链条中，我们发现了孝道与生物学上的基因复制之间的关联。反之，子女孝顺意味着在基因传递的链条中父母履行了自己的职责，符合社会规范，完成了人生的使命，这一行为既符合生物学意义上的基因复制，又契合传统文化对个体生命意义和自我实现的认可。

四　孝道变迁与老年人需求之间的张力

在农耕社会，对孝的追求既是中国老年人的基本需求，又是这个社会每个人的追求，或者说是这个社会要求下的总体需求，这种需求在老年人和年轻人群体中是一致的。老年人已经完成对长辈的尽孝，社会伦理和规范也顺理成章地保障了老年人要求子女尽孝的权利。年轻人心甘情愿地尽孝，将其作为自己的行为规范，因为他们深知，自己父母的今天就是自己的明天，今天尽孝的行为是自己子女孝顺的榜样，本质上是一种储蓄行为，自己在孝道观念和孝道行为传递链条上的投入，能理所当然地获得子女尽孝的回报，社会规范和传统会确保这一链条的延续。因此，农耕社会强调的孝道是传统社会整体的需求，也是这个社会里每一个人的需求。

如果生产方式没有改变，孝道的传递是能确保的，然而，社会变迁导致这一链条开始断裂，老年人的养老因社会转型和变迁而出现问题。因为孝道文化的基础发生了变化，老年人依然对孝道有着强烈的需求，但年轻人已经跳出了孝道行为和观念传递的链条，作为个体他已经不指望后代的尽孝，从观念和行为上都失去了对孝道的需求，自然也就失去了将尽孝内化为自己行为准则的动力，而社会规范和伦理也失去了制约年轻人"反叛"的力量，这就直接导致了当前老年人无法满足对孝道的需求。

孝文化和孝观念在代际之间存在巨大的反差，变迁的不可逆导致这一矛盾不可调和。就老年人而言，根深蒂固的观念叠加现实的养老困境，导致其无法跟上社会事实的变迁和观念的变迁。就下一代而言，教育经历与生活方式现状使其不可能符合老年人孝观念的期望。这种矛盾的不可调和使老年人抱持着孝观念生活在失望之中。

观念和文化的变迁滞后于社会变迁——这就是社会学中所说的"文化堕距";这种现象下的老年人是失落的,因为他的需求已经得不到满足,但自己的观念已很难转变,整个社会也没有做好相应的准备,这一代人就不可避免地会产生失落和失望。那么,如何提高抱持传统孝道观念老年人的生活质量呢?回归传统、提高社会伦理规范对年轻人尽孝的强制力,这类的建议在不少学者的文献中时常出现,遗憾的是,它与社会变迁的事实不符:一方面,支持传统孝道观念和行为的社会基础已经不复存在,另一方面,在新的社会事实面前,一味地"复古",也许可以满足当前老年人对孝道的需求,但必然会牺牲年轻人的追求,从社会总体上看也是得不偿失的。

当然,扬弃文化中的孝道也是不可取的。因为孝道还承载着个人情感慰藉的功能,这也同样是年轻人需要的。因此,当前情境下,对孝的态度既要抛弃不合理成分,改变老年人的预期,又要适当强调文化基因,因势利导创造新的孝道文化。

五 孝道与老年人的无力感分析

孝道是一种被动的、依赖的思想,是到一定年龄之后,父母在经济上、生活照顾上、精神上对子女一种理所当然的权利主张。在古代,这种权利主张的实现得到了社会道德、主流文化和制度上的支持,是社会运作的根基之一。近代以来,社会变迁导致孝道文化不再那么深入人心、社会运作也不再依赖孝道的支撑,尽管我们在宣传上还是大力倡导,但在制度、文化等方面已无能为力,这就导致了孝道的缺失。孝道本身是一种依赖,一种代际契约。在代际契约缺乏制度和社会运作逻辑支撑之后,孝道的依赖意味就更浓了,子女是否尽孝全看家庭教育和个体对宣传中的孝道的内化程度。

孝道文化经过几千年的践行和内化,在每一个中国人的血液中多少都有一定的基因,都期待着子女尽孝,期待着子女在生活上提供保障,在精神上提供慰藉——这都是被动地等待着子女来做的,被动和依赖的意味极其浓厚,这都是与"增权"理念背离的。减少老人的依赖思想和被动的行为,增权知识与理念的宣传和践行都需要大力推进。

与发达国家老年人相比，我们看到中国老年人更多的是对子女的依赖，在思想上也更消极一些，认为到了一定年纪被人服务，尤其是被子女服务是理所当然的，即便自己有充足的精力、时间和体力，也认为自己功德圆满，到了需要享福的阶段了，需要子女在经济、精神和生活上付出了，这是对老年人力资源的浪费，也是老年生活消极的表现。

第三节 老年人价值的探讨

社会对老年人的刻板印象是根深蒂固的，但深入探讨就会发现，老年人的价值体现在各个方面，并且破除社会刻板印象、摒弃年龄歧视、为老年人营造一个自主自助的环境、运用一定的技能进行老年人增权，老年人力资源将能得到大力开发，老年人的价值得到提升，老年人的生活质量也能随之提高。

一 时间与社会价值

社会科学针对价值进行了诸多探讨，经济学中的劳动价值、政治学中的权利价值、法学中的规范价值等，权力、社会地位、金钱、声望、人际关系等个体特征被认为是价值的源泉。年龄是所有人的基本特征，但其价值却不是线性关系，且需要与其他因素结合起来才能发挥作用。

（一）年龄与负面评价

针对老年人来说，年龄往往是负面价值：一是随着年龄的增长，个体身体机能的老化是一个不可逆的过程，生理和心理都会随着年龄而产生变化，影响个体价值的实现。二是生命何时消亡的问题随着年龄的增长而越发不可预测。尽管群体的平均预期寿命不断延长，且在一定时期内是确定的，但对于个体来说，"还能活多长"的问题却是不可预测的，其差异性受到遗传、生活方式、生存环境等多种因素的影响，因此，年龄的增长使个体的价值越发不确定，社会对其期望值也会不断下降（老年歧视的原因之一，其实是建立在"时间"这个客观事实的基础上）。年龄增长，身体机能老化，参与社会的能力下降，死亡的风险升高，这些因素都导致老年个体在年龄方面的实际价值和社会期望值都下降。

一般来说，工业社会中年龄与工作业绩之间是负相关的。[①] 生理衰退、健康状况下降、固执己见、缺乏进取心等都会导致老年个体价值降低。法国人口学家阿尔弗雷·索维通过终身经济价值量表发现不同年龄段的经济价值，发现个体在40—45岁时价值开始增加，而在60—65岁时最低。[②] 一些学者认为，个人的兴趣和活跃程度在40岁之前达到最高峰，40岁之后的贡献就下降。持"唯年轻论"的学者认为年轻人是最有价值的。年龄与价值之间是非线性关系，呈现出抛物线状，即青壮年时期，随着年龄增长，个人价值上升，当达到中年之后，个人价值达到巅峰，随后会下降，年龄越大，价值下降越快。

总体上来说，学术界探讨老年人的价值是悲观的。我们在思考老年人的普遍价值时，需要抛开思维窠臼和当前的话语体系，否则会陷入重复性的问题描述之中。

（二）年龄的正面价值

尽管一些学者从生命表及数据得出了年龄与个体价值负相关的结论，但也有不少学者认为年龄与个体价值之间的关系并不是显著的，主要从思想积累、工作业绩、个人成就等方面进行了考察。[③][④]

在教育水平、职业地位等方面都较高时，老年人的价值就体现了出来，也就是说，老年精英群体的价值高。古罗马时期《论老年》和我国古代的《礼记》等典籍，都称颂了有价值的老年人。古罗马著名政治家西塞罗在《论老年》一文中大力歌颂老年人的社会价值，强调老年人在政治等方面具有年轻人不可比拟的作用和价值，老年人依然可以参与政治活动和有价值的社会生活，可以和其他阶段的人一样拥有幸福

---

① Clemente, Frank and Hendricks Jon, "A Future Look the Relationship between Age and Productivity", *The Gerontologist*, Vol. 3, No. 13, 1973.
② ［法］阿尔弗雷·索维：《人口通论》，查瑞传等译，商务印书馆1983年版。
③ ［日］长谷川和夫、霜山德尔：《老年心理学》，车文博等译，黑龙江人民出版社1997年版。
④ ［古罗马］西塞罗：《西塞罗三论》，商务印书馆1998年版。

的生活，并对老年人必然遭受的一些不幸进行了驳斥。① 我国对老年人价值的强调比西方更多一些，并从文化和政治上都做了严格的规定。在《礼记·曲礼上》中"五十曰艾，服官政。六十曰耆，指使。七十曰老，而传。八十、九十曰耄，七年曰悼，悼与耄虽有罪，不加刑焉。百年曰期，颐"等描述突出了老年人的价值，并对如何对待一定年纪的人进行了礼仪上的规制。

老年人价值不是客观不变的，而是一个打下时代烙印的产物；因为价值的认定和标准是主观建构的。农耕时代看重农耕经验和知识的传递，而工业社会更强调不断革新的技术和知识，这就导致了老年人在不同评价标准下价值的不同，地位也就不同。

二 发现老年人的价值

刻板印象将老年人贴上标签，身体不好、行动迟缓、心情不好、无趣、脑袋不清醒、固执、记忆力差、学习能力差、喜欢独居、不想工作、不能独立思考、社会资源的消耗者等。这种刻板印象为大多数人所接受，但真实情况比较复杂，有两个方面值得注意。首先，老年人作为一个群体，并不是铁板一块，而是具有极大的差异性，一些身体和心理上的疾病问题存在于部分高龄老人中，不足以代表整个老年群体，有的老年人终其一生都很活跃、健康，有的老年人是解决问题的能手、适应能力强、记忆力很好。其次，老年人的贡献与价值是可以充分利用和挖掘的，现有的结构和文化导致老年人资源的浪费，这是一种结构性的压制，而不是老年人自身能力和意愿的问题。统计数据和文献会忽略老年人是劳动者、消费者、纳税人的事实，不会描述老年人对家庭的贡献（如做家务、带孩子、照顾亲人等无酬劳动），也不会去关注老年人对社区的参与和志愿服务，不会挖掘老年人在文化传承、主流价值观维护等方面的作用。

实际上，老年人并不是像媒体宣传得那么无力和无助。从经济上

---

① 从西塞罗创作《论老年》的动机来看，主要原因是不平则鸣：当时政坛上活跃的少壮派将他排除在实权集团之外，尽管当时的罗马并无现代的退休制度，但西塞罗被迫退出政坛，内心还是期望能积极参与国家事务的，这也是"有思想、有理想、能做到深谋远虑"、"没有老年人，国家就不可能存在"等论断的真实意图，因此，《论老年》寄托了西塞罗对参与政治和社会的渴望。

看，大部分老年人能自立、自理，解决生活中的绝大多数问题。农村老年人不存在退休一说，会一直劳作，无法务农之后也会转向家务，最后直至无法再劳动。城市退休职工有退休金，基本能维持生活所需，除此之外，不少老年人还能向子女输出经济支持，通过金钱或照看孙辈给予子代帮助，在家庭代际传递中发挥自己的价值。从生活照料上看，绝大多数老年人生活能自理，半自理和不能自理的持续时间并不长。在精神慰藉上，老年人并不是一个消极的受体，媒体往往是构建一个理想的状态，但在现实生活中，老年人与家人互动的习惯、对精神方面的追求都是不一样的，个性化强，差异性大，过度的关注弱化老年人的自主性。因此，我们应该"去问题化"，从老年人基本需求入手，提供机会、平台、渠道，激发老年人的能动性，协助老年人自主、自助、自立、自理。

此外，我们还要从代际契约的视角来正视老年人的价值。老年人在人生的最后阶段无法自理和自助，需要外界的帮助，这不单单是一个事实判断，还必须考虑伦理判断。即养老是人类社会达到一定经济水平之后的一种有益的社会安排，老有所养是所有人都期待的，每个人最终都会变老。同时，老年人在年轻时是社会的主要劳动者、贡献者，社会财富的积累者，理所当然地可以从社会获取相应的养老资源，这是一种社会契约，是代际间需要传承和延续的契约。

三 老年人价值的实现

老年阶段是人生的一部分，是一个完整人生不可缺少的一部分。因此，应以发展的眼光看待老年生活，这一立场包括两个方面：一是老年人需要用发展的视角认识自己的老年生活，增加对这一阶段的了解，明了自己的任务、责任、树立正确的态度。二是整个社会需要用发展的视角来看待老年人，摒弃刻板印象，放下偏见，正视老年人在生命历程中的贡献和老年人权利，正确看待老年人身体机能的衰老现状及其客观过程，既不歧视，也不过度关注，过度关注会导致老年人内化社会对老年人的偏见和歧视，同时，过度关注也会导致社会的焦虑，无法面对衰老和死亡这一自然进程。

老年人力资源是不可储存的，将随着时间的推移而流逝，因此，如何充分利用老年人力资源，建构老年人发挥潜能的社会结构是当前社会需要考虑的。将老年人单纯地看成被动的服务接受者，并不符合积极老龄化的宗旨，也不利于社会代际关系的健康发展，于老年人自身生活质量而言也是有害的。无力感和社会刻板印象从心理上削弱了老年人的主观能动性，也就降低了老年人对生活的掌控，至少在心理上降低了老年生活的幸福程度。因此，社会应提供助推的力量和环境，帮助老年人增强自主能力，通过增权，帮助老年人改变被供养的心态，获得独立、参与、自我超越、互助、自主的机会和能力，从经济发展中获得更多的机会和支持，实现自身的价值，与社会中的其他群体共建人人共享的社会。

第七章

居家养老的界定及其选择

什么是居家养老？为什么选择居家养老作为主流的养老模式？这两个问题是深入探讨居家养老服务及其质量提升的基础。本章针对养老的要素、养老模式、居家养老的界定、社区及其在居家养老中的作用、选择居家养老模式的必然性等进行了探讨。

第一节 什么是居家养老

选择什么样的养老方式是由一系列要素决定的。居家养老是家庭养老和社会养老服务的综合体，社区与之有着密切的关系。

一 养老要素分析

机构养老、社区养老或居家养老是我们时常提及的养老模式。老年人选择何种方式养老，从个体的角度来看，由个人经济条件、主观意愿和服务可及性等因素决定；从国家和社会层面来看，主要考虑的是现有的经济水平下，制定合适的法律和政策，营造适当的环境和舆论氛围，其主要责任是立法、政策、社会舆论和理念的引导和倡导、机制建设、市场培育等，目的是合理分配有限的资源。对于经济条件较好、消费能力强的老年人而言，从市场化的养老服务中获得需求的满足是一个较佳的选择。因此，市场化和高端化的老年服务的开发也是养老服务体系中的一个重要的建设方面。因此，不管是何种养老模式，都是以妥善安排老年人的生活、提高老年人生活质量为目标。争辩某种模式的优劣是没有意义的，因为它们都是养老服务体系中的一个环节，不可替代。居家养老是老年人主要的养老模式，普遍存在于大众家庭，而机构养老则主要针对生活无法自理、鳏寡孤独等需要救助和特殊照顾的老年人。从这个角度来思考各种养老模式，我们发现都是必要的，都不能废弃。

居家养老是妥善安排老年人生活的一种方式，在当前形势下，也是一种最为经济和最为可行的方式。尽管如此，我们不能因此而认为它就是唯一的养老模式，也不能因此而忽视其他养老方式和养老资源，在实践中，应以居家养老为主，充分整合各种养老资源，为提高老年人的生活质量服务。在居家养老模式中，也同样可以考虑利用机构养老所能提供的便利，医院、老年福利院等机构可以拓展自身业务，利用资源优势和专业优势，为附近社区的老年人提供医疗服务和专业的康复、护理服务。这些举措一方面能充分发挥机构的资源优势和专业优势，树立养老机构的良好形象，另一方面也为机构改变经营方式、平衡收支开辟新的途径。同样，居家养老不能将社区日托中心、社会组织和志愿者服务等排除在外；也就是说，居家只是一个载体，在整个养老体系中与其他养老方式和资源的供给方式并不冲突。我们需要思考的是在居家这个载体上如何充分整合现有资源、如何开拓更好的服务内容、如何建构更好的服务输送方式，为老年人的养老提供更为便利的服务和更多样的服务形式，满足不同老年人的多样化养老需求。

表7-1　　　　　　　　　　　养老要素分解表

地点	A1 家庭　A2 社区　A3 机构　A4 老年公寓　A5 社会化的其他康养机构和组织
服务供给主体	B1 自我　B2 配偶　B3 子女　B4 亲属　B5 邻里　B6 社区 B7 机构　B8 社会组织　B9 政府　B10 市场
经济来源（资源禀赋）	C1 退休金　　C2 有酬劳动　　C3 财产性收入　　C4 子女供养 C5 政府补贴　C6 慈善捐助　　C7 其他来源
责任主体	D1 自我　D2 家庭　D3 政府　D4 社区　D5 第三部门　D6 市场
生命周期	E1 低龄　E2 高龄
服务方式	F1 自我护理　F2 子女照顾　F3 上门服务　F4 虚拟养老院 F5 智能养老、智慧养老、信息化平台
适用对象	G1 自理　G2 半自理　G3 不能自理
其他	H1 观念　H2 家庭结构　H3 子女经济状况　H4 子女意愿

目前对于如何养老、如何提升养老服务质量的探讨很多，但都是基

于某一视角出发：有的强调养老的地点，在社区、家庭、机构之间存在争议；有的强调养老资源的来源，侧重于退休金、自我劳动、子女供养、财产性收入、政府补贴和救助、第三部门等方面；有的强调养老主体的责任，从老年人个人、家庭、政府、社区、市场、第三部门进行某一方面的重点探讨；有的强调养老方式，从服务输送渠道入手，结合当前技术发展及对未来的展望，从虚拟养老院、智能养老、"互联网+"养老、信息化平台建设、专业化和职业化建设等加以论述；有的则从老年人群体的多样性和复杂性入手，强调老年人在年龄、自理能力、观念、意愿、资源调动能力等方面的差异，从而建议增加养老服务体系的弹性和灵活性。

已有的这些探讨涉及养老的诸多要素，如果我们综合考虑这些问题，就能发现大多数研究本质上是对这些养老要素的组合。通过不同维度，从这些要素可以组合出不同的模型，通过创新模式才能应对老年群体的多样性和复杂性。

二 养老模式的分析

从养老模式要素分析中可以看出，老年人自身状况的不同造成了其选择的差异。一般情况下，我们会把机构养老与家庭养老作为两种截然不同的养老模式，下面针对机构养老和其他的养老模式做一分析。

（一）机构养老

在国务院《社会养老服务体系建设规划（2011—2015）》中，明确提出了"9073"养老规划，即90%的老年人通过家庭和居家养老服务养老，7%的老年人通过社区照料服务养老，3%的老年人通过机构养老。"在地养老"的比例达97%（含家庭养老、居家养老、社区养老等）。[1] 在国家层面的规划中，我们可以看到家庭和社区在养老中的地位。事实上，国际上的情况也基本上如此，选择居家养老的老年人占老年人总数的比例整体较高，例如：发达国家中，英国（95.5%）、美国（96.3%）、日本（98.4%）都在95%以上。[2] 由此可知，不论是发达国家还是发展中国家，真正居住在机构中养老的老年人比例很少（约

---

[1] 卢施羽、黄洪：《福利多元主义视角下社区照料发展挑战——以佛山市N区长者日托中心示范点为例》，《华南理工大学学报》（社会科学版）2017年第2期。

[2] 林娜：《社区化居家养老论略》，《中共福建省委党校学报》2004年第12期。

5%），绝大多数通过社区和家庭获得养老服务。机构养老从发达国家的经历和现状来看都不可能是我国养老发展的主要形式。

从机构养老的运行来看，这一模式也存在诸多问题。首先，机构养老统一管理，运行程序相对固定，忽视了老年人的个性，难以满足老年人多样化的需求；其次，视老年人为"一直到死都需要照顾的对象"，不注重锻炼老年人融入社会和适应社会的能力，更有甚者，为了方便管理而刻意割裂老年人与社会的正常接触，削弱了老年人的社会适应能力，助长了老年人对机构的依赖性；再次，机构养老的容纳能力只能满足一小部分老年人的养老需求，在老龄人口快速增加、预期人均寿命不断延长、高龄老年人增多的情况下，机构养老只能是养老的补充方式而无法成为主流方式；最后，机构养老需要政府投入不菲的资金建设场地和工作队伍，在普遍经历福利危机的发达国家和未富先老的发展中国家中，机构养老都不可能成为主流的选择。

在实践中，我国养老服务供给存在诸多不足，主要表现为公办养老机构少、民办养老机构贵、社会养老机构缺失，这三类组织分别对应政府托底的弱势群体、高收入群体和人口占比较大的普通群体。现实中却存在着权贵占用着托底资源、民办机构费用高而质量低、社会组织类养老机构匮乏的局面。[①]

（二）其他养老模式

入住老年公寓、候鸟式养老等方式为低龄老人、身体健康、经济能力较强的老人提供了可选模式。在这种高度市场化运作的模式中，许多服务也可延伸至居家养老中，为消费能力高的老年人提供高端养老服务，带动养老产业的发展，也使老年人拥有更多的选择，提高养老质量。

随着信息化进程的加速和深入，养老将进一步与互联网、人工智能、物联网等科技进步联系起来。今后的养老必然会实现对老年人信息的动态管理，同时，基于信息化的"虚拟养老院"、医养结合、"互联

[①] 张路、高传胜：《满足日益增长的多层次养老服务需求探析》，《南京工程学院学报》（社会科学版）2013 年第 2 期。

网+"居家养老等模式迎来新的模式创新。① 信息化医疗、远程医疗和移动医疗得以实现，突破了地域的限制，医养融合突破技术障碍，而物联网、云智慧处理中心则使信息、物、人之间无缝连接，养老模式获得创新的技术基础。② 养老服务与家庭、社区或机构这些实体不直接对应，不同模式的养老将获得更多的技术支撑，养老将呈现出多元、多样的特点。以目前的技术形态来看，"互联网+"背景下的远程医疗、便携养老设备，以及在大数据背景下的个性化、智能化、规范化的养老服务走入了市场，通过网络、大数据、人工智能等技术，各种养老产品得以推广，尤其是在市场化程度较高的养老领域，经济条件好的老年人将获得越来越多的便利，得到更多舒适的养老服务。而文化养老、生态养老、智慧养老等概念层出不穷，在养老市场逐渐兴起，为老年人提供了更多的选择和便利，使老年人能共享社会的发展与进步。

三 居家养老的内涵

从发达国家的养老实践来看，我国提出的居家养老对应于"社区照顾""在地老化"。由于发达国家的宗教文化，家庭在养老中的地位不像我国那么强，但近些年的趋势也是在不断强调家庭的回归。"社区照顾"或"在地老化"是一种理想的方式，老年人在原有的环境中能继续利用已有的社会交往网络和支持网络，同时能享受到社会化养老服务，相较于机构养老，更有利于自主、维持尊严、保护隐私、保持个体的主观能动性。

社区照顾的含义也经历了变化，最初是"在社区照顾"（care in community），后来发展为"由社区照顾"（care by community），当前又提出了"对社区提供照顾"（care for community）的理念和实践。在社区照顾强调地点，与机构照顾相对应，更着重于"在地老化"的地域属性；由社区照顾是指由社区内的多元行动者共同照顾老年人，由家人、邻里、亲戚、朋友、志愿者、社区工作人员等共同构建成的照料网络提供养老资源，强调的是把照料作为一种关系来对待，

---

① 林淑周：《农村居家养老服务的现实需求及发展建议——基于福州市 F 村庄的实证研究》，《福建行政学院学报》2015 年第 3 期。
② 曹力等：《"互联网+"背景下居家养老的发展方向及创新模式研究》，《海南医学》2016 年第 6 期。

着重于照料的实施方与受予方之间的熟悉和心理接纳；对社区提供照顾则是从照料提供者的角度加以考虑，从提升照料者的技能、权益着手，提供心理支持、喘息服务、知识和技能培训等服务，以期更好地为老年人服务。

居家养老概念在我国学术界经历了一系列的演化：2000 年以前，强调地点，2000—2008 年强调社会和社区。① 2000 年以后，众多学者对这一概念从不同角度进行了阐释：刘艳红等在老龄化还不太严重时就颇具远见地指出居家养老模式是今后的养老的主要模式；一些学者准确地意识到，居家养老的切入点和依托点就是社区，必须加强社区建设，以社区为依托，建立居家养老服务体系。② 郭竞成将其界定为一种具有福利性质的"限价公共服务"，优先保障低收入老年人、残障老年人、高龄、生活不能自理等老年群体；③ 章晓懿、刘帮成（2011）认为，居家养老是指老年人在家中居住，能享受到家庭养老和社会化养老服务的一种复合型的养老模式。④ 这也是本书采纳的定义。

总的来说，居家养老模式使医疗康复、生活照料分散在家庭之中，减轻了医疗系统的压力，也减少了集中生活照料对土地、人员、经费的依赖；同时，家庭成员在精神方面的支持，加上外界的帮助，能尽可能地延长自理的时间，缩短在机构集中供养的时间，或避免进入机构集中养老，这对老年个体、家庭和社会都是有利的；居家养老是在家庭养老功能弱化的背景下，对社会化养老服务输送渠道的一种探索。

四 社区与居家养老

（一）社区的含义

社区的定义有许多种，且争议不断。Bell 与 Newby 发现社会学家对该定义有 98 种之多，在不同的场合有不同的内涵。⑤ 在我国针对社区的界定也是比较混乱的，一是提到社区就跟社区居委会联系起来，强调

---

① 张旭升、牟来娣：《"居家养老"理论与实践》，《西北人口》2010 年第 6 期。
② 刘艳红等：《居家养老呼唤社区建设》，《改革与开放》2001 年第 8 期。
③ 郭竞成：《农村居家养老服务的需求强度与需求弹性——基于浙江农村老年人问卷调查的研究》，《社会保障研究》2012 年第 1 期。
④ 章晓懿、刘帮成：《社区居家养老服务质量模型研究——以上海市为例》，《中国人口科学》2011 年第 3 期。
⑤ Bell, C. and Newby, H., *Community Studies*, London: Allen&Unwin, 1978, p.130.

其行政组织的一面；二是将其与行政区划、地域等同，认为社区包括这一区域的人、地方、建筑等。

Phillips 对社区做了一个比较有代表性的定义："社区是一群居住在共同区域的人们，具有共同的历史与分享的价值，在各式各样的活动中一起参与，并且具有高度的联结。"① 这个定义包含了地理区域、一定的群体、共同的活动场所、共同的目标、共同的历史与价值、共同参与的行动、有意义的联结等要素。这一定义也符合本书的界定。

具体到我国的情境，社区在地理区域上基本可以等同于目前通俗意义上的行政区划。目前我国城市社区基本上经过了规范调整，由居委会或社区工作站等管辖和提供服务，在某种程度上具有同质性特点；而农村社区更是划分在各行政村或自然村，彼此之间相互熟悉，与滕尼斯所说的社区更为相近；但社会变迁中农村人口外流加速，村落衰败，在很大程度上影响了同质社区的熟悉感、亲密感和人情味；尽管如此，目前农村社区依然是老年人赖以生存和希望就地老化的场所。②

在实践中，我国基层政府的行政措施依赖居委会和村委会，社区居委会、村委会是基层政府得力的助手，有学者甚至直接称其为"第六层级政府"，其行政化功能远多于居民自治要求的功能。社区居委会和村委会在我国是一个具有调动和集聚资源的实体，它本身具有办公用房，也有权力和能力从社区集体用地和集体用房中划出专门的空间建设照料中心，给社会组织提供空间开展活动。社区居委会、村委会掌握了社区老年人的基本信息，掌握着低保、医保、社会救助的实施，具有一定的行政资源，在广大村民和居民中有较大的影响力。从国家层面来看，居家养老服务体系的建设需要有一个"抓手"，而与广大村民和城市居民最为接近的就是村委会和社区居委会，是现有行政框架里的不二选择。

（二）社区在居家养老中的作用

在居家养老模式中，我们常常在居家养老前面加上社区两字，意在

---

① Phillips, D., *Looking Backward: A Critical Appraisal of Communitarian Thought*, Princeton N. J.: Princeton University Press, 1995, p. 125.
② 张丽艳、张瀚元：《我国两岸社区养老模式对比研究》，《山东行政学院学报》2019年第1期。

强调社区在居家养老服务中的重要性。从居家养老的各种提法上看，社区的重要性体现在两个方面：一是社区对老年人的重要性。社区是老年人精神寄托的载体之一，也是老年人熟悉的环境，是一个熟人社会，可以给老年人提供社会支持、归属感和安全感，是在地老化的场所。二是社区在居家养老服务供给中的地位和作用。社区被赋予了众多的责任和角色，社区被定位为管理者、组织者、服务提供者、政策执行者、协助者等多种角色；发挥着组织和管理功能、协调功能和监督功能；可以联结社区医院提供健康服务，开展生活照料服务、文化娱乐服务，以及发挥老年人余热的志愿服务和诸如婚介类的其他服务。

社区在老年人精神赡养方面也发挥着重要功能。[1] 在精神慰藉方面，由于家庭结构的小型化和家庭养老功能的弱化，家庭在精神慰藉上缺位或不足，需要社区提供相应的替代服务。社区提供的服务可以弥补老年人在这方面的缺失。

农村社区在居家养老中也起着重要作用。农村社区基本上是以行政村或自然村为基本社区单位，是一个熟人社会，乡风民俗对老年个体的影响比较大，老年人观念也较为保守，对"孝"的精神需求较大。在服务供给方面，村委会所在地、祠堂等都可以作为老年人聚集地，能有效解决老年人交流互动的需求，也能有效地组织起互助组织，激发老年人自身的自主和自助，也能促进互助和助人活动。南方宗族意识较重，对个体的约束较大，个体在家族意识的支撑下，慈善捐款的积极性也高，能有效地维持一些养老组织的运行，对老年人的养老是一个很好的支撑。

在国际上，社区在养老中的作用也很早就得到了认可。世界卫生组织在《渥太华宣言》（1986 年）中强调，社区是健康促进活动的"最佳介入点"。社区的权能激发（community empowerment）为社区行动的三大要素之一，通过社区场域的人事物互动，可以使老年人力资源有所应用，使老人们更有能力感，且此方式将是促使老人社会参与、发挥自我效能的最佳策略。在英国，社区照顾是养老的主流，有利于全社会节

---

[1] 王进、张晶：《城市居家养老模式下的社区精神赡养》，《三峡大学学报》（人文社会科学版）2008 年第 3 期。

省支出、有利于老年人得到更充分的照料资源、有利于老年人生活质量的提升。英国建立了地方社会服务部，主张最大限度地让个人参与互助服务，互助和自助取向的增权成为指导思想。① 社区照顾的主要目标是让老年人在熟悉的环境（社区、家庭或类似于家）中得到帮助，通过自助与互助，使老年人的生活质量得到保障。

社区是居家养老的重要载体，在相当一部分学者的表述中，普遍将居家养老与社区养老等同："居家养老服务主要指社区为老人提供服务"，认为老年人对社区的认同感、依赖感和归属感是老年人选择居家养老的重要因素，社区服务基本等同于居家养老服务，居家养老是以社区服务为基础乃至前提的。在实践中，居家养老与社区养老或社区居家养老经常混用，基本等同；在国家养老规划层面也明确"以社区为依托"，其重要性不言自明。

（三）社区养老功能的反思

尽管社区在居家养老中起着重要的作用，是不可替代的载体，但在居家养老实践中，我们还需警惕社区的局限性及其在老年人增权中的阻碍。

1. 社区在居家养老中的局限

我国的社区本质上算是半个行政机构，属于政府的一个层级，其职能不但包括自治组织应该提供的服务，还承担了很多上级机构分派的任务，如维稳、社会保障和福利服务的执行、政府意志的贯彻、宣传等，居家养老服务只是其很小的一部分工作，其本身具有职能碎片化、运行行政化、服务非专业化等特点，也具备了行政机构对民众多样化、多元化需求不敏感的特点，无法有针对性地提供服务；同时，在服务供给方面，由于其行政动力来自上级的要求，向上级负责的特征导致其服务不具备可持续性；此外，效率低下也是其一大特征。社区虽然具有可及性和可行性的特点，但无法满足居家养老中多样化和差异性强的各类需求，还需要社会工作机构等社会组织的参与。

居家养老服务中"以社区为依托"的战略定位与规划无疑是必然的选择，但在居家养老服务中"以社区为中心"的绝对化倾向也会带

---

① 潘屹：《社区综合养老服务体系建设：挑战、问题与对策》，《探索》2015年第4期。

来一些负面效果。目前的做法中，社区在居家养老服务建设中主要是根据上级要求，依赖传统的行政路径，建设居家养老基础设施，如在社区建立照料中心、提供老年人活动用房、在社区建设健身器材等。从基础设施建设的角度看，社区能迅速发展，按照要求进行建设，在一些具有展示性的居家养老项目上甚至能调动更多的资源集中建设。但越来越多的研究显示，社区在居家养老服务输送、服务的专业化和职业化方面是低效的，无法应对老年群体的复杂性和老年人需求的多样化、个性化等现实。基于此，学术界对社区、社会组织、社会工作者的互动定位提出了"三社联动"的主张，在一些社会组织较多的地区开展了一些尝试，在某种程度上是对居家养老服务中"以社区为中心"的做法的一种调整，也是弥补社区居家养老服务短板的举措。

2. 警惕社区在老年人增权中的障碍

在老年人增权上，社区是增权理念宣传的重要载体，是增权服务的助推器，是老年人参与社会的重要平台，是老年人自助和互助的主要场所，但是，社区在增权模式的建构中不一定要放在主导的地位，社会工作机构和其他社会组织更能胜任。专业化的增权服务应以专业机构和社会工作者为主，要警惕社区的行政化控制居民生活，导致老年人出现新的"去权"和"无权"状态。

3. 关注技术革新对社区养老重要性的弱化

将社区养老等同于居家养老的观点将受到技术革新的挑战。互联网技术、大数据技术的发展，资源的配置可以通过虚拟平台进行优化和集成，能起到比社区更好的作用，也能涵盖更大的范围，聚集更多的资源和老年人，实现供给和需求的匹配。社区是资源供给链条中的一个环节，整个体系中的一部分，社区也因此从众多无法承担的角色和义务中解脱出来。① 随着互联网、人工智能、大数据等技术的普及和深入，社会创造出了越来越多的产品和服务，这些产品和服务应用于居家养老模式中，并不完全依托于社区，如网上配餐、网上购物、智能养老设备、远程医疗等应用完全超出了社区的地理范畴，超越了单一的社区，有的甚至是全国性的。而随着人工智能、信息技术等科技的不断发展，这种

---

① 张旭升、牟来娣：《"居家养老"理论与实践》，《西北人口》2010年第6期。

趋势会越来越明显，社区在居家养老中的重要性将随着科技的发展而产生变化。

第二节　为什么选择居家养老

从国外的实践来看，居家养老节省了政府支出，反映了养老资源匮乏的事实。大量兴建机构需要更多的城市用地和基础公共资源，居家养老则有效地节约了这部分能源和资源，缓解了社会发展过程中的资源危机，在某种程度上也能缓解代际冲突。从老年人自身的角度来看，在熟悉的环境中舒适地度过老年生活是绝大多数老年人的追求，也是传统中国老年人的向往。

一　家庭在养老中不可或缺——欧洲福利国家经验的启示

欧洲国家在"二战"后建立了完善的福利制度，社会保障体系涉及生活的方方面面，尤其是北欧国家，"从摇篮到坟墓"这种无所不包的福利供给让其他社会保障体系不健全的国家极其羡慕。完善的社会救助制度、保险制度和福利制度，彻底改变了欧洲人的生活方式乃至思维方式，没有后顾之忧的生活允许个体忘却可能不如意的未来，强调个人权利、及时享乐、低储蓄高负债、摒弃艰苦的劳作并重新审视劳动的价值和意义，这对整个社会产生了根本性的影响。在养老领域，家庭的养老功能丧失殆尽，老人与子女之间、兄弟姐妹之间的经济往来大大减少，经济关系日渐疏远，甚至在夫妻之间也明确地"算账"，因为一切都有社会保障制度的兜底，自然就可以抛却家庭经济关系的供给。从整个社会层面来看，老龄化日趋严重、单亲家庭和丁克家庭增多，人们的生育意愿降低，生育率不断下降，生育被认为是"损己利人"的事，大家的社会责任感降低。完备的福利制度造成社会的"碎片化"和"原子化"，这可能是任何人都始料未及的。

20世纪70年代中后期，中东石油国家试图迫使西方社会放弃支持以色列，同时也为了增加国家收入，石油出口国组织（OPEC）采取了减产提价的措施，导致油价猛涨，使发达国家陷入衰退之中。石油危机结束了发达国家经济发展的黄金时代，也使福利国家步入紧缩阶段。经济衰退的同时，发达国家财政收入紧张，压缩福利支出的压力增大，与此同时，人口老龄化以及因经济不景气而带来的失业问题使公民对社会福利的需求增加，这种矛盾迫使更多的人开始反思福利国家体制①。在政策方面，发达国家普遍削减福利开支，将福利择人分散到其他部门和机构；在福利研究方面，学者对以往的福利制度进行了反思，认为西方福利国家的危机包括②：①意识形态和价值观的冲突；②经济衰退危机；③政治和法律方面的危机；④福利开支的危机。高福利的社会保障制度成为发达国家的沉重负担。③ 福利危机之后的西方发达国家开始有意识地让家庭养老回归。《1982年老龄问题维也纳国际行动计划》向各国政府建议"提倡子女赡养父母""由于家庭被认为是社会的基本单位，因此，应设法按每一个社会的文化价值制度和家庭的老年成员的需要来支助、保护和加强家庭；各国政府应当推行鼓励家庭全体成员参加、保持家庭各代人之间大团结的社会政策。"④ 在养老领域，"社区照顾"在英国率先兴起，随后被其他国家效仿，这种措施就是在这一背景下进行的改革。在越来越多的领域中，"找回家庭"在学术界和政治界逐渐被认为是一种可行的发展方向。

福利多元主义在西方兴盛的原因是在此之前政府实施了大包大揽的福利措施，政府承载了过多的期待和义务，将公民福利需求的满足视为实现社会公平和正义的最佳途径，忽视了市场的效率；当发达国家经济从高速增长降下来之后，社会对效率的呼声更高，而政府也终于意识到在福利领域扮演全能角色是低效且无法持续的，于是开始反思福利路径的选择。可以说，发达国家转向福利多元主义一方面是出于无奈，只能基于现有经济条件进行如此选择，另一方面是思想界对政府效率和原有模式的反省。⑤ 而西方发达国家的这种经历及其对家庭的提倡，有利于我国在养老中强调家庭的作用。

---

① 彭华民等：《西方社会福利理论前沿——论国家、社会、体制与政策》，中国社会出版社2009年版。

② OECD, *The Welfare State in Crises*, Paris: OECD, 1981.

③ 姜向群：《养老转变论：建立以个人为责任主体的政府帮助的社会化养老方式》，《人口研究》2007年第4期。

④ 《1982年老龄问题维也纳国际行动计划》，联合国网，http://www.un.org/chinese/esa/ageing/vienna3_3.htm。

⑤ "社区照顾"对应于我国的"居家养老"，就是在这样的背景下提出和实施的。

二 我国的选择——福利多元主义理念指导下的居家养老

我国正在建立健全现代社会保障制度,欧洲国家福利制度的发展历程和现今对家庭功能的重视是值得我们借鉴的。在养老领域,我们也面临着整个社会"原子化"和"碎片化"的发展趋势,养老观念和养老资源供给逻辑发生了根本的改变,在这一大背景下,我们需要重新探讨家庭的功能,慎重定位家庭在养老体系中的位置。英国前首相布莱尔把家庭视为社会责任感培养的重要场所,"正是在家庭中人们第一次感受到对自由的限制,并且人们的责任感也由此而生。家庭与狭隘的自私观水火不容"。这也提醒我们,强化家庭的功能对破除"一切靠国家的旧式社会主义"和"狭隘的个人主义"迷思是有裨益的。

在欧洲福利国家中,国家权力与福利责任是对应的,强国家对应高福利,弱国家对应低福利。我们通常说"大政府、小社会""小政府、大市场",这些表述中其实包含了诸多政府、社会、市场、福利责任等多个对象。传统政治意识形态上的"左派"强调大政府、高福利,传统"右派"则强调市场,主张低福利。我国的发展路径与具体做法与"左派"和"右派"的主张都不完全相同,四十余年的经济转型过程中,我们强调市场、强国家权力、低福利保障。可以说,经济高速发展是以低福利供给为代价、由国家强权力推动的结果。针对这一结果,我们可以从多方面解读。一是政府责任的问题。低福利供给是市场经济发展的一个代价,那么我们自然可以期待,当经济发展到一定程度,我们就不能再对低福利熟视无睹。经济的发展如果不能改善大多数人的福利,其意义何在?尤其是当转型过程中老年人生活无着、出现生存困境时,这种质疑会更加强烈。在养老领域,政府有责任补足短板,为广大老年人提供满足基本需求的服务。二是实现路径问题。当对政府责任达成共识的同时,我们还需要在实现路径上进行权衡。欧洲国家福利的发展过程提醒我们,高福利会挤压市场,其结果并非总是好的,那么,别人蹚过的坑,我们可以标记一下,以免重复。三是家庭的地位问题。欧洲国家的强福利"挤"出了家庭,弱化甚至是剥离了家庭的养老功能,导致社会难以承受之重;我国能做到强国家、低福利来支持经济发展,其真正原因是国家与市场之外的家庭消除了低福利和市场经济动荡的影响。如果任由家庭功能弱化,那么,在国家和市场保障之外的广大人群

（如农民工群体、转型期无养老保险或低养老保险的广大老年群体）意味着也将失去家庭的纽带和保障。

我国的发展路径与发达国家有很大的差异，从一穷二白到今天的高速发展，这个过程中政府可支配的资源不断增加；如果说发达国家的福利多元主义是基于现实的一种减法，那我国政府在福利领域的作为就是一种加法。1949年后的很长一段时间里，我国的养老保障覆盖的范围主要是机关、事业单位、国有企业和部分集体企业里的职工，人数更多的广大农民和改革开放后进入城市的庞大务工群体都被排除在体制之外，2000年之后才逐渐开始关注。2012年新型农村养老保险制度和城镇居民养老保险制度才开始惠及全体人员。这种普惠型的低水平养老保障是我国在经济水平发展到一定程度上之后所做的加法，是从无到有的进击，也是我们这个"未富先老"的社会的必然选择。从发展趋势上看，随着经济水平的提高，我国在养老福利领域还会有更多的作为，会根据财富的多少逐渐扩大普惠福利的范围和内容。

为什么我国发展路径与发达国家迥异，在养老福利领域做加法的同时我们还要强调福利多元主义呢？"未富先老"是最大的原因。尽管我们基本建立了覆盖全体的养老保障体系，但绝大多数人群的养老保险金都是低标准、低水平，不足以实现自我养老，尤其是广大农村老年人，截至目前60岁以上的老年人大多是每月领100元左右的养老保险金，无法覆盖基本的开支，因此，也就不具备机构养老或向社会购买养老服务的能力。我们的文化传统依赖家庭养老，但家庭养老功能弱化，尤其是照料功能的弱化乃至缺失，使单纯依靠家庭养老无以为继，出现了越来越多的负面事件，如弃老、虐老、空巢家庭养老出现的悲剧等，冲击着我们这个社会的道德底线。政府提供的养老资源有限，且需要权衡公平、效率、发展、代际关系等问题，不可能解决所有老年人的养老问题。我国历来是"大政府、小社会"，第三部门发育不完全，养老方面的社会组织稀缺，慈善组织少，服务能力弱，覆盖人群小。养老服务市场刚刚开始启动，且瞄准高消费的少数老年群体，对需求巨大、低偿的普通养老服务并不感兴趣，因为其利润不足以吸引市场行为主体的广泛参与。基于上述情况，参与居家养老服务的各个主体都没有能力独立承担起老年人养老的重任。从资金来源、照料服务供给、社会化和专业化服务的提供等方面来看，居家养老服务本身就需要多元主体的参与，这一现实决定了我们将福利多元主义作为我国居家养老服务的指导理念。

三 居家养老是当前形势下政府责任边界内的选择

（一）居家养老是准公共产品

养老制度是人类文明的突出贡献，为社会新老的更替提供了有力保障，使养老能在家庭之外寻求更多的支持，解决了个体的后顾之忧，对社会的高效运转有重大意义。因此，具备条件的国家和社会都致力于建构适宜的养老制度。

居家养老是一种准公共产品。公共经济学认为，价格是市场经济中无形的手，能自动调节供需平衡，满足个人的需求；但超越个人需求领域的还有社会需求，即一个社会追求和谐稳定、公平正义、发展等衍生出来的需求，它需要公共产品去满足，而公共产品具有非竞争性和非排他性；[1] 由市场提供的话存在"市场失灵"的现象。市场失灵的存在决定了公共产品只能依靠公共部门来提供。产品的外部性也会导致市场失灵，负外部效应导致产量过剩、正外部性导致产量不足。具有外部性的产品供给需要公共部门的介入，通过课征税收、发放补贴和政府规制等措施对外部效应进行矫正。[2] 居家养老服务既具有正外部性、共享性的特点，又具有一定的竞争性和排他性，是一种准公共产品。居家养老服务的准公共产品特性决定了国家在居家养老服务的供给上具有一定的责任。

具体来说，应根据老年群体不同的居家养老需求提供对应的服务产品：基本服务需求应确保基本公共设施（如适老化设施的改造与建设、居家养老服务基础设施、特困群体的兜底服务等），由政府或政府购买服务支出；适度需求服务则为半（准）公共物品，通过提供财政支持、放宽民营企业和非营利组织市场准入，促进居家养老服务产业化发展，提供低偿的服务；其他高层次的服务需求则由市场提供个性化的产品和服务，在满足这一层次的需求上，政府应倡导建立居家养老服务产业，营造居家养老服务产业健康发展的政策环境。

---

[1] 朱柏铭：《公共经济学》，浙江大学出版社2002年版。

[2] 朱柏铭：《公共经济学》，浙江大学出版社2002年版。

（二）政府在居家养老中何以可为

在福利领域里的具体服务中，"政府失灵"是一个普遍现象，政府应加大资金配置，积极引导市场，健全居家养老服务机制。如果忽略市场和社会组织，容易产生规模不经济的结果；如果完全依赖市场，则会使居家养老服务这种准公共物品出现供给不足的情况，甚至出现市场完全在低利润或无利润的养老服务中隐身的现象，也就是我们所说的"市场失灵"，导致养老服务的公共困境。因为市场完全以利润为导向，并不包含道德取向，不会自动地转向我们期待的某一领域，因此需要政策上的支持，如税收、财政补贴、用地用房用水等方面的优惠。

政府在居家养老服务中的责任主要包括：①提供居家养老补贴、在税收和房屋购买上为居家养老提供政策优惠和支持，引导大众强化家庭作为养老地点和功能单位的作用；②提供法律安排；③引导舆论、营造倡导老年人增权的社会环境；④为社会弱势老年群体提供兜底的基本生存保障；⑤为全体老年人提供普惠性居家养老的基础服务；⑥培育养老市场，引导市场承接由于家庭养老功能弱化转移出来的功能；⑦加强制度建设，完善养老保险制度，推行长期护理保险制度，加大转移支付力度；⑧直接购买服务；⑨加强规划和监督。

（三）进一步的探讨：增加投入与政府责任边界

在关于居家养老的文章中，涉及政策建议这一块时，几乎毫无例外地会提"加大投入力度"。这一建议就如万金油一样，用在其他领域的研究和建议中也同样适用，因为资源投入对解决问题总是有好处的，花两块钱能办的事只花一块钱，确实很紧张，捉襟见肘，问题频出，但是要是能投入三块、四块甚至更多呢，因财务紧张的问题自然就消失了。因此，在大部分对策研究中都出现"加大投入力度"的建议自然也就很好理解，因为它总是"政治正确"，逻辑没问题，也的确是解决问题之道。然而，在居家养老服务中这一建议我们还需要进行深入的辨析才能认清事情的本源，才能辨析建议是否可行。

"加大投入力度"的建议背后其实涉及许多根本的问题：居家养老服务的责任归属是怎样的？政府的责任有哪些？基于这些责任政府应该投入多少？现在投入的情况是怎样的？在基于全社会资源配置、公平与效率、当代满足与发展等问题的综合考虑后，政府实际能投入多少？可以优先投入在哪些领域？遗憾的是，我们鲜见这方面的研究；但是，如果没有基于这些方面的考虑，简单泛泛地提"加大投入力度"，就只是一种臆测或者人云亦云，无助于事实，充其量作为一种"呼吁"或"倡导"罢了。

上述问题中每一个问题都是一项巨大的、有待深入研究的课题，有些还是一些无法获得确定答案的问题，如政府基于居家养老服务的责任具体应该投入多少的问题，就远不是一个数额的问题。本书自然也无法三言两语地把这些问题说透彻，在此只是提供一种思路。由于居家养老服务的准公共产品特性，政府作为主要责任方担负着无法推脱的责任。与此同时，我们要清楚，有责任与有责任承担全部资金并不是一回事，也就是说，政府责任有多种，包括有限度的资金供给、立法、政策和制度建设、社会舆论和增权环境营造、养老服务市场的引导和培育等。在这些责任中哪一项都非常重要，不可偏废。具体到资金供给上，也就是对应的"加大投入力度"所指的责任上，我们需要明晰的是"有限的资金供给"责任，而不是全部包揽所有的资金投入，这是由准公共物品的性质决定的。"有限"自然是小于全部，但也是一个很模糊的范围，并且是一个无法准确衡量的数目，因为它受限于政府整体的财政收入、政府行政目标、政府对社会各领域发展的综合考虑等。我们呼吁"加大投入力度"，实质上是认为政府投入不够，投入与责任不匹配，但大多数类似建议都没有相应的分析，忽视了政府承担责任的边界，以及现阶段政府究竟能投入多少的事实。

在居家养老服务中，政府只是多元福利主体之一。政府责任更多是制度设计和市场培育，而对老年人服务的资金供给仅限于针对困境老人和特殊老年群体的无偿救济和普惠型低偿养老服务体系的建设，所以，一味地提"加大投入"，而不去分析背后的责任边界与养老服务体系的运行逻辑，让人误以为最理想的状态是政府包揽所有，这在目前的国情下是无法实现的事，即使经济高度发达，像西欧国家那样，也被证实是走不通的路。许多研究将焦点放在资金供给上，全然忽视了老年人增权方面的环境建设和老年人增权的具体实现路径，浪费了广大老年人潜在的人力资源，忽视了对老年人的增权可以节省养老资源、为社会做出更大贡献、从本源上提升老年人生活质量的事实。

第八章

我国居家养老服务的发展现状及国外经验借鉴

由于经济发展水平和实践人员对居家养老服务理解上的差异，我国居家养老服务内容的确定在不同地区经历了较长时间的探索，在责任主体的认定上也存在一定偏颇。自2016年开始，我国在一些主要城市进行了居家养老服务试点，有了一定的发展，但还存在不少问题，亟待进一步改善，借鉴国外居家养老服务的发展历程和经验教训，促进我国居家养老服务的发展。

第一节 居家养老服务的内容及其责任主体

居家养老在学术界指的是养老方式、养老模式，而政府推动过程中的居家养老是一种服务方式，前者侧重于理念和方式，后者侧重的是实践和具体的操作方法。居家养老服务指的是在居家养老这种模式和方式下的供给内容、供给方式和渠道等，不单是供给市场定价的服务，也包括政府在政策、制度、社会组织和市场培育方面的各种努力，共同使老年人在家里享受基本的健康需求和自主需求，提升生活质量。在服务的过程中，渗透增权的理念，将增权理念与增权服务嵌入具体的工作中，运用切合实际的增权模式，服务于积极老化、健康老化的目标。在居家养老服务供给的过程中，应把焦点放在协助与辅助老年人增强自主、自理、自助、互助、权能激发的方面，挖掘老年人的价值，提升老年人对生活的掌控感。政府和社会则是提供相应的政策、平台，营造良好的增权环境，优化资源的配置。

一 居家养老服务的内容

老年人服务的内容包括日常照料、精神慰藉、医疗保健、休闲娱乐、教育培训、就业服务。随着社会经济水平的提升，各大类下的具体服务项目增多、内容朝精细化方向发展。① 老年群体的内在差异使居家养老服务体现出多层次特征。基于此，需要详细了解居家养老服务的需求，根据老年人的身体状况、经济条件、婚姻状况、家庭支持程度、子女数、住房条件、文化程度、个人性格特征等进行市场细分，开发出更有针对性的多样化服务项目。政府则依此对基本需求和适度需求给予补贴和财政支持，通过制定政策，完善老年救助和养老事业；社会组织则对资源进行整合，对政府和市场无法覆盖或低效的领域拾遗补阙。这样，居家养老服务领域就能形成政府、市场、社会联动的机制，满足各类居家老年人的养老需求，提升全体老年人的生活质量。

由于生活方式、经济条件和传统观念的不一样，农村和城市居家养老服务在具体内容上存在一定差异，在实践中可根据两者共性程度布局提供服务的序列。农村老年人习惯自己动手干家务活，因而对送餐服务、代购日用品、洗衣扫地等保洁类家政服务的需求就不那么迫切；由于家庭本位观念和邻里交流方便，老年人也更习惯熟人社会里的人和消遣活动，因而电话访问、上门探访陪聊等精神慰藉项目，以及休闲娱乐、心理咨询和疏导项目在农村居家养老服务中市场不大；而紧急救援、失能后的照料方面与城市老年人无异，排得比较靠前，因为这类服务是所有老年人的基本需求，没有弹性，这类项目应该是优先保质保量供给的。

居家养老服务的内容在国外主要是家政援助、居家保健关怀和居家医疗护理。我国目前推行的居家养老服务主要停留在家政援助上，因为它与市场结合紧密，资源具有便利性和可及性，也是政府和基层社区易于操作的层面，同时还能对支出进行量化衡量。居家保健关怀和居家医

---

① 社区居家养老服务（Elderly Home Care in Community）上海的界定依托社区养老服务资源，为60周岁及以上有生活照料需求的居家老年人提供或协助提供生活护理、助餐、助浴、助洁、洗涤、助行、代办、康复辅助、相谈、助医等服务，http://mzj.sh.gov.cn/gb/shmzj/node8/node15/node55/node230/node246/userobject1ai25433.html。

疗护理的费用无法由政府包揽，社会组织和志愿服务者对此也无能为力，只有通过政策和法律，通过长期护理保险制度等措施才能从根本上解决问题。

实例分析：居家养老服务内涵界定不清导致混乱

有学者分析了国内对居家养老服务需求在测量方法上存在的问题，认为以枚举法的操作化定义和采用主观测量指标的情况较为普遍，主要原因是居家养老服务的概念界定不清，学术界没有共识，影响着老年人养老需求的真正确定。①

在一些研究中常常能见到这样的调查："您倾向于居家养老还是机构养老？"这样的调查存在以下两个问题：一是大多数人对什么是居家养老、什么是机构养老并不清楚，这些专有名词在学术界尚有不少争议，大众更是一头雾水，只能根据自己的猜测来理解，被调查对象究竟了解到什么程度，这是我们无法知道的，因而也就不知道调查结果在多大程度上反映了事实；二是大众对养老方式的了解程度是不一的，尤其是对陌生的机构养老了解得更少。机构养老在我国占比不到3%，且大多封闭式管理，外界大多数人对养老院之类的机构知之甚少，基本上停留在媒介对极端事件的报道上。因此，在被问及类似的问题时，被调查对象的回答易受到极少数极端事件报道的影响，鲜有人会在全面了解的基础上做出选择。事实上，现在机构养老更加强调专业化服务，尤其是高端的养老方式，如生态养老、养老公寓、文化养老、智慧养老等方式，虽然依托于机构，但其内涵和养老内容已发生了极大的改变。基于这两点考虑，类似的调查结果与事实之间的差距是需要认真考虑的，其中的心理偏差和系统性偏差需要仔细审视。我们变换一下询问方式也许更有意义，如通过"您期望养老机构提供哪些为老服务？"来了解老年人对机构养老的需求和意愿，通过"您愿意为某服务支付多少钱？"来了解老年人的支付能力和购买意向。

在询问居家养老还是机构养老时，被调查者的思维框架会影响个体

---

① 王晓波：《关于社会养老服务需要和需求测量方法的辨析》，《社会福利》（理论版）2015年第6期。

正确的选择。一般来说，大多数人一提到机构养老时主要考虑的是：机构养老意味着离开熟悉的家庭环境、减少与子女的交流、交不菲的费用，很少考虑机构养老的优点，而我们思维中的框架效应起决定作用，从而做不到理性选择。

二　居家养老服务的责任主体

（一）责任主体的功能定位

居家养老服务对应居家老年人的需求。服务可以是市场上交易的商品与服务，也可以是政府购买的、专业机构提供的服务和商品，还可以是无法通过市场进行价值估值的服务，如在增权理念下进行的活动与社会工作者的服务。当然，所有的这些服务都可以由老年个体、家庭、政府、市场、社会组织（包括专业的社会工作服务机构）来提供，[①] 每一个责任主体背后都涉及资源供给、责任边界的问题。唯有个主体清晰地承担相应责任、提供相应的资源，养老的问题才能得到妥善解决。

依赖任何单一的主体都是有问题的。家庭核心化、小型化，家庭养老功能弱化，无力承担养老的全部责任，存在家庭失灵的现象。政府也一样无法大包大揽：一是整个社会的发展不容许政府把资源都配置在养老领域；二是政府直接承担服务的供给存在低效和无效的弊端，导致政府失灵的现象。市场只能针对老年人偏好的集合、有效的市场需求进行资源的配置，无法照顾到弱势群体和特殊群体的需求，且会忽视老年人自主的基本需求。养老服务属于准公共物品，必然会存在市场失灵的现象。目前，我国的社会组织（第三部门）先天发育不足，在数量和质量上都存在缺陷，且缺乏社会组织成长和壮大的公民社会环境，更不用提社会组织在运行过程中无法避免的失灵现象。

（二）充分发挥志愿者的作用

国外经验和实践证明，社区低龄老人成为志愿者，储蓄式地为高龄老人服务（低龄老人进入高龄阶段时可免费享受等时等值的居家养老服务），助人的同时实现自助，解决了居家养老服务照料资源匮乏的问题，是实现居家养老服务可持续发展的一个重要途径。在志愿者队伍建

---

① 王莉莉：《基于"服务链"理论的居家养老服务需求、供给与利用研究》，《人口学刊》2013年第2期。

设过程中,借鉴国外"时间银行"模式进行运作,通过老年互助组织,让低龄老人帮助高龄老人,将服务的时间"储蓄"起来,在自己需要服务时由社区或机构组织配置相应的人员来满足其需求。① 这种模式充分利用了社区闲杂的人力资源,建立了老年互助组织和平台,培育了社区互助精神,构建了社区照护的可持续发展机制。全社会建立包括大学生在内的志愿者队伍也可采用志愿服务时间储蓄机制,通过就业准入和优先政策的实施,带动广大社会力量的介入,激发全社会的志愿服务意识,提升全社会在居家养老服务中的社会责任,为居家养老服务提供充足的人力资源。

(三) 重视社会组织的功能

对美好生活的向往是所有人孜孜以求的目标,也是养老问题中老年人共享社会发展成果的目标,因此,从这个意义上来说,老年人的需求一定是随着社会经济的发展而变化的。随着时间的推移,老年人会不断产生新的需求,又因老年群体具有差异性,使老年人的需求是变化的。如何应对这个变化中的对象和变化中的需求?政府不可能通过行政力量做到,市场也只能解决老年人偏好的共性部分(在市场上表现出来的有效需求),家庭养老功能的衰退也不能满足相应的需求,因此,社会组织在这个过程中就有着不可替代的作用。社会组织提供公共产品和服务的多样性和灵活性能迎合老人形式多样化、层次和内容多元化的需求,真正提升老年人的生活质量;社会组织具有高效、公平、透明、合理、互助协作等特点,宜从制度、政策和资金等方面加大扶持力度,使其在养老服务领域发挥重要作用。② 我国非营利组织在居家养老服务中的发展经历了"弱势参与"到"均势合作",再到"强势主导"的地位,非营利组织逐渐成为一个独立的主体参与到居家养老服务的供给中。③ 虽然非营利组织在居家养老服务中有了一定的发展,但还需继续发展,充分发挥社会组织的作用。

---

① 马贵侠:《论"时间银行"模式在居家养老中的应用》,《南京理工大学学报》(社会科学版) 2010 年第 6 期。

② 朱冬梅:《养老服务需求多元化视角下的社会组织建设》,《山东社会科学》2013 年第 4 期。

③ 宋雪飞等:《非营利组织居家养老服务供给:模式、效用及策略——基于南京市的案例分析》,《南京大学学报》(哲学·人文科学·社会科学) 2017 年第 2 期。

第二节　居家养老服务的发展现状

2000年之后，我国经济发达地区开始了居家养老服务的探索，2016年起开始了全国范围内较大规模的试点探索。由于我国经济发展不平衡，地域差异大，全国居家养老服务的发展水平也不均衡。

一　居家养老服务试点概况

2016年，中央财政安排中央专项彩票公益金，开始进行居家和社区养老服务改革试点。[①] 民政部于2016年选拔了第一批试点的地级行政区域（含直辖市的区），分别在2017年、2018年、2019年、2020年进行了第二批、第三批、第四批、第五批试点地区的选拔。截至2020年年底，已经选拔了203个地级市（含直辖市的区）作为试点地区，每批的试点数量分别为26个、28个、36个、54个、59个（具体情况见附录一）。

居家和社区养老服务改革试点地区的选拔条件明确要求，申报地区具有良好的工作基础，且当地党委、政府（含所在省、区、市的党委和政府）高度重视发展居家和社区养老服务；试点地区人口规模、老龄化程度、经济社会发展水平、地方财力等方面具有良好的代表性。[②] 从该要求来看，被选中的试点地区已经具有开展居家和社区养老服务基础的成功经验，且试点地区的经济社会发展水平较高，具有一定的条件开展更高层次的居家和社区养老服务；试点地区的居家养老服务水平在全国处于前列。

二　东部经济发达地区的实践

由于我国经济发展不平衡，各地的老龄化程度有所不同，应对老龄问题的能力和举措也存在很大的差异。在上海、广州等经济发达的城市，早在2000年前后就开始了居家养老服务的探索，这些地区当前的专业化水平和服务质量都较高。一些二线城市则是在国家正式提出之后

[①] 民政部、财政部于2016年7月联合发布《关于中央财政支持开展居家和社区养老服务改革试点工作的通知》（民函〔2016〕200号），并开始落实。

[②] 见《民政部财政部关于开展2016年居家和社区养老服务改革试点申报工作的通知》（民函〔2016〕201号）。

进行部署和推广,一部分城市也引入了社会工作、社会组织,专业化程度有所提升。在广大中西部地区,则更多是中央政策推动下开展相关工作,且基于自身的能力,对居家养老服务的理解比较狭隘,主要体现为应对上级文件要求。

(一)上海市

在全国户籍人口年龄结构中,上海市是最早进入老龄化的城市,也是老龄化程度最高的地区,同时又是我国最早试点和推行居家养老服务的地区。[①] 上海市老年人口的比例在 2010 年就高达 23.4%。[②] 自 2001 年起率先开启了社区居家养老服务试点,到 2010 年有 25.2 万人享受社区居家养老服务。[③] 在服务内容上,上海市除了满足基本的养老需求外,已着手老年人的社会参与、社会养老环境建设、科技助老等服务项目的发展,具有较强的专业性与前瞻性,居家养老服务的质量得到显著提升。

(二)广州市

广州市部分地区于 2005 年开始居家养老服务试点,对符合补贴条件的老人,可根据其接受居家养老服务的情况给予补贴。[④] 在试点之初,居家养老服务就具有明显的中国特色:以半行政化的社区为主要供给主体,根据政府的行政规划提供(多以政府购买社会机构服务的方式)相应的服务,具有行政效力,当然也更易被服务使用者认可;在服务使用上,老年人对这种由政府主导、机构供给服务的方式颇为认可,其满意度高于市场化供给的服务,且老年人认为这是一种慈善行为,而不是个人的权利,蕴含着我国"单位制"历史和民众的心理依赖,有着计划经济的烙印;在福利制度中体现了计划经济的痕迹,符合

[①] 周元鹏、张抚秀:《上海市社区居家养老服务发展的背景、需求趋势及其思考》,《人口与发展》2012 年第 4 期。

[②] 《2010 上海市老年人口和老龄事业监测统计信息》(2010-04-18)[2011-07-10],http://www.shrca.org.cn/31。

[③] 《2010 上海市老年人口和老龄事业监测统计信息》(2010-04-18)[2011-07-10],http://www.shrca.org.cn/31。

[④] 详见《广州市东山区社区居家养老服务实施办法(试点)》(2005 年 3 月)。

学者们对我国社会制度安排的描述;① 李颖奕对广州市 D 区的研究发现,老年人使用居家养老服务的观念和行为受到了"单位制场域"的影响,老年人认可政府性质的服务供给,但普遍视为慈善行为,而不是自己的权利,因而在使用过程中以被动接受为主②。由于视居家养老服务为一种慈善行为,在广大老年人心目中,有比没有好,自然对质量就没有更多的要求,尤其是对有政府补贴的项目,普遍有信任、满意、感激等感情在内,对居家养老服务质量满意程度很高。③ 卢施羽等对佛山市 N 区 6 个长者日托中心示范点的考察发现,行政主导的居家养老服务输送效率低下,存在资源浪费的现象:示范点的建设没有社区和老年人的参与,导致建成的示范点没有迎合社区居民的实际需求,局限于对上级政府的行政要求,没有转化为有效的居家养老服务;时间、交通等方面与居民实际需求不符,导致日间托养中心形同虚设。没有老年人和社区居民的参与,自上而下的服务供给就无法以需求为导向,最终导致资源浪费。④

（三）青岛市

青岛市 2007 年在八大湖社区进行了居家养老模式的初步探索,对一般老人实行有偿服务,对需要特殊照顾的老人采取政府购买服务的方式提供家政服务等,尝试建立"政府主导、政策扶持、民间管理、市场运作、低偿服务"的服务模式。从全国范围来看,青岛市走在前列,能进行社区居家养老服务、社区集中照料、社区互助、社会关爱探视等多样化服务尝试。⑤ 但从实际调研来看,青岛市的居家养老还处在初步阶段。

---

① 刘继同:《社会福利:中国社会的建构与制度安排特征》,《北京大学学报》（哲学社会科学版）2003 年第 6 期。
② 李颖奕:《居家养老服务使用观念与行为及社会工作的介入空间——基于广州市 D 区的研究》,《中南民族大学学报》（人文社会科学版）2010 年第 3 期。
③ 张晖:《"居家养老服务"中国本土化的经验审视》,《西北大学学报》（哲学社会科学版）2013 年第 5 期。
④ 卢施羽、黄洪:《福利多元主义视角下社区照料发展挑战——以佛山市 N 区长者日托中心示范点为例》,《华南理工大学学报》（社会科学版）2017 年第 2 期。
⑤ 高红:《城市老年人社区居家养老的社会支持体系研究——以青岛市为例》,《南京师大学报》（社会科学版）2011 年第 6 期。

实例分析：青岛市城阳区夏庄街道 SSY 社区

该社区位于青岛市城阳区，属于远郊村。由于青岛市整体经济发展水平较高，依托青岛的经济基础，该社区以樱桃采摘等特色农业获得一定的发展，拥有较好的设施和条件。社区成立了"日间照料中心"，但基本上无人在此居住，反而成了老年人跳广场舞的场所。农忙时节去的人较少，闲暇时能维持30余人的规模。

社区的 SSSY 村有个名为"樱桃谷"的养老院（该村以樱桃采摘为主打产业），是由新华锦集团运营的休闲养老院。该养老院原为社区养老院，经公司购入后改造而成。养老院于2018年5月建成，能容纳38人，现入住11人，老年人年龄从70岁到88岁不等。养老院定位高端，主要针对高收入老年群体，可提供食宿，费用从4000元到6000元不等。养老院建在风景较好的农村区域，其土地成本、劳动力成本较低，价格相对较低。老年人可在村里自由活动，具有充足的活动空间。此外，该养老院位于崂山水库的上游，对面是樱桃采摘园，风景较好，可吸引广大游客前往观光。

习近平总书记在青岛视察时提出"助老大食堂"的建议，青岛各地纷纷响应。该养老院也参与到这一行动中，成立了"助老大食堂"，村集体给该村70岁以上老年人发送用餐券，凭券支付5元即可在养老院用中餐，没有用餐券的老年人也仅需支付10元即可就餐。这是机构养老助力社区居家养老的一个典型。

（四）杭州市

自2008年以来，国家倡导全面推广居家养老服务，杭州市因其雄厚的经济实力，能亦步亦趋地按照政策进行推进。与其他省市停留在文件传达和打造样板的做法相比，杭州市能逐步扩大覆盖范围，不断增加资金供给，探索服务模式，已经走在了前列，从该市小范围提供"喘息服务"的尝试也可见一斑。然而，从其实践来看，其居家养老服务也只是一个开端和尝试，行政依赖、打造展示性的突出典型来提升政绩的意图居多。在居家养老服务质量的提升、老年人幸福感、对生活的掌控感、对服务供给的参与、权能激发等方面还没有进入实质的操作层面。张晖考察了杭州市居家养老服务的实践，发现行政模式主导下的居家养老服务输送在本质上依赖于民政部门原有的工作机制，秉承"残余式"福利理念，利用行政系统进审核及提供服务，具有浓厚的"父权主义"色彩，包揽了资金供给、制度设计、审核评估、执行等整个服务过程，导致服务是以"供给为导向"，而非"需求导向"，服务输送渠道不畅通，服务对象的真正需求难以满足。基于行政便利和可操作性，服务输送简化为服务券的发放，实质上是民政部门针对特殊群体发放补贴的另一种形式。[①]

在实践中，杭州市居家养老服务设定了严格的申请条件，并将申请条件作为审核和评估的主要内容，这不仅限制了服务对象的范围，还导致服务对象与其他制度的保障对象部分重合（如劳模、优抚对象、干部），从而造成资源的重复提供。此外，准入条件中设定的一些标准（如户籍、居住地、独居等）在操作中与居家养老服务的宗旨相违背。居家养老服务的供给是家庭养老的补充，而非替代，需要独居才能申请服务，这与由子女承担主要责任、在家庭中养老、重视家庭关系的目标相违背。

"自上而下"的模式强调政府责任，会抑制市场和社会作用的发挥，忽略了服务对象的需求，偏离了国家大力推广居家养老服务的初衷，不利于老年人权能的激发，无法实现"老有所为"的目标。[②] 因此，引入增权理念，改善供给模式，建立良好的输送渠道，提升专业化服务水平，是目前亟待解决的问题。

三 中西部地区的实践——以 D 市为例

大多数中西部地区的居家养老服务建设更多体现在对政策规划和社会呼声的回应上，并非从老年人实际需求出发，因此我们看到更多的是社区集中力量建设少数几个能看得见成就的日托中心或照料中心，延续着传统的行政思维模式，以回应上级政府要求和向社会展示为重点。D 市是 H 省下面的一个经济较为发达的地级市，其社区建设在 H 省属于

[①] 张晖：《"居家养老服务"中国本土化的经验审视》，《西北大学学报》（哲学社会科学版）2013 年第 5 期。

[②] 张晖、王萍：《"居家养老服务"是服务输送还是补贴发放？——杭州的经验审视》，《浙江学刊》2013 年第 5 期。

前列，但在社区居家养老方面的建设与经济发达的一线城市还有很大的差距。

实例分析：D 市的居家养老服务

D 市 W 社区工作站（简介），下面 8 个社区，每个社区设一个居委会。每个社区的居委会建设投入少，办公设施差，也没有专门的居家养老服务设施。为了响应市政府提出的居家养老服务建设规划，W 社区工作站集中力量建立了一个日间照料中心，内设图书室（36 平方米，与其他群体共用）、活动室兼康复中心（32 平方米）、午休房（4 张床，12 平方米）。从规划上看，康复中心的设施比较齐全，但受空间限制，布局相对紧凑。午休房仅有 4 张床位，与活动室用透明玻璃隔开（透明玻璃的使用，一是显得里面空间大一些，使光线充足些，二是方便来访者参观，参观者不进入狭窄的午休室就能看到里面的情况）。该社区工作站建了 1 栋三层办公楼，社区工作人员的办公室和会议室都非常大，还有许多房间闲置，主要作为功能性用房和杂物间。日托中心是位于办公楼西侧两间把山的偏房，在东北室外的低温环境下，一楼和把山的偏房温度会明显低很多，可能无法居住。

日托中心的设立、规划和建设没有居民和老年群体的参与，日常运营也没有固定的管理人员，社区工作站的负责人宣称由社会组织和志愿者来经营。据调研得知，该社区工作站所辖范围只有 1 家社会工作机构，主要由青少年组成，并没有意向和动机参与日托中心的管理和运行；社区志愿者队伍是两个因居民跳广场舞而成立的社区组织，没有志愿服务的经验和技能，参与老年人的照料的时间有限。

第三节 居家养老服务存在的问题及建议

一 居家养老服务问题概述

居家养老服务在我国存在地域发展不均衡的问题，服务内容和服务水平参差不齐，因此，总结居家养老服务存在的问题，并不能适用于总体。事实上，在上海、深圳等地，居家养老服务已经走出了"残余式""救助式"模式，走向扩大覆盖和福利模式，但大多数地方还处在应付上级文件、营造展示型示范点的阶段。有的地方会考虑老年人的多样化需求，针对老年人的社会参与、自主、自助的需求，提供富有层次和人性化的服务，但大多数地方的健康和自主需求尚未得到满足；有的地方开始构建兜底式救助、老年事业、老年产业这三个层次的居家养老服务体系，而大多数地方还停留在行政命令的民政模式中；有的地方开始加大政府购买居家养老服务，大力倡导社会组织、社会工作的介入，由第三部门提供专业化的服务，政府起到监管和引导的作用，并开展第三方质量评估，但大部分地方还是以政府为主导，专业化缺失。

尽管有一些经济发达地区已经走在前列，但对于广大的中西部地区，尤其是农村而言，居家养老服务还在起步阶段，面临许多的问题。笼统而言，目前的居家养老服务在大部分地区存在诸多问题。①服务内容方面：服务内容单一；重物质轻精神层面和心理层面；资源浪费在展示型项目上；以物质和服务的供给作为唯一标准，排斥老年人的参与；忽略破除老年人偏见与歧视的努力；缺乏满足自主基本需求的服务内容；缺乏老年人自助能力建设的内容；②服务理念方面：理念不明、原则不清；主体责任不明；宗旨和目标不明；定位失准；忽视老年人的多样性；无视老年人的多元化、个性化需求；将老年人看作被动的受体，忽略了老年人的主观能动性；③服务对象方面：覆盖面窄，覆盖人群少；④服务体系方面：养老服务市场化进程缓慢，服务体系不健全；缺乏质量评估机制，没有第三方的参与；服务输送渠道不畅；没有构建老年人自主、自理、自立、互助、助人的环境和机制，浪费了潜在资源；⑤服务模式方面：自上而下、政府主导；以供给为导向，偏离老年人需求；实施路径不清，缺乏顶层设计；⑥服务的专业化方面：从业人员素质低，专业化水平低；社会工作者、社会组织的作用没有发挥；⑦研究方面：缺乏对老年人老化是发展的一个历程的认识；缺乏对老年生理和心理的研究；缺乏对居家养老服务的针对性和有效性的研究。①

二 居家养老服务存在的具体问题

（一）发展不平衡

首先，农村居家养老服务的推行落后于城市。农村老龄化更为严

---

① 江海霞、陈雷：《养老保障需求视角下的城市空巢老人居家养老服务模式》，《前沿》2010年第3期。

重,空巢老人、失能老人多于城市,对居家养老服务的需求更大、更为迫切。但由于农村收入低,尤其是农村养老保险金额普遍在1000元/年以下,支付能力差,压制了老年人对居家养老服务的消费和需求;农村居住分散,基础设施差,导致规模化供给居家养老服务成本高昂;农村老年人文化素质较低,在信息化发展过程中落后,信息不对称,信息利用不足,对"互联网+"居家养老服务模式和有效的养老信息了解不够;与此同时,养老观念较为保守,"养儿防老"思想比较严重,对子女的"孝"有着不切实际的期望,并对市场化的居家养老服务比较排斥。[1]

其次,中西部城市落后于东部城市。在中西部诸多省份中,居家养老还停留在地方政府为了应对上级文件而制定文件的层面上,并没有进入实质的运行阶段。在经济条件稍好的地区,地方政府集中财力打造样板,也容易出政绩,典型的面子工程,服务范围窄、不可推广、脱离实际等问题明显。在经济发达地区,老龄化相对比较严重,政府面对老龄化形势有充分的认识和积极进取的意识,积极推行政府购买服务,购买居家养老服务的资本,同时也存在一定数量的非营利组织可以承接政府购买的居家养老服务。早在2005年,浙江省宁波市的海曙区就进行了政府购买居家养老服务的实践,取得了一定的效果:减轻了财政压力,提高了效率,增加了整个社会的福利;体现了人文关怀,贴近国情;转变了政府职能;创新了社会管理体制。[2] 早期政府购买居家养老服务大都存在非营利组织较少、服务质量缺乏标准和评价、服务队伍专业化水平低、政府购买服务额度低、覆盖面窄等问题。经过这些年的发展,发达地区在逐步改善的基础上创新了模式,在全国处于探索的前沿,经济发展水平中等的地区开始发达地区早期的探索历程,而经济欠发达地区则停留在制定文件或打造样板的层面。这大体上是我国居家养老服务发展的现状。

---

[1] 张松彪、成鹏飞:《中国农村居家养老服务发展困境及破解路径研究》,《湖南行政学院学报》2019年第1期。

[2] 吴玉霞:《政府购买居家养老服务的政策研究——以宁波市海曙区为例》,《中共浙江省委党校学报》2007年第2期。

（二）行政主导，缺乏普惠意识

我国居家养老服务的推进过程中，基层政府会将精力聚焦在两个方面：一是集中财力和人力打造样板示范点，这就意味着基层政府不可能全面覆盖推进社区居家养老服务，而是率先在条件成熟的社区推进社区居家养老服务，这不可避免地导致受益人群的小众化；二是集中力量防止弱势老年群体发生恶性事件。在这两种力量的驱动下，基层政府推进社区居家养老服务就会将社区居家养老服务作为一种福利性质的准公共服务来供给。在公共财政比较紧缺的地方，社区居家养老服务的供给就跟公立养老机构的设立和运行一样；只有在财政条件具备的情况下，社区居家养老服务才会逐渐推广开来；而在北京、上海、广州、深圳等地，社区居家养老服务才作为一种普惠型的准公共服务，从弱势老年群体推及到全体老年人。

居家养老服务的对象限定在"居家老人"，并没有涉及家庭照护人员的内容，并且对居家养老服务的输送渠道语焉不详，到底是通过家庭还是社区？是直接服务还是间接服务？这些问题都没有规定，所以在执行层面上就无法落地。各地依据当地经济条件进行解读，但基本上还是没有脱离传统民政的工作模式，在绝大多数地方都刻意回避养老责任。在涉及财政支出增加的情况下，地方政府（主要是民政部门）更倾向于花较少的钱建立"样板"供参观和宣传，做一些"示范"，还远没有将居家养老服务作为一种普惠型福利来规划。显然，在法律没有明确规定地方政府履行居家养老服务责任的情况下，基于政绩的需要，做一些示范点是最佳的选择。在一些经济条件较好的地区，通过政府购买社会组织的居家养老服务，面向困难老人和政府优待老人提供一定服务，这比经济较差地区的做法有了很大的改进，但也依然没有普惠的构想和措施。由此可见，在没有法律和配套社会养老保障系统的情况下，政府没有动力去背负庞大的养老责任，只是在已有经济条件下选择"示范点""购买居家养老服务"等方式，应对自上而下的居家养老服务"号召"。[①]

[①] 各部委的文件如果脱离了经济许可、法律明文支持、政绩驱动等因素的话，地方政府更多的是应付，而不是主动作为。

(三) 居家养老服务政策模糊

居家养老服务是一种限价公共服务,其目的是承担家庭养老功能弱化后的养老责任,但政府和社会都没有足够的能力承担全部的养老责任,因此,居家养老服务就变成了一种弹性强且具有兜底性特征的养老模式。但政府责任模糊,且可变性强,这在《中华人民共和国老年人权益保障法》以及一些养老规划文件中体现出来的就是宏观、笼统,多以目标、口号、愿景的表述出现,鲜有具体、可操作的措施和明确的投入规划——这就为政策的变化、责任边界的重新划定提供了前提,并不希望在目前条件不具备、社会经济发展不确定的情况下做出明确表述,而是希望多元主体共同参与、养老资源的来源多途径、多渠道。

从全社会发展的角度来看,当前模糊的政策表述其实是一种意向性的表达,反映了当前社会的经济状况和决策者对于代际关系的处理,并为今后根据经济发展状况和社会舆论做进一步细化的处理提供了伏笔。这种做法直接导致地方政府无法明确自己的职责,无法明确方向,所以,在财政支持上是被动的,具体做法上则猜测上面下发文件的真实意图,在行动上以最少的支出做一些样板工程,供参观和宣传用;这种做法不具备可持续性,也不具备全局性,仅仅是应对上面的文件,无法有一个系统的规划和远景。①

(四) 居家养老服务理念不清晰,内容与目标偏离

在现有的居家养老服务中,服务对象和服务内容都不清晰,也就是说,养谁、养什么的问题没有清晰界定,导致资源错配,各地政府在执行过程中试错成本高。对居家养老服务的理解因地、因人而异。有的把居家养老服务理解为家庭养老的补充服务,可有可无,因而居家养老服务主要面向需要外界提供援助的家庭,服务对象为家庭;有的把居家养老等同于家庭养老,弱化了居家养老对社会化服务的要求,也弱化了政府福利服务的供给,这样一来导致了政府漠视普惠型养老福利的供给,同时也没有将养老服务市场做大,没有引导市场的培育与发展;此外,居家养老忽略了心理和情感上的支持。居家养老服务是一种劳动的供给,也是照料网络与老年人之间的关系互动,更是对老年人情感上的一

---

① 张歌:《养老服务产业与居家养老的关系研究》,《现代管理科学》2018 年第 3 期。

种支持，是老年人对传统家庭文化的眷念和老年心理的一种情感上的回应，所以，单纯强调居家的地理概念，一方面会导致服务的供给偏离其本源，转向设施或场所的建设，忽略老年人的参与及情感体验，另一方面又会剥夺老年人对生活的掌控感，造成老年人去权的状态。此外，当前居家养老服务普遍缺乏老年人自主理念的弘扬，忽略老年人自主环境的建设。

居家养老服务多体现在家政服务、护理保健两个方面，而这些都是可以从市场上购买的服务。政府提供了一定的补贴，在政策上做了一定的引导。但从内容上分析，这些内容与居家养老服务的本意偏离甚远。什么样的老年人需要家政服务？生活不能自理的老年人才需要。身体健康的老年人都具有家务自理的能力，且自理家务是老年人掌控生活的一个重要的体现，如果通过家政资源的输入使老年人丧失了家政自理的能力和机会，实际上是对老年人的"去权"，使老年人内化"无能""无用"的观念。姑且不论该服务对生活自理老年人的负面作用，它还是一种极大的浪费，因为人力资源是不可储蓄的，老年人不做相应的家务，其时间、精力、体力会闲置和流失，或花在其他对个人和社会来说无意义的事情上，老年人个体也陷入孤独和无所事事的状态，进而造成资源的浪费和居家养老服务目标的偏离。

一些城市试点居家养老服务时服务内容泛化，且缺乏增权、自主、自助的内容。广义的居家养老服务对象涵盖了老年群体中的所有子群体，因而与其他群体的居民并无太大的区分，居家养老服务项目只是对日常生活中老年人需求的一个宽泛的回应，并非是针对老年群体的特殊设计；广义的居家养老服务对老年人的需求不进行细分，没有精准性，因而与一般的社区服务无异，包括公共服务和商业服务。这些服务目前已经普遍存在，有稳定的供给主体和包括老年人在内的广大消费群体，市场化程度高，可及性强。如果采用广义的居家养老服务，会掩盖老年群体的特殊需求——这些需求正是目前政府和市场所没有回应的，也不利于老年人生活质量的提升。

（五）自上而下的行政模式偏离老年人的实际需求

在管理理念上，盛行管控思维。有的地方依靠网格化管理思路，多地创建三化服务网络，即服务管理网格化、服务载体信息化、服务队伍多元化。在这"三化"中，网格化管理来源于社区管控思路，在居家养老服务体系的构建方面有一定优势，能迅速摸清老年人的情况，建立起服务机制。但管控思路终究是一种自上而下的僵化模式，其目标在于管理。居家养老服务的提供不是单一的管理能解决的，还需要从服务产品的设计、供给、老年人的多样化需求等多角度去考虑。

在运行模式上，有些地方政府在居家养老服务上分配了不少资源，但更多是依赖于原来的行政系统，以社区为抓手，采取"自上而下"的模式，建设日间照料中心之类的基础设施，并对社区、社会组织和社会工作进行了详细的规划，在"三社联动"的口号下，建设了一些示范展示点。从居家养老模式推广和覆盖的角度看，"自上而下"的推进方式有其自身的特点和优势，能在短时间内建立起规章制度和运行机制，效率较高，但在细节和服务输送渠道建设方面与实际情况脱节，与老年人的养老需求和客观情况偏离。

在服务输送上，存在"政府失灵"的现象。政府工作模式和方法与老年人的实际情况有着很大的偏差，因为老年人是一个差异性极大、需求多样化的群体，每个人的养老需求都是一个函数，自变量有：年龄、健康状况、自理能力、家庭照顾资源、居住条件、经济状况、观念等，而政府不可能掌握到如此细致的地步，也不可能了解这些信息之后再开展工作；同时政府也不具备输送专业化服务的能力，无法贯彻增权的理念来实现老年人的增权。此外，还需要考虑公平、效率等问题。基于这些因素，政府大包大揽地将服务输送到家是一个不可能完成的任务，也是不经济的行为，这种"失灵"需由社会组织和专业社会工作人员来弥补。

由于老年人面对的问题不是单一的某方面，全面提升老年人的生活质量就需要一个综融的视角，以个体为单位，采取动态管理的方式随时调整方案，综合解决老年人面临的问题。发达国家普遍采取的基于社会工作者和社会工作机构的"个案管理"（case management）就是对老年人多样化、动态性需求的一个有效的回应。

（六）秉持"剩余式"福利思维，服务对象窄

目前，居家养老服务延续"剩余式"福利供给思维，将服务对象定位在传统民政服务的少数群体，即救济群体和特殊照顾群体，采取

的是社会兜底的方式防止这部分群体的养老突破社会道德底线。与此同时，政府并没有太多资源关注整体性居家养老服务体系中普惠性福利服务的建设，在发展适合广大群体的普惠性低偿养老服务上明显不足，市场化养老服务也没有开展起来，显露出福利性不足、市场化和专业化不够的短板，这背后则是折射出制度建设、法治建设、理念建设的不足。

当前居家养老服务对象主要集中在高龄老人、困难老年人群、特殊贡献的老龄群体，大多数老年人没有享受到普惠性的居家养老服务。从总体上看，资源总是有限的，不论如何呼吁和倡导，投入老龄事业的资源都不会无限制地增长，因为社会需要在满足当代人需求、后代发展、当代的代际矛盾等问题上不断权衡。

（七）资源配置失衡

居家养老服务是一种准公共物品，是社会保障体系的一部分，而基层政府大多对此定位不清、责任不明、方向不定，在上级要求下往往集中精力和资源建设了一些展示性的居家养老服务中心，注重基础设施建设，却轻视理念。由于缺少老年群体的参与，缺少自下而上的互动，投入的资源与老年人多样化需求的实际情况偏离太远，导致资源的低效和无效配置，浪费了宝贵的行政资源和财政投入。

我国城市的居家养老服务已经逐渐铺开，一些经济较好的地区发展速度很快，但在大多数城市以及广大农村，居家养老服务还在艰难的起步阶段，在理念、资金、人力、服务地点、市场培育等方面都没有理顺思路。重基础设施建设，轻增权和社会舆论环境的改造；重展示性养老服务点的建设，轻普惠性养老服务的供给。在资金投入上，运动式的投入替代了持久稳定的资金供给，在当代满足和代际冲突之间找不到平衡点。在服务地点上，社区用来提供照料中心的空间不够，而机构通过市场租赁服务获得的办公地点成本过高等矛盾一直无法得到合理的解决。在人力上，传统的民政工作人员和社区工作人员替代了专业的社会工作人员、心理咨询人员、专业护理人员等，无法实现专业化和职业化。在市场培育上，薄利或没有利润空间阻碍着市场主体的参与和投入，税收优惠、用水、用电、用气、用地等扶持政策雷声大雨点小，没有足够的利润来吸引市场主体的参与和投入。

因此，居家养老服务的发展应包括：①重视居家养老服务需求评估，以需求为导向，提高养老服务资源的瞄准性，防止服务资源的功能偏离和浪费。②着眼居家养老服务体系构建，创建一个立体式养老环境。实现这一目标离不开四个方面的努力：一是政府在政策引导与扶持、法律制定和监督上的努力。二是稳定的资金来源，包括政府基于公共责任的支出、社会组织和企业的投入，需要制度化与多元化的资金保障。三是居家养老服务的产业化和市场化运作，吸引广大企业投入到养老服务中，提供多样化、个性化的服务，满足不同老年群体的多层级需求。四是专业化服务，通过专业化管理，引导广大社会工作者、医护人员等提供专业的老年人服务，加快养老服务的专业化、职业化进程。③尊重我国国情，采取渐进式的发展路径。现有条件下，我国的居家养老服务应该采取的是渐进式发展路径，也就是说，根据经济条件，率先对有生存困境的老年人提供救助式的服务，对生存困难的老年人进行兜底，提供无偿养老服务。在经济条件容许的情况下拓展养老服务的范围和内容，为广大老年人提供低偿养老服务，实现适度普惠的福利目标。与此同时，政府进行增权理念上的宣传、营造良好的舆论环境，为老年人提供一个尊老、敬老的氛围。通过养老市场培育，打造一个充分发展的养老服务市场，为不同消费水平、不同个性化需求和专业化需求的老年人提供适当的养老产品与服务。综上所述，分层次和梯度推进居家养老服务体系建设是我国目前的一条可行的发展路径，也是基于现有国情的必然选择。

第四节　发达国家居家养老服务的发展及其启示

发达国家的养老逻辑及其发展历程与我国有着较大的差异。以英国为代表的发达国家在居家养老服务上最为典型，对我国居家养老服务发展有较大的借鉴意义。

一　发达国家养老概况

（一）发达国家养老发展历程

在工业化时代到来之前，全球各地的平均预期寿命都不高，发达国家也不例外，在 20 世纪以前，平均寿命不超过 50 岁，这也意味着老年人数量不会太多，同时，也意味着人丧失劳动能力之后的存活时间不会太长，也就没有需要考虑长期养老的问题。发达国家普遍没有家庭养老的文化，这更多的是基于宗教文化，而在具体的养老实践中，富人通过捐赠财产给教会或修道院，获得相应的养老资源，穷人则通过宗教的慈善捐赠度过老年困境。此外，西方的契约文化也在养老的过程中体现出来。一部分人承诺遗赠财产，与亲属或学徒订立养老合同，还有一部分人通过行业协会或互助组织来养老。宗教文化和契约文化也是工业化时代普遍推行制度化养老保障的文化因素，而在工业化时代平均预期寿命的提升后，整个社会由熟人社会向生人社会转型，原有的宗教、行会文化不再适应。工业化的组织形式使工人阶级面临更多的工伤、养老、疾病等系统性风险，这一系列的影响因素在客观上要求国家承担起相应的责任，因此，普惠型养老保障体系得以建立。

（二）主要发达国家的居家养老现状

英国在20世纪50年代基于对机构养老的反思提出社区照顾的主张。20世纪70年代，包括英国在内的欧洲国家普遍经历了经济不景气的困境，需要大量资金、场地和人员的机构养老在资源上无法得到保证，也成为经济下滑过程中代际冲突的焦点之一。[①] 因此，社区照顾成为机构养老反省和经济形势下主动或被动的主流选择。英国居家养老的发展具有典型性、代表性，后文将详细分析。

北欧国家在20世纪70年代末80年代初也普遍经历了去机构化进程，养老服务回归到社区。丹麦的福祉部设立了"高龄者政策委员会"，强调老年人在社区养老中的重要性，并于1987年通过了《高龄者住宅法》。

日本政府在1982年将老年保健单独立法，通过《老人保健法》，使老年保健与医疗分开，使老年人"家庭病床"式的看护服务需求从制度上得到了保障，明确了家庭和社区作为老年人保健服务的主体地位。

美国老年人的养老主要有专门建设的养老社区和自然形成的养老社

---

① 潘屹：《社区综合养老服务体系建设：挑战、问题与对策》，《探索》2015年第4期。

区两种,顺应了老年人就地养老(aging in place)的意愿。①

总体上看,发达国家的社区照顾经历了"在社区照顾",到"由社区照顾"的变化,发展到"与社区一起照顾"。② 机构照顾和外展服务都可以整合到这个系统中,让老年人获得社区归属感和居家安全感,更好地参与社会,获得自主和尊严。

二 英国居家养老的实践历程

工业革命最早在英国开始,工业革命的弊端也最先在英国暴露。"羊吃人"的圈地运动之后,大批农民既无土地耕种,也没有工厂可进,这些剩余劳动力贫困潦倒,游荡在城市,对社会稳定是一大挑战,因此,英国政府很早就颁布了《济贫法》,对贫困人群进行救济。而在此基础上,逐步扩展到老弱病残,乃至有精神障碍的人群。第二次世界大战之后,出于对战争中做出贡献的人群及其家属肯定和补偿原因,福利国家模式逐步得以践行。一系列的法律法规将贝弗里奇报告中的构想具体化并予以实践,政府承担起卫生健康、养老等各方面的福利责任。

1948年的英国《国民救助法》中明确了地方政府在国民养老服务中的责任,关于老年人的住房和日常生活照顾均有相关规定。早在1968年,相关法律明确规定发展日间照顾中心和短期的机构照顾服务。由于集中的院舍照顾存在与社会脱节、对被照顾对象存在不少忽视和虐待的现象,社会对大规模的集中照顾开始反思,"在社区照顾"这种小规模的照顾模式逐渐受到欢迎,经过去机构化的运动之后,社区照顾深入人心也越发普遍。这种模式与我国目前以政府为主导的居家养老服务发展模式相吻合。

1973年的石油危机之后,发达国家的经济普遍经历了衰退阶段,而政府的刚性支出(福利开支)导致国家财政赤字不断飙升,福利国家面临经济发展上的考验。在这种情况下,"新右派"占主导,主张缩减政府开支、反对干预经济、强调福利多元主义。以撒切尔夫人为首的保守派上台之后将福利国家理念中原来属于政府的一部分责任逐渐转移

---

① 潘屹:《社区综合养老服务体系建设:挑战、问题与对策》,《探索》2015年第4期。
② 《2018上海市老年人口和老龄事业监测统计信息》,(2010-04-18)[2011-07-10],http://www.shrca.org.cn/31。

给社会组织、社区、家庭和个人。老年人养老支持由正式支持转变为正式支持和非正式支持并重，社区照顾的内涵由"在社区照顾"转变为"由社区照顾"。《社区照顾白皮书——照顾人民》（1989）、《国民健康服务和社区照顾法》（1990）等法律法规明确了政府的监管角色，鼓励和引导市场在养老照顾中发挥重大作用。

三 英国居家养老实践对我国的启示

基于宗教文化、契约精神，在工业革命推进过程中暴露问题后，英国政府逐步推进包括养老保障体系的社会福利体系，但这一体系的建立并非一蹴而就，而是在经济发展的现实上不断进行调整。今天的社区照顾脱胎于早期的院舍照顾，经历了集中机构养老、反思、在社区养老、反思调整、由社区养老等一系列过程。这给我国的启示是：

（一）养老保障体系的建设离不开传统文化的根基

基督教文化强调个体与教会、个体与上帝之间的关系，强调契约精神，在养老上对家庭、子女的期待更少一些，长期以来的实践中家庭养老的成分并不多；相反，个体与教会之间、信徒与信徒之间、个体与行业协会之间更易建立起养老契约，尽管这一契约并不是以书面形式固定下来的，但与中国的孝文化一样，都是一种不言自明、心照不宣的社会道德、社会文化，是社会运作的支柱之一。

我国长久以来没有像英国一样的宗教文化，在农耕社会中，生老病死都离不开家庭的支持，社会也没有建立起能够连接个体与社会的社会组织，个体与社会是通过类似于家庭的扩大体即宗族来进行的，因而养老也局限在家庭中，再扩大一点就是宗族。支持这一养老逻辑运作的是"养儿防老"的"孝"文化。父代抚养子代，通过漫长的抚养实现劳动力资产的延续和储备，父代衰老之后，劳动能力衰减乃至丧失，子代此时已成为成熟的劳动力。从家庭这个单位来说，总的劳动力是不变甚至是增加的，这样家中的经济得以保障，家庭内成员的生活需求得以平稳地获得满足，老年人的养老也在家庭中得到妥善的处理。在养老上，就形成了费孝通先生所描述的父代抚养子代、子代供养父代的"反哺"模式，而"反哺"模式运作的文化根基则是"孝"。

我国工业化进程还在进行中，"孝"文化在相当一部分人群中根深蒂固，这就构成了我国当前养老保障体系构建的现实基础。这一现实特征决定了我们当前的养老还可以依赖传统的家庭养老,在经济条件并不具备全面推行大规模、高水平、普惠型养老服务的情况下,老年人还不至于老无所依,还不至于产生大规模人道主义灾难。与此同时,尽管老年人的孤独寂寞状况凸显,但还可以从残存的孝道文化中获得慰藉,从子嗣延绵的生物链条中找到文化上的安慰,这就需要仔细衡量当前"孝"文化的深度和广度以及变迁趋势,并在政策制定中尊重既有的"孝"文化,并前瞻性地做好孝道消退过程中的预防,确保构建一套符合当前实际情况并能应对变迁趋势的养老保障体系。

(二) 养老保障体系的构建离不开经济发展客观现实

养老是文明社会的一大标志,是社会发展到一定程度的产物,意味着整个社会在保证延续的前提下能拿出足够的资源考虑老年群体的生存,乃至生活质量的提升问题。在社会剩余匮乏的时代,老年群体是优先考虑被牺牲掉的,这也就不奇怪为什么一些原始部落容忍甚至鼓励弃老、杀老。当前,让老年人共享社会发展成果越来越成为共识,老年人的生存和生活质量的提升在实质上是一个社会经济发展水平和社会物质财富积累程度的体现,这就决定了养老保障体系的建设是受限于经济发展状况的。

从英国养老保障体系的建立过程可以看出,养老保障先是由个体、教会、行业协会等解决,工业革命后经济飞速发展,才建立起全国性的养老保障体系并随着经济的发展逐步提高保障水平。在经济持续发展的时期,养老保障、养老福利都是逐步提升的,以此提升保障老年人生活质量。然而,当经济发展遇到挫折、公共财政捉襟见肘时,削减养老福利、改变养老模式就是应有之义。这对我国的启示是:秉承让所有人群(包括老年群体)共享社会发展成果的理念,明晰当前的经济发展阶段,构建适合当前经济发展水平的养老保障体系。

(三) 养老模式并非一成不变

养老模式是经济、文化、意识形态、政府和社会意识共同博弈而成的结果,任何方面的变动都可能导致养老模式的变化。因此,执着于某一养老模式、幻想构建一个放之四海而皆准、一成不变的养老模式或养老体系都是不切实际的。英国起初是因为工业革命的推进,割断了传统养老的逻辑链条,在以往文化中老年人没有赡养父母的义务,因此,政府必须承担老年人养老的责任，这种责任随着经济能力的扩大而增强，也随着经济的波动而变化，从无到有，从少到多，再转换到责任主体多元化即个人、家庭、社会组织、市场。从家庭到社会，再到呼唤回归家庭、回归社区，在财政支出上，政府针对老年人照顾的费用从无到有、从少到多，再到基本固定（因为福利支出的刚性特征），但在支付渠道上发生了很大的变化。从前是财政支出，通过医院和机构应用在老年人身上，现在则是转移到家庭、社区、社会组织，同时降低了医院和机构长期照顾所带来的风险，这一系列的变化都预示着养老模式是不断变化的。我们当前能做的就是基于现在的客观存在，发现现有养老模式的问题，以改良的方式去推进养老体系的改革，建构包容性强的养老体系。

养老是一个正在进行且前所未有的现象，所有社会都在探索。日本宣称打造一个无退休的社会，这一现状让我们认识到：一是老年人是一种人力资源，老年人是有价值的。二是任何社会都无法针对从未经历过的老年社会和将来的经济做出一个一成不变的养老模式，即使是发达国家也没有能力为所有老年人提供足够的养老资源。三是开发老年人力资源是迫切的。

第九章

居家养老服务需求及其质量分析

需求研究是推进居家养老服务的理论基础和逻辑起点，是居家养老服务发展的依据，是提升居家养老服务质量的抓手。本章对居家养老服务需求进行了系统的分析，在此基础上提出了相应的政策建议，并从增权的视角探讨了居家养老服务质量的评估，另外，从增权的角度分析了居家养老服务中背离老年人真正需求的两个实例。

第一节 居家养老服务需求的辨析

学术界针对上海、江西、陕西等地的居家养老服务需求进行了调查，[1] 探讨了居家养老服务需求的影响因素，[2][3][4][5] 针对部分特殊群体的居家养老服务需求进行了分析，[6][7] 对居家养老服务需求的评估和测

---

[1] 王俊文、杨文：《我国贫困地区农村养老服务需求若干问题探讨——以江西赣南A市为例》，《湖南社会科学》2014年第5期。

[2] 王晓峰等：《城市社区养老服务需求及影响分析——以长春市的调查为例》，《人口学刊》2012年第6期。

[3] 田北海、王彩云：《城乡老年人社会养老服务需求特征及其影响因素——基于对家庭养老替代机制的分析》，《中国农村观察》2014年第4期。

[4] 黄俊辉等：《农村社会养老服务需求意愿及其影响因素分析：江苏的数据》，《中国农业大学学报》（社会科学版）2015年第2期。

[5] 周元鹏、张抚秀：《上海市社区居家养老服务发展的背景、需求趋势及其思考》，《人口与发展》2012年第4期。

[6] 许琳、唐丽娜：《残障老年人居家养老服务需求影响因素的实证分析——基于西部六省区的调查分析》，《甘肃社会科学》2013年第1期。

[7] 马贵侠、陈群：《城市社区特殊老人养老服务、需求、回应与前瞻》，《理论月刊》2014年第5期。

量进行了探索①②。现有文献集中于居家养老服务需求的具体内容、影响因素、评估和测量方面，极少涉及需求的本质、需求测量标准的客观性和有效性、需求满足的程度、需求满足的责任主体、需求满足的服务体系和服务机制等问题，缺乏对居家养老服务需求进行系统的理论分析。

一 居家养老服务需求的分类

居家养老服务需求是一个笼统的概念，但老年群体是一个多样性和复杂性的群体，其差异性远大于其他群体，其需求也多种多样；如何充分利用有限的养老资源、如何准确投放居家养老服务、如何有效提升老年人的生活质量等问题都需要对居家养老服务需求进行细分。探讨老年群体的复杂性和需求的多样性，明晰居家养老服务需求的层次和不同老年群体需求的侧重点，有助于提升居家养老服务质量。

有学者关注老年生活变化带来的需求，把老年生活需求分为生理变化需求、心理变化需求、生活转折需求以及社会交往需求。③ 这种分类体现了老年人动态变化的过程及需求的变化，有利于服务人员根据老年个体的生命历程和独特的变化历程来进行个案管理，提供个性化和专业化的服务。有些学者针对特殊老年群体进行细分，对相应群体的状况进行描述和需求分析，有助于提高居家养老服务输送的瞄准性。许琳、唐丽娜对残障老年人的居家养老服务需求进行了描述；认为残障老人属于双重弱势群体，应作为社区居家养老服务的重点对象，在面向残障老人的服务中应以医疗护理和康复服务为主，提供细致化和人性化的服务。④ 马贵侠和陈群将社区特殊老人分为高龄独居、高龄空巢、残障失能、低保特困、重病大病、孤寡失独六类，探讨了他们的养老服务需求，发现他们的需求主要集中在经济保障、医疗保健、生活照料、精神

---

① 黄俊辉等：《需求评估——构建社会养老服务体系的关键环节》，《老龄科学研究》2014 年第 8 期。
② 王晓波：《关于社会养老服务需要和需求测量方法的辨析》，《社会福利》（理论版）2015 年第 6 期。
③ 郑功成：《中国社会保障改革与发展战略》（救助与福利卷），人民出版社 2011 年版。
④ 许琳、唐丽娜：《残障老年人居家养老服务需求影响因素的实证分析——基于西部六省区的调查分析》，《甘肃社会科学》2013 年第 1 期。

慰藉四个方面。① 此外，还有学者对老年人的需求进行分类，通过分析对需求的强弱程度进行排序，有助于居家养老服务内容的设置和服务输送的重点。郭竞成通过筛选城市居家养老服务项目后，在农村进行问卷调查的基础上将这些项目分为可舍弃类、强弹性类、弱弹性类和无弹性类。该分类有助于确定农村居家养老服务项目设置的优先顺序。② 居家养老服务需求的细分有助于医疗资源和护理资源的合理配置。老年人的医疗需求和护理需求在一定程度上有重叠，尤其是对慢性病老人和高龄虚弱老人来说，健康护理和生活护理难以分开，如果将医疗健康护理与长期护理都纳入医疗范畴，就会导致医疗支出巨大以及医疗资源的浪费、床位紧张、医院护理任务超负荷等问题就会凸显。发达国家在经历这种现实问题之后普遍选择了将社会服务从卫生健康服务中分离出来，单独成立社会服务部门，倡导老年人回归社区和家庭，通过社会服务系统为老年人提供养老照料服务。

居家养老服务需求的细分有助于老年人的自主选择。在居家养老服务中，需要上门护理服务的人群是特定的，即生活不能自理的老年群体。在老年人细分群体中，高龄、丧偶、空巢或缺少子女、亲属照顾的是最需要医疗和护理服务的。就个体而言，在特定的时期都有可能需要相关的居家养老服务，但个体可以做到尽可能延长健康的时间，延长自理的时间。健康、自理、自主是老年人对生活掌控的重要前提，而在需要医疗和护理时，增权的服务理念和技能能使老年人保持自己的尊严，能按照自己的意愿做出合适的选择。

二 居家养老服务需求的影响因素

（一）相关文献综述

为了解居家养老服务需求的影响因素，学术界做了大量的实证研究，证实居家养老服务需求受到老年人的个人特质（性别、年龄、受教育程度、职业情况、个人经历、自理能力）、家庭情况（婚姻状况、子女数、代际关系情况、居住情况）、社会支持情况（亲戚、朋友和社

---

① 马贵侠、陈群：《城市社区特殊老人养老服务、需求、回应与前瞻》，《理论月刊》2014年第5期。

② 郭竞成：《农村居家养老服务的需求强度与需求弹性——基于浙江农村老年人问卷调查的研究》，《社会保障研究》2012年第1期。

会保障情况等）的影响。

有学者从家庭照料人数进行分析，发现老年人的服务需求取决于家庭照料者的人数，两者呈负向关系；① 这反映了居家养老社会化服务是家庭养老功能弱化的补充或替代，应提供家庭养老无法满足的、溢出的部分服务需求。陈志科、马少珍的调查发现，年龄、文化程度、职业、健康状况、家庭经济情况、居住方式和社会保障情况对老年人的居家养老服务需求有显著影响。② 王晓峰等在对长春市城市老年人调查的基础上得出结论：老年人养老服务需求的主要因素有性别、居住类型、代际关系和受教育程度。③ 王丹等通过 Logistic 模型回归分析发现，年龄、文化程度、婚姻状况、子女数这四个因素对于居家养老服务需求影响较为显著，其中年龄与文化程度对居家养老服务需求的影响呈正相关，而婚姻状况与子女人数对需求的影响呈负相关。性别、身体状况及收入水平对于居家养老服务需求并未表现出显著影响。④ 田北海、王彩云通过实证分析认为，健康状况和身体机能的衰老程度是决定老年人是否需要社会养老服务的硬约束条件；引入"嵌入性"概念，田北海认为社会养老服务需求嵌入家庭结构情境之中，不同的家庭结构特征影响着社会养老服务需求；其中家庭结构特征包括家庭人口数或上过大学的家庭成员、代际数或儿子数、配偶是否健在等。健康状况糟糕的高龄老人对社会养老服务的需求为刚性需求，这是社会养老服务体系建设要重点回应的紧急需求。⑤

（二）关于影响因素研究的评价

已有的研究基于不同的视角进行了统计分析，研究结果揭示了居家养老服务需求的影响因素，但并不是每项研究都贴合实际，这一方面受

---

① 史薇、谢宇：《家庭养老资源对城市老年人居家养老服务需求的影响研究——以北京市为例》，《西北人口》2014 年第 4 期。

② 陈志科、马少珍：《老年人居家养老服务需求的影响因素研究——基于湖南省的社会调查》，《中南大学学报》（社会科学版）2012 年第 3 期。

③ 王晓峰等：《城市社区养老服务需求及影响分析——以长春市的调查为例》，《人口学刊》2012 年第 6 期。

④ 王丹等：《乌鲁木齐市居家养老服务需求影响因素的实证分析》，《经济论坛》2015 年第 1 期。

⑤ 田北海、王彩云：《城乡老年人社会养老服务需求特征及其影响因素——基于对家庭养老替代机制的分析》，《中国农村观察》2014 年第 4 期。

限于样本选择的局限,另一方面受限于研究的深度。

在样本选择上,有的样本代表性不够。目前已有一定数量的定量研究,一部分是简单的统计描述,也有相当一部分运用 Logistic 模型进行分析。定性分析和定量分析相结合,对相关的影响变量已有较全面的考虑,但在影响因素的显著性分析上却有一定出入,这受制于各研究数据来源,取自发达地区的数据和经济不发达地区的结果会呈现出差异。如李放等认为,是否参保与经济状况、观念等对需求没有显著影响,① 而在胡宏伟等的研究中却不一样。当然也不排除数据代表性的差异导致结果的不一致,因为一些研究的问卷调查数据并不是按照严格意义上的抽样调查获取的,其代表性值得质疑。遗憾的是,大多数研究并没有针对数据的代表性做出详细的交代。

在研究深度上,有些研究没有深入到问题的本质,得出似是而非的结论。有研究发现,低龄老年人对居家养老服务的需求显著高于高龄老人,有些研究发现则正好相反。② 虽然高龄老人在居家养老服务的实际需要上比低龄老人更迫切,但对居家养老服务的了解程度、消费观念、传统养老观念、对新鲜事物的接受程度等因素作为中介变量,消解了年龄这一变量的影响。一般认为身体状况较差的老人青睐居家养老服务的可能性大些,但实际情况可能相反。③ 仔细分析年龄变量会发现,高龄老人的身体状况整体会比低龄老人要差;还有一个因素,那就是居家养老服务项目内容的侧重点和质量会限制老年人的选择,身体健康状况较差的老人对生活照料和医疗护理有较高的需求,但居家养老服务站并不能提供令人满意的服务也是一个很重要的因素。上述分析告诉我们,居家养老服务需求的影响因素中,直接变量和间接变量(中介变量)、主要变量和次要变量的影响因子是不一样的,需要详细论述和区分。这也有赖于更多统计分析方法的应用,对数据进行深度挖掘。

有些研究在进行需求测量时没有信度和效度,导致其寻求的影响因

---

① 李放等:《农村老人居家养老服务需求影响因素的实证分析》,《河北大学学报》(哲学社会科学版)2013 年第 5 期。
② 陈志科、马少珍:《老年人居家养老服务需求的影响因素研究——基于湖南省的社会调查》,《中南大学学报》(社会科学版)2012 年第 3 期。
③ 李放等:《农村老人居家养老服务需求影响因素的实证分析》,《河北大学学报》(哲学社会科学版)2013 年第 5 期。

素有所偏离。如有的研究通过"您是否需要某某为老服务"来进行需求的测量，这是一种主观测量的方式，它得出的结果仅仅是一种宽泛的想要或需要，只是一种意愿，并不是"需求"，离真正转化为需要政府和市场提供的服务还有很大的距离。需要的意愿在一定的经济条件下会被压抑，无法表现为需求；而居家养老老人在家庭内能获得大量的非正式支持和照顾，并不一定要转换为市场来满足的需求；这就导致居家养老服务需求的影响因素归因错误。

在居家养老服务需求的调查中，直接询问老年人是否需要居家养老服务而得出的需求属于感性需求，包含了基于现实状况不得不通过社会服务满足的刚性需求，也包含了可以通过家庭或其他途径来替代满足的需求，这种需求为弹性需求，是潜在的需求，受到个人或家庭的经济状况、需求的可替代性、需求实现的可行性和资源的可及性、传统观念、孝文化、个人爱好、社会习俗和惯例等因素的影响。即便能提供很好的社会养老服务来满足老年人的一些潜在需求也需要时间才能转化为真正的市场需求，因为老年人对目前的养老方式有着很强的依赖性，具有一定的惯性。居家养老服务对大多数农村老年人而言只是家庭养老资源不足时的一种替代性选择，此外，家庭养老对老年人的社会意义和文化意义也是需要考虑的因素。

（三）其他影响因素

在实践中，居家养老服务需求主要受到支付能力的影响，此外还受到信息的传播、居家养老服务的发展程度、从业人员的素质等因素的影响。

居家养老服务需求受到支付能力和支付意愿的影响，有效需求不足，"叫好不叫座"，这是市场化养老服务开展不足、市场规模小的真实写照。全国老年人可支配的资金有限，这一现象在农村老年群体中尤为明显，大量老年人难以支付购买养老服务的费用。拼多多在中国迅速兴起，对精英人士来说是消费降级，但对广大低收入群体来说是消费升级，他们能用上以前没有用过的东西。在老年群体中，支付能力的高低各不相同，对广大徘徊在温饱线的老年人来说，市场化的养老服务显得遥不可及，因此，很多潜在需求被压抑和替代，在市场上表现为有效需求不足。一些研究将这种现象背后的原因归结为老年人观念传统、不认可市场化的居家养老服务，默认为老年人有钱不花、不会花，但真正的原因是没有钱！

在居家养老服务中，老年人和服务提供者也同样需要充分的信息沟通才能提升服务质量。实地研究发现，老年人对居家养老服务的了解程度是其是否购买的一个重要因素，服务的内容和质量不佳会反过来抑制老年人的需求，或促使其进行替代性选择。

居家养老服务需求的影响因素中，除年龄、文化程度、婚姻状况、子女数等因素外，社区居家养老服务的发展状况、老年人的消费观念也具有一定的影响。社区居家养老服务不完善，得不到社区居民的广泛认同，会抑制老年人的养老需求，节俭意识、求助意识等文化传统也会对购买养老服务形成阻碍。

从业人员的影响。老年人对居家养老服务的需求与从业人员的技能水平之间呈正向关系。① 服务人员技能水平的高低影响着居家养老服务的质量，一方面，专业人才直接提供高质量的服务，能把居家养老服务工作做得更符合老年人的需求；另一方面，专业人才更能与老年人建立信任，提高其参与居家养老服务的意愿。我国居家养老服务人才匮乏、素质不高的原因有很多，一是居家养老服务人才发展的环境欠佳，社会认可度低。社会普遍认为养老服务业人员职业含金量低，地位不高，因而导致从业人员自我认同感差、自我价值感低。二是养老服务人员工作量大、工作时间长，报酬低。由于老年群体的特殊性，社区居家养老服务工作人员承担多方面的工作，工作繁杂琐碎、责任重大，而工资达不到社会平均工资。三是从业人员自身素质偏低、专业化水平低。从业人员多是下岗人员或年龄较大的群体，结构不合理，文化层次普遍偏低，缺乏基本的护理、康复知识和专业社会工作的基本知识和技能、技巧。基于上述三个方面的原因，培养高素质的居家养老服务人才也就需要从提升从业人员社会地位、提高待遇、加强能力建设三个角度入手，培养出一支符合居家养老服务需求的高素质人才队伍。

三　农村居家养老服务需求的分析

我国城乡老年人的经济条件、身体素质、价值观念、精神追求以及

---

① 童玉林、栾文敬：《居家养老服务人才质量对居家养老服务需求的影响——基于城乡老年人调查的实证分析》，《宏观质量研究》2014年第2期。

生活环境差异较大，这一现状导致我国城乡居家养老服务发展不平衡，居家养老服务模式呈多样化发展。

有学者发现，农村在输送居家养老服务上存在特殊性。袁国玲、冼海洲认为，我国农村养老在家庭、社区、政府三个层面均存在约束，需求与供给之间不平衡；应以需求为导向，整合资源、改善供给；在政策上应兼顾事业性和产业性、应急性和长久性，导入农村社会工作，全面提升老年人生活质量。① 调查发现，不同居家养老服务项目对满足农村老年人需求来说，其强度是不同的，或者说其重要性、迫切性和不可或缺性是不同的，这个差异称为居家养老服务项目的需求弹性。我们有优先考虑刚性需求，循序渐进地推进居家养老服务。有学者通过问卷调查对江西赣南某市农村养老服务需求进行了描述，并对满足贫困地区养老服务需求的路径进行了构想；② 王俊文、杨文在经济制约明显、社会发展程度相对较低的贫困农村地区，老年人"怎样养老？如何养老？"需要仔细思辨，其深入探讨需要基于现有的经济条件和未来一段时间内的可能趋势，探讨现在和未来可预见一段时间内的实然状态，过于超前地去探讨应然，不太适合当前农村的现状。③

在农村居家养老服务需求的影响因素上，农村与城市也体现出很多自身的特点。林淑周通过对福州市农村进行问卷调查了解到，大部分农村老人认可和欢迎居家养老服务，但基于自身经济条件对收费的项目存在担忧；在需求层次上，农村老年人最迫切的需求是医疗护理，而对高龄老人、失能、半失能老人而言，最迫切的需求是家政服务，相比较而言，休闲娱乐、法律咨询、心理辅导等需求并不迫切。在志愿者服务方面，由于观念上（伺候人没面子）和时间上（要照看小孩和干农活）的原因，农村低龄老年人在居家养老服务站做志愿者的意愿很低。④ 张

---

① 袁国玲、冼海洲：《需求导向下的农村养老服务之改善》，《广州大学学报》（社会科学版）2014年第10期。
② 郭竞成：《农村居家养老服务的需求强度与需求弹性——基于浙江农村老年人问卷调查的研究》，《社会保障研究》2012年第1期。
③ 王俊文、杨文：《我国贫困地区农村养老服务需求若干问题探讨——以江西赣南A市为例》，《湖南社会科学》2014年第5期。
④ 林淑周：《农村居家养老服务的现实需求及发展建议——基于福州市F村庄的实证研究》，《福建行政学院学报》2015年第3期。

国平发现，农村做过乡村干部、有外出务工务农经历、有过参军上学等特殊经历的老年人购买居家养老服务的意愿显著较高。① 李放等基于对江苏省农村老人的实证分析发现：居住地的发达程度、对居家养老服务的了解程度及家庭总收入会对居家养老服务需求产生正相关性影响，而年龄会对居家养老服务需求产生负相关性影响。此外，农村老人的身体状况、养老观念以及参与新农保状况均未对其居家养老服务需求产生显著影响。② 张国平的研究发现年龄与购买居家养老服务意愿之间呈现反向关系。③ 这与李放的调查结果相似，但张国平认为年龄与收入、节俭的观念等因素有正向相关关系，才导致这样的结果。黄俊辉等通过计量分析发现，农村老年人的年龄、个人年收入、慢性病状况和空巢户对社会养老服务需求意愿具有显著的正向影响关系。儿子数对社会养老服务的需求意愿具有显著的负向影响关系。④

农村居家养老服务的推进及结合新型农村社会养老保险和新农村医疗保险等普惠制保障制度的普及，农村养老将呈现出新的局面，传统家庭养老方式在很长时间之内将会是主流，但也随着机构养老和居家养老服务的完善，其形式和内容也将出现变化。农村老年人的需求特征要求合理的政策安排和导向，使有限的资源得到合理配置，优先满足老年人需求弹性低的养老需求。

四 居家养老服务需求的关键要素分析

居家养老服务需求的主体、需求的内容、需求的供给责任、需求的供给体系和需求的供给模式是居家养老服务需求的几个关键要素。

（一）"谁的需求？"——需求的主体分析

在居家养老服务实践中，确定需求主体是提供服务的前提，否则会导致服务对象不明确、资源浪费等问题。居家养老服务需求的主体是指

---

① 张国平：《农村老年人居家养老服务的需求及其影响因素分析——基于江苏省的社会调查》，《人口与发展》2014年第2期。

② 李放等：《农村老人居家养老服务需求影响因素的实证分析》，《河北大学学报》（哲学社会科学版）2013年第5期。

③ 张国平：《农村老年人居家养老服务的需求及其影响因素分析——基于江苏省的社会调查》，《人口与发展》2014年第2期。

④ 黄俊辉等：《农村社会养老服务需求意愿及其影响因素分析：江苏的数据》，《中国农业大学学报》（社会科学版）2015年第2期。

需要由外界提供帮助和服务来缓解困境、提高生活质量的个人或家庭。从微观角度来看，居家养老服务的需求主体为无数分散的个体或家庭。现有的需求主体定位有两个需要进一步明晰的问题：

一是老年群体的细分问题。在社会各群体中，老年群体之间的差异是最大的，既有低龄和高龄之分，又有身体健康状况从完全自理到需要帮助的自理和完全不能自理之分，既有需要救助的贫困老人和残障老人、鳏寡孤独老人之分，又有普通需要公共养老服务的老人和经济富裕需要市场提供优质服务的老人之分。居家养老服务的对象显然不能笼统地涵盖60岁（或65岁）以上老人，还需要进一步地予以明确，提高养老资源的使用效率，以达到预定的社会目标。

二是家庭中照顾者的需求问题。在家庭功能弱化，不断变迁的历史进程中，家庭的非正式支持依然是主要养老资源；然而，社会的变迁又要求年轻人承担更多的社会工作使家庭照料难以保障，或者照顾者承担着双重压力而不堪重负。因此，对照顾者的需求也同样需要重视，有必要提供一定的社会支持。

（二）"需求什么？"——需求的内容分析

需求的内容是居家养老服务项目设置的依据，是需求评估的重点。在宏观法规政策层面，2013年7月1日起正式实施的《中华人民共和国老年人权益保障法》第三十七条规定，"地方各级人民政府和有关部门应当采取措施，发展城乡社区养老服务，鼓励、扶持专业服务机构及其他组织和个人，为居家的老年人提供生活照料、紧急救援、医疗护理、精神慰藉、心理咨询等多种形式的服务"。2013年9月国务院发布的《关于加快发展养老服务业的若干意见》提出，"积极培育居家养老服务企业和机构，上门为居家老年人提供助餐、助浴、助洁、助急、助医等定制服务；大力发展家政服务，为居家老年人提供规范化、个性化服务。要支持社区建立健全居家养老服务网点，引入社会组织和家政、物业等企业，兴办或运营老年供餐、社区日间照料、老年活动中心等形式多样的养老服务项目。"在各地的实践中，基本也是按照文件提供助餐、助浴、助洁、助急、助医等服务，在社区兴建老年活动中心或照料中心。这些服务的供给对应着老年人生活照料、医疗保健等需求。

居家养老服务需求具体内容的定位存在两个不利的倾向：

一是简化的倾向。在实践操作层面，各部门将居家养老服务的需求简化为生活照料和医疗服务，忽略了老年人在支配的需求、情趣的需求、和睦的需求、亲情的需求、尊重的需求、奉献的需求等心理方面的需求，更是将社会参与、生活自主等内容排除在老年人的需求之外，整体上重物质需求、生理性需求和直接需求的满足，轻精神需求、社会性需求和间接需求的满足。

二是泛化的倾向。泛化是指把居家养老服务物质需求满足的范围定得过大、过于宽泛，往往把针对全体居民的市场活动（如物业公司服务范围内的检修维修、家政服务公司提供的保洁服务、婚介公司提供的婚介服务甚至理发洗浴等服务）涵盖其中，把政府面向全体公民提供的社区基础设施建设和公共服务（如社区活动室、法律咨询）囊括其中。这些服务虽是老年人日常生活所需，但因此把它们归入老年专项服务项目中，一方面会削减老年服务内容的针对性，不利于有限资源的合理分配和利用，不利于满足老年人的真正需求；另一方面也给政策的制定和实施带来困扰。尽管上述需求客观存在，但居家养老服务的供给是对家庭功能弱化的一种回应，大部分的需求还是在家庭内解决的，并不是所有需求都需要政府和市场的供给。

克服实践层面的简化和泛化问题，需要进一步探讨老年人的基本需求，结合现有家庭养老资源和经济发展水平做出综合考虑和安排。

（三）"由谁满足？"——需求的供给责任分析

从宏观角度来看，居家养老服务需求是一种社会需求，是家庭功能弱化、家庭支持减少而机构养老等养老方式无法满足老年人养老需求的情况下，为了维持正常的社会功能，解决老年群体的养老问题和提升老年人生活质量而做出的一种结构安排，从这个意义上讲，居家养老服务是一种公共服务，具有准公共产品的特点，因此政府是居家养老服务的主要供给主体。

刘太刚等根据需求溢出理论进行分析，认为老年人需求中未溢出部分可以由自己和家庭来解决，通过家庭成员的照顾或市场交换来满足需求，而溢出部分则应由非营利组织或政府的强制性权利来解决。居家养老服务的输送主体包括政府、市场、社会组织、企业、家庭、个人等多个主体，各个主体在服务提供过程中承担着不同的责任，有着不同的功能定位。政府的责任是满足特殊困难群体的基本需求，提供社会救助，为广大普通老年群体提供适度需求的福利服务，为居家养老服务事业制定政策、对全社会进行观念引导、培育专业人才、进行管理和监督；市场的责任是高效提供居家养老产品和服务；包括慈善组织和志愿者的"第三部门"则是弥补政府和市场的不足，克服"市场失灵"和"政府失灵"，整合资源，搭建平台，为居家养老服务提供补充和完善；家庭则作为非正式支持，承担政府、市场、社会还无法提供的服务；个人则在社会工作者等专业人员的帮助下实现自助。值得一提的是社区的角色，目前的中国环境中，它既是政府行政力量的延伸，又是社会力量和市场介入的节点，还是居家养老服务的重要载体。

明确居家养老服务需求满足的主体，确定各主体的责任和边界，才能构架一个符合现实需求的居家养老服务体系。

（四）"满足到什么程度？"——需求的供给体系分析

老年人在年龄和身体状况等影响因素下，有着不同的需求，从最基本的物质保障需求、医疗和照护需求到休闲娱乐、自我实现需求，具有很强的层次性。在实践中，居家养老服务需求的层次性与需求满足程度之间存在矛盾。农村老人及城市中经济条件较差的老人无法享受市场化的居家养老服务；而经济条件较好的老人却对目前居家养老服务内容不全、质量不高颇多抱怨。在现有经济水平下，居家养老服务供给体系显然不可能是满足全部需求，那么，应该满足的部分需求是什么？针对不同的群体满足到什么程度？

首先，基于居家养老服务需求的客观性，满足老年人的基本需求是重点。基本需求包括生存和维持健康所需的基本物质条件、安全的环境、自主和社会参与的必备条件等。基本需求的满足是每一位老年人作为社会成员应该享有的基本权利，因而也是需求满足的重点和基础。应在需求评估的基础上，对贫困线以下的老年人进行物质援助、对重病大病、老人进行救助、对鳏寡孤独老人、残障失能老人进行补贴和财政支持，针对老年人中的困难群体完善老年社会救助体系，起到"兜底"或"托底"的作用。

其次，满足老年人的适度需求是社会进步的体现，是老年人分享社会发展成果的要求。所谓的适度需求是指老年人在满足基本需求之后能从社区、市场、社会组织获得的与社会发展水平相适应的服务。适度需求包括可以无偿或低偿从供给主体获得的日常照料、精神慰藉、医疗保健、休闲娱乐、教育培训、就业服务等服务。这部分需求的满足则需要政府将其作为养老事业经营，提供补贴和财政支持，制定政策，整合资源、引导社会组织、企业提供养老服务产品，形成政府、市场、社会联动的机制，满足老年人的适度养老需求，提升所有老年人的生活质量。

最后，高端养老服务需求的满足是养老服务市场发展的驱动力。通过培育和扶持养老产业，为经济状况较好的老年人提供更多的养老产品和服务选择。在这一群体中发展产业化的养老模式是今后市场的一个主要方向，可以综合养老、休闲、娱乐、旅游、医疗保健等各领域，形成一个综合产业群，为消费水平高的老年人提供高端养老服务。

（五）"如何满足？"——需求的供给模式分析

在如何供给方面，现有供给机制是"以供给为导向"。由于资源的投入以政府为主，在实施过程中，以自上而下的、以计划性服务为导向的供给模式成为主流。"以供给为导向"模式的形成一方面是政府服务供给的特征以及我国的制度惯性，另一方面是基于效率上的考虑，国家主导的居家养老服务供给模式推行力度大、对象明确（主要集中在"三无""低保""特困"等群体）、能短时间内在全国范围内实施。然而，这种模式的缺陷也是显而易见的：一是排斥性强，排除了政府指定的特殊群体之外的广大普通老年群体和消费能力强的老年群体。二是系统僵化，有效性不足，固定实施的一些服务项目会长久不变，无法适应居家养老服务中老年人需求的多样性、可变性和动态性等特点，导致供给和需求之间的脱节。三是资源的浪费。在具体的实践中，基层政府和社区为更快出政绩，更重视居家养老服务中心、日托床位数、娱乐中心等建设，忽视对老年人需求的评估和"软件"方面的建设，导致有限的资源投入到非老年人急需的领域，造成需求、供给和利用之间的不平衡：一方面是老年人的需求得不到满足，另一方面则是有限资源的过度浪费。因此需要改变目前的供给模式，消除其不利影响，实现需求和供给之间的平衡。

第二节　居家养老服务需求分析的政策启示

基于上述分析，居家养老服务政策的制定需要在主体细分、提供喘息服务、重视精神需求、明确责任主体和责任边界、构建高效的服务体系和供给模式等方面做进一步研究。

一　对居家养老服务需求的主体进行细分

对主体的细分有助于进一步甄别真正需要的群体，提高服务的针对性，将有限的资源精准地投入到有需要的群体中；同时，细分也有助于确定居家养老服务需求的顺序，确保服务体系既定目标的实现。细分的标准应根据老年人的身体状况、经济条件、婚姻状况、家庭支持程度、子女数、住房条件、文化程度、个人性格特征等进行，以便为居家养老服务体系的构建提供理论基础和事实依据，开发出更有针对性的服务项目，确保满足老年人的基本需求。

二　引入"喘息服务"，将照顾者的需求纳入服务体系

居家养老服务的主要对象是老年人，不容忽视的是，照顾者也是服务对象之一，但我国目前的居家养老服务罕有涉及照顾者的服务内容，国外针对照顾者的"喘息服务"是一个很好的借鉴。

"喘息服务"是暂时代替照顾者为其家庭老年人提供托管、日间照顾、居家服务等内容的服务项目。"喘息服务"的优势体现在如下三个方面：能让照顾者更好地得到休息，缓解压力，舒缓长期照顾带来的紧张情绪；学习照料技能，更好地照顾老人；避免因长期照顾失能者而发生的"虐待"事件。总之，"喘息服务"能直接缓解照顾者劳累，又能间接提升老年人生活质量。我国居家养老服务迫切需要提供这方面的服务项目。

三　重视老年人的精神需求

老年人的需求可分为物质需求和精神需求。在物质需求得到基本满足之后，精神需求就成为老年人的支配性需求。参与社区活动、寻求自主的生活，是老年人自我实现的重要途径，通过在人际互动中获得自尊和成就以实现自我价值。老年人心理和精神方面的需求在目前的居家养老服务项目中很少涉及，也是在专业人员匮乏的状态下被政府和市场忽

略的部分,需要得到政府、社会和市场的重视。

四 明确满足居家养老服务需求的责任主体和责任边界

老年人的需求是一种客观存在,包含了基于现实状况不得不通过社会服务满足的刚性需求,也包含了可以通过家庭或其他途径来替代满足的需求,后者为弹性需求,是潜在的需求,受到个人或家庭的经济状况、需求的可替代性、需求实现的可行性和资源的可及性、传统观念、孝文化、个人爱好、社会习俗和惯例等因素的影响。即便能提供很好的社会养老服务来满足老年人的一些潜在需求,也需要时间才能转化为真正的市场需求,因为老年人对目前的养老方式有着很强的依赖性,具有一定的惯性。此外,家庭养老对老年人的社会意义和文化意义也是需要考虑的因素,居家养老服务对大多数老年人而言只是家庭养老资源不足时的一种替代性选择。因此,应综合考虑居家养老服务中的正式支持资源和非正式支持资源,明确责任主体,厘清责任边界,充分发挥政府、市场、社会组织、家庭和个人在居家养老服务中的作用。

引入志愿者服务机制,将专业从业人员与广大志愿者联合起来,对居家养老老人提供不同的服务内容,在专业人员的指导下,志愿者可以分担家访、短期照护、需求了解和评估等工作。通过制定健全的志愿者服务规范和机制,动员低龄老人成为志愿者,尤其是建立社区积分储蓄制的方式,调动低龄老人参与的积极性,形成良性循环的助老养老机制,充分利用老年人资源为社区养老服务,实现有能力的老人老有所为,同时也为自己今后储蓄养老资源。此外,大学生、义工等也是志愿者的重要力量,要在全社会形成良好的志愿服务文化和机制,充分调动多方力量,为养老服务提供足够的人力资源。

五 构建满足不同需求层次的居家养老服务体系

居家养老服务需求可分为基本需求、适度需求和高端需求,应构建对应这三种层次的需求满足体系,即分别发展居家养老服务福利、居家养老服务事业和居家养老服务产业。居家养老福利满足老年人的基本需求,提供适合经济发展水平、满足最低保障需求的服务和商品,其对象主要是针对残障老人、特殊困难老人等享受国家特殊政策的老人;居家养老服务事业满足老年人的适度需求,在政府主导下,提供政策支持和税收支持,吸收民间资本,引入社会组织,为中低收入阶层的老年人提供标准服务和中档服务；居家养老服务产业满足老年人的高端需求，为部分高收入老年人提供高档的服务，提供更多的市场化产品来满足这部分老年人的需求。明确居家养老服务体系的三个层次和界限，明确服务对象，构建立体化、层级化和多样化的服务体系。

六　构建"以需求为导向"的服务供给模式

发达国家的实践和经验已经表明，居家养老是一种"需求导向型"的服务模式，而不是"供给导向型"服务模式。① 老年人群体成员之间在年龄、身体状况、经济能力、家庭情况、性格、文化水平等方面各不相同，这些因素的不同组合造就了各式各样的独立个体，而每个个体的需求也不一样，并不断变化，这导致"以供给为导向"模式的"失灵"。用"以需求为导向"的供给模式替代目前"以供给为导向"的供给模式是彻底解决目前供给模式弊端的有效选择。将自上而下的供给导向模式转变成自下而上的需求导向模式，可依据老年人的需求来设计居家养老服务的供给内容和运行模式。"以需求为导向"的供给模式能有效地将老年群体的差异化需求及时反馈，同时又能快速根据需求做出最佳的资源配置和服务提供方案并予以实施。民政部门应加速建立基于社会工作者和社会工作机构的"个案管理"（case management）服务供给机制，以个体为单位，采取动态管理的方式随时调整方案，综合解决老年人面临的问题，有效满足老年人多样化、动态性的需求。

第三节　居家养老服务质量的评估

居家养老服务质量的评估在我国尚处在初级阶段，一方面是由于居家养老服务实践尚处在起步阶段，另一方面居家养老服务具有准公共物品性，不能照搬商业服务评价模式。我国当前的居家养老服务质量评估主要是以老年人的幸福感或满意度作为评估标准，这种评估体系存在两个方面的问题：一是在收集需求和满意度数据是会存在失真的情况；二是以满意度这种主观评价标准会偏离准公共物品的性质，偏离老年人实

---

① 张国平：《农村老年人居家养老服务的需求及其影响因素分析——基于江苏省的社会调查》，《人口与发展》2014年第2期。

际的养老需求。因此，在评估居家养老服务质量时，应从老年人的客观基本需求入手，即是否满足了老年人的健康和自主需求。因此，增权是居家养老服务质量的重要维度。

一 居家养老服务质量评估的现状

居家养老是一种社会化养老模式，必然涉及公共财政的投入。因此，居家养老服务质量的提升，不仅意味着其服务对象生活质量的提升，也涉及公共财政的使用效率和使用效果。提升居家养老服务质量是服务供给中非常重要的一个环节。如何在有限的公共财政支持和社会资金投入下提升居家养老服务质量呢？这就涉及居家养老服务质量的评估。我国居家养老服务在各地的发展水平不一，但绝大多数还在起步阶段，其服务质量总体上并不乐观；学术界对居家养老服务质量评价内容、评价标准、评价的开展存在较大的争议。

在实践上，为了满足专业化、多样化的养老服务需求，规范社区居家养老服务，早在2010年，上海市民政局开始贯彻执行地方标准《社区居家养老服务规范》。[①] 该规范对涉及的社区居家养老服务（生活护理、助餐、助浴、助洁、洗涤、助行、代办、康复辅助、相谈、助医等服务）提出了相应的标准，并在第六部分专门提出居家养老服务质量评价的规范：评价主体为机构的自我评价、服务对象的评价和第三方评价；评价的方法为意见征询（包括上门、电话、信件、网络）、实地察看、检查考核；评价的指标包括服务对象满意度、家属或监护人的满意度、服务时间的准确率、服务项目的完成率、有效投诉的结案率。从评价标准中可以看出，评价包含了主观方面（满意度）和客观方面（服务项目的完成情况）。由于该评价指标是针对服务项目和具体的服务内容，用服务对象的满意度来替代需求的满足程度，用项目的完成情况替代服务的效果，属于间接的评价标准。

在学术界，章晓懿和刘帮成从生活照料（助餐、助洁）、医疗护理（助医）、精神慰藉（康乐）三个大的方面（四个小方面）[②] 对上海市

---

① 具体内容见上海民政，http：//mzj.sh.gov.cn/gb/shmzj/node8/node15/node55/node230/node246/userobject1ai25433.html。

② 上海市的社区居家养老服务实际上还包括助行、助急、助浴等服务，但在实际运行中，这些服务的受众少，被需求的也少。

的居家养老服务质量通过模型构建进行了评估，从服务的可靠性、保证性、响应性、可感知性和移情性这几个方面进行了测评，发现助洁服务最受欢迎，也普及得最广；对助医的满意度较低；康乐服务最不理想，专业性和针对性都严重不足；居家养老服务尚处在满足基本需求的层面。① 章晓懿和梅强从老年人的年龄、性别、收入水平、居住安排、生活自理能力和是否享受政府服务补贴等方面，分析了不同特质的老年人对居家养老服务质量评价的差异；在助餐、助洁、助医、康乐四类主要的居家养老服务中，不同特征的老年人根据自己的需求和心理，对相应的居家养老服务质量提供了不一样的评价②。

总的来说，我国社会养老服务需求评估制度还处在起步和试点阶段，评估主体的专业化不足、评估对象限定在弱势群体、评估内容没有包含社会参与和心理等方面，缺乏标准、科学的评估工具。③ 质量评估在研究中更是很少提及，且缺乏合理的标准和有效的评估机制，导致现有的居家养老服务项目较少且专业性不足，实际操作层面更是莫衷一是。罕见有居家养老服务充分考虑老年人的自主性和能动性，也缺乏老年人权能激发、自助、参与、互助的服务措施，多集中在主观的标准来进行评估。

实例分析：精神慰藉作为评价标准的探讨

有研究对我国一线城市社区居家养老服务质量进行了评价，评价指标体系的设计上主要关注物质条件、生活服务以及精神慰藉，采取模糊综合分析评价方法，根据问卷调查的结果对北上广深四个一线城市进行评价。从源头来看，指标体系的设计存在较大的问题，将精神慰藉作为一个评价的方面，从情感方面和心理需求进行衡量，主要包括是否引起老人生活上的共鸣、是否开展生病探望服务、是否有志愿者牵手服务、服务人员态度与服务质量、帮扶老人交往、帮助老人对生活充满信心、

---

① 章晓懿、刘帮成：《社区居家养老服务质量模型研究——以上海市为例》，《中国人口科学》2011年第3期。
② 章晓懿、梅强：《影响社区居家养老服务质量的因素研究：个体差异的视角》，《上海交通大学学报》（哲学社会科学版）2011年第6期。
③ 黄俊辉等：《农村社会养老服务需求意愿及其影响因素分析：江苏的数据》，《中国农业大学学报》（社会科学版）2015年第2期。

帮助老人实现人生价值等几个维度进行考察。① 从考察内容上来看这样设计无可厚非，但从操作化角度来看这是不妥的，一是这些维度无助于体现精神慰藉方面的内容，如精神慰藉是外界帮助老人在情感和心理方面实现老人对人际交往现状满意的状态，但这几个指标在操作化之后的实践中并不能体现老人是否满意这个终极目标；二是外界对老年人做什么来实现精神的慰藉，忽视了老年人的自主能力建设。

二 居家养老服务质量评估中的主观与客观

老年人的幸福感、对居家养老服务的满意度、需求的满足这三个概念之间存在紧密的联系，但又有区别。一些研究将这些概念混为一谈，导致研究问题的偏移，无法对话。在居家养老服务质量的衡量上，上述概念似乎都可以作为衡量标准，但其间的差异巨大，与实践中的可测量性、可操作性密不可分。

（一）幸福感与居家养老服务质量的评估

幸福感是一个主观概念，是一种状态，是指个体对自己的现状是否满意。幸福感的来源是综合的，而非某一项需求满足就可以达到；衡量幸福感没有一个统一的客观标准，因为它本身就是一种主观感受。因此，当我们探讨居家养老服务质量的时候，老年人的幸福感不能用老年人某些方面需求的满足来替代，也不能用对居家养老服务质量的满意度来衡量，因为这些方面在老年人的现状中只占到了很小的一部分，而老年人的经济状况、家庭状况、代际互动情况、居住环境、身体健康状况、社会支持网络情况等，都是客观条件，非居家养老服务能改变的。

幸福的表现多种多样，其程度也不一，因此，幸福的衡量应该以一种续谱的方式；在幸福连续体中，非常幸福是正极，而抑郁症则是负极。老年人的现状是客观的，居家养老服务的情况是客观的，但对于同样的服务、同样的状况，每个老年人的幸福感都是不一样的，因为个体对自己状况的期望、看待问题的思维方式、性格特征等都是不一样的；面对倒地后还剩一小半的油壶，悲观者会想：真倒霉，油洒了一大半；乐观者会想：还好，还剩一小半，两者的性格决定了其幸福感的大小。

---

① 廖楚晖等：《中国一线城市社区居家养老服务质量评价》，《中南财经政法大学学报》2014 年第 2 期。

此时幸福感脱离了客观，成为一项个人的特质。在具体的测量上，幸福感测度的标准无法统一和具体测量。

（二）满意度与居家养老服务质量的评估

对居家养老服务质量的满意度也是一个主观的概念，但与幸福感不一样的是，该概念针对性较强，侧重于居家养老这一个方面。但在满意度的测量上也存在不少问题。一方面是老年人对居家养老服务的理解不一。居家养老作为一个在学术界尚且争议不断的概念，在广大老年人眼中更是莫衷一是，许多老年人连居家养老是怎么回事都不清晰，谈不上对居家养老的责任主体、责任边界、服务输送渠道、养老资源配置、服务效率等问题有一个清晰明确的认识，更谈不上大家对这些内涵有一个共识。因此，测量一个老年人对居家养老服务质量的满意度是一个不可行的事情，即便有研究对此进行概念的操作化，其结果也值得质疑。另一方面，满意度也存在因人而异的情况。如果老年人对政府和社会介入养老压根就没抱任何期望，只要有一丁点儿的服务，给生活带来了便利，老年人就会感激不尽，满意度一定是很高；如果老年人认为政府应该为个人的养老负责，那么，面对少量无偿的服务是无法满意的，即使其服务质量客观上很高。除了老年人对居家养老服务的预期不一样外，满意度还与个体客观情况密切相关。一位基本需求都得到了满足、生活富足、自主性很高的老年人对低层次的居家养老服务的评价所锚定的标准是面向高端老年群体的市场服务，自然是不大可能有很高的满意度；而一位生活在救助标准下，健康和自主的基本需求都成为问题的老人，任何有助于个体健康和自主的服务都会极大地提升老年人对居家养老服务的满意度。

实例分析：满意度的主观性

实证数据分析有助于我们进一步了解满意度的主观性。有研究利用"中国健康与养老追踪调查"（CHARLS）2011年全国基线数据对中国老年人的生活满意度进行了定量分析，发现在对生活的满意度上，女性优于男性、农村老人优于城市老人、有配偶老人优于无配偶老人、高龄老人优于低龄老人。① 在这个发现中，女性老人由于职业生涯和社会角色的承担情况，更易接受老年生活；女性老人与外界交往更多，社会参与程度更高，社会支持更强，生活满意度更高，这已在众多研究中被证实。有配偶老人由于情感交流、生活支持与照顾能在配偶那获得，生活便利程度高、情感得到慰藉，因而生活满意程度高，这一结论也为大多数人所熟知，在学术界也得到实证数据的验证。然而，生活满意度上农村老人优于城市老人、高龄老人优于低龄老人这一结论与常识相悖。怎么解释这一结论呢？运用参照群体理论，这一现象能得到更好的解释：农村老年人的参照群体是周边的老年人，以及父辈的老年生活情况；在这几十年的经济发展中，老年人的生活不断改善，远优于父辈；同时，农村老年人与周边老年人相比，大家基本上都是同样的生活经历（如病痛、因子女外出务工而留守、不断劳作），因而也就对面临的问题习以为常，而对生活的改善心怀感激，对生活质量的满意度自然也更高。城市老年人的参照群体也是父辈和周围的人，相对而言，城市老年人的异质性更强，群体内部的差异较大，在退休后的落差、经济水平、家庭状况等各方面都存在巨大的差异谱系，有对比就有伤害，因比较而对生活的满意度降低，自然也可以理解了。高龄老人对生活的满意度优于低龄老人，是因为比较的群体是自己的父辈，尽管高龄意味着更多的病痛和较低的生活水平，但与父辈相比，这一代人的平均预期寿命普遍提高，许多老年人对自己多活的岁月更为感激；此外，在同龄人中，大家都面临较多的病痛和不如意，心理上面对这些已经有较好的承受力，心理较为成熟，也就能坦然接受，因而表现出更好的生活满意度。

（三）需求满足与居家养老服务质量的评估

在"养什么"的探讨中②，我们明确了健康和自主是人的基本需求，老年群体有特殊性，因而在满足健康和自主上存在一些特定的障碍，但这些障碍都是可预期和测定的，我们可以发展出一些能在学术共同体里达成共识的指标来衡量。

当然，在需求测量时我们还需要注重细节，认真检查测量工具，考

---

① 刘吉：《我国老年人生活满意度及其影响因素研究——基于2011年"中国健康与养老追踪调查"（CHARLS）全国基线数据的分析》，《老龄科学研究》2015年第1期。

② 见本书第四章。

察测量工具的信度。如在询问"是否需要某种服务"时，所得结果就需要质疑。从需求上来说，人的需求是无限的，但资源是有限的。我们在调查时几乎不会在问及需求的同时标注满足该种需求需要耗费多少资源、个体需要支付多少金钱；不同的情境和不同的询问方式导致结果迥异；这就导致询问所得结果无法清晰地知道老年人的关注点：有的老年人可能更多考虑的是支付的价格，有的老年人可能考虑的是对该种服务需求的紧迫性，有的老年人考虑的是服务的数量和质量。不同的情境和老年人的思考框架导致同样的情况结果不一，而我们无法再现询问时的情境，也无法了解老年人在回答该问题时的思维框架。

通过上述分析我们可以发现，在讨论居家养老服务质量的衡量标准上，用主观上的满意度、幸福感等概念是无法准确衡量的，居家养老服务可以提升老年人的生活质量，但前者只是后者的一个要件，并不是决定因素，尤其是在居家养老服务限定在政府和社会有限责任和义务的情况下。基于此，我们采用有需要人群基本需求满足的标准来衡量。在这一原则中，将衡量对象限定在有需要的老年群体，将内容限定在健康和自主基本需求的满足上。

三 居家养老服务质量主观评价的再探讨

居家养老服务质量的评价分为客观评价和主观评价，在实践中我们制定评价标准时忽略了居家养老服务本质上是为了满足老年人的基本需求：健康和自主。但在操作化过程中，主观评价存在很多问题，一不小心就偏离养老服务的本质，南辕北辙。一些学者对居家养老服务质量的评价用服务使用者的满意程度来衡量，将老年人的主观感受作为唯一的指标，这是值得商榷的。[①] 作为一种准公共服务，其供给必然是以满足服务对象的需求为宗旨，因此，其衡量标准应该是需求的满足，而不是主观的感受。从某种意义上来说，主观上的评价在一定程度上体现了个人需求的满足，但两者之间存在巨大的鸿沟：一是需求的差异性和相对性，导致享受服务的老年人对同一服务有着不同的评价，即便再好的服务，也同样存在客观因素之外的评价标准（如是否对自己最有利）。然

---

① 章晓懿、梅强：《影响社区居家养老服务质量的因素研究：个体差异的视角》，《上海交通大学学报》（哲学社会科学版）2011年第6期。

而，居家养老服务的供给不可能顺应所有老年人的要求，不可能满足所有老年人的所有需求，只可能是在现有的经济发展水平下，在社会各群体博弈和政府综合决策的背景下，提供满足老年人需求交集的基本公共服务。这就不可避免地受到各老年群体的不一致评价，这种不一致不会因为居家养老服务内容增多和质量提升而减少，因此，单看主观评价是无解的，永远都会存在巨大差异。二是需求的满足与个人的满意度之间有一个复杂的转换过程。个体居家养老服务的需求与个体其他方面的需求是很难分清的，对于单个个体来说，他很难在评价居家养老服务质量时不把自己的其他需求放在一起评价，比如安全感的需求、其他权利的主张等，这些需求在现实生活中是否满足也同样影响个体对单一的居家养老服务质量的评价。此外，个体需求的满足是否一定转换为满意度也是一个复杂的过程，随个体的性格、天生的乐观与悲观等因素而变化。个体对生活的满意度和幸福程度，有相当一部分是受天性影响，有的人天生就是乐观积极的，有的人天生就是悲观和消极的，不因自己某些诉求的满足而改变。

老年人对居家养老服务的满意度由诸多因素决定，并不是单单由服务质量的好坏来决定。老年人客观需求的满足会提升自我的幸福感，老年人对自身状态的满意度也会产生良好的自我感觉，当然，客观需求满足与自身状态趋好这两者之间会相互转化和促进，进而影响老年人对居家养老服务质量的评价。如果只关注自我体验，就将主观评价推向虚无和不可知的境地，如果只关注需求的满足，则忽视了幸福感和自我满足感是生活质量的重要组成部分的事实。在某种程度上，对服务质量的评价 $f(x)$ 是具体服务供给的数量和质量（a）、老年人个人特质（b）、老年人的自我感觉（c）这三个变量的函数，变量 b 与变量 c 实质上是个人的主观体验，与服务质量本身是有很大区别的。老年人群体差异性大，低龄的老年人可能不需要社会化的居家养老服务，而高龄、无法自理老人需要特殊的个性化服务但现有养老服务无法提供；独立和自主意识强的老年人认为提供家政之类的服务纯属浪费社会资源，提供参与社会的机会和平台才是最佳服务，但依赖性强、被服务和被供养意识强的老年人可能更期望居家养老服务包揽自己所有的事情；经济水平低的人认为所有服务免费才是最佳的，数量第一，质量是次要的；消费能力强的老年人则会对无偿和低偿的养老服务看不上眼。经过考量，我们会发现老年人的个人特质很大程度上决定了对居家养老服务质量的评价，而这种评价在一定程度上与居家养老服务质量的好坏并没有多大的关系，这提醒我们，用主观评价作为一种服务的最终指标是存在很大问题的。也就是说，用个体的差异作为影响社区居家养老服务质量的因素是不妥的，用存在差异的个体的主观感受来评价居家养老服务质量也是存在逻辑缺陷的。

四 居家养老服务质量评估中的增权维度

居家养老服务的终极目标是在现有经济水平下，根据社会习俗和国家责任，创造条件满足老年人的基本需求（健康和自主），提高老年人的生活质量。这与1992年联合国第47届大会提出的"健康老龄化"以及之后倡导的"积极老龄化""成功老龄化"的目标是一致的。因此，局限于需要照顾的少数特殊群体、仅保障基本生存物质需要、帮扶和照料、忽视老年群体自主需求的做法都偏离了居家养老服务的宗旨。因此，评估居家养老服务质量，是否满足老年人的自主需求，是否实现了老年人的增权是一个重要的维度。

居家养老服务质量如何？这是一个事实命题。应该如何？则是一个价值命题。衡量标准的确定基于什么原则？不细致考察居家养老服务的宗旨和养什么这些本源问题，居家养老服务质量的评估就会陷入一个主观感受的测量的表层问题。因此，对于居家养老服务质量的评估必须是主观标准和客观标准相结合的方式，且以客观标准为主。幸福感、基本需求满足、生活质量提升等标准在不同场合都有提及，但幸福感是一个主观感受，难以测量，且幸福感的影响因素众多，居家养老服务质量只起到了很小的一部分作用；生活质量提升也不是居家养老服务质量这一单一因素决定的，因此，这两个方面都不能作为衡量的标准，因为在针对的范围和领域都与居家养老服务只有很小的交集，强硬地搬过来进行衡量，在研究方法上是一种层次谬误。基本需求的满足从普世的标准出发，与老年人养老服务的内容重合、目标契合，故可以作为衡量的标准。

具体来说，居家养老服务质量的衡量标准可以从这三个方面进行：第一，基本需求的满足（健康与自主），健康在现有医疗卫生条件下不成为大问题，主要是资源分配公平性的问题；自主的内容则是缺失的，而这应成为居家养老服务补短板的内容，也应是居家养老服务质量的重要评价标准；第二，效率方面；资源集中在展示性项目上，对"何为老？""养什么？"等问题没有清晰的认识，资源配置没有朝向老年人的真正需求，而是仅仅作为一项临时应对的行政措施，无法发挥应有的作用，因此，居家养老服务质量的评估需要在这些本源问题上进行清晰的界定，达成共识，在服务质量的衡量标准上予以体现；第三，理念方面，将老年人视为被供养者，在行动和言语上强化老年人的负面形象，使老年人内化这些社会观念，从而丧失自主性，产生无力感、无权感，限制了自己能力的挖掘和价值的实现。因此，增权是居家养老服务的重要方向，也是居家养老服务质量评价的重要内容。

从老年人的基本需求来考虑，自主能力建设比低层次的服务供给更迫切，也更具有经济和社会价值。挖掘老年人的价值，不仅对社会是一大贡献，对老年人自身来说也是实现自身价值、提升参与感、安全感、掌控感的基础。现有的居家养老服务将焦点放在不能自理的第四龄老年人身上，忽略了第三龄老年人自主基本需求的满足，一方面是因为第三龄老年人的需求没那么急迫，另一方面是自主需求的满足无法量化、难以操作、成效不能立竿见影，所以都被有意或无意地忽略了。然而，自主对于所有老年人都是基本的需求，也是老年人自立、自理、自助的前提，其潜在价值和意义比有形的居家养老服务同等重要。

第四节 缺乏增权的居家养老服务实例分析

如果不能从老年人的健康和自主这两个基本需求来推演老年人对居家养老服务的需求，那么，居家养老服务的供给内容就可能偏离提升老年人生活质量的目标。

一 缘木求鱼的"聊天解闷"

在居家养老服务中，精神慰藉是一个重要的方面，因此，在许多研究中会针对精神慰藉提出相应的服务内容，其中"聊天解闷"是常见的一种提法。无疑，孤独寂寞是老年人面对的普遍性问题，在思考为老服务时也是需要考虑的一个重要的方面，但"聊天解闷"是否能达到排遣老年人孤寂感，达到精神慰藉的作用？这需要我们从老年人孤独寂寞的原因以及"聊天解闷"这种服务的有效性这两个方面进行探讨。

孤独寂寞是一个时代普遍存在的现象，是这个时代的大部分人都面临的问题。生活节奏加快、自主意识增强，每个人都更加注重个人隐私，更关注个人追求的目标，当然也尊重他人的隐私和选择。整个社会从熟人社会转向陌生人社会，传统邻里社区的情感纽带基本丧失，个体更趋向于"原子化"；智能手机、网络社交平台的发达，更加加剧了面对面交流机会和时间的减少。这在现代化的论著中多有描述，已经是我们这个社会从传统转向现代的基本特征。在这个层面上，我们所考虑的孤独寂寞并不是老年群体独有的特点，而是全社会面临的问题，那么，我们是否需要单独考虑老年人的孤独寂寞问题？答案是肯定的。因为老年人与其他群体的孤独寂寞感有着本质的区别：一是现有的老年人基本上是从半传统社会走过来的，观念还没有跟随最近几十年的社会变迁而得到根本的改变，并且老年人观念的转变明显比年轻人要慢，大多老年人还沉浸在儿孙绕膝、多子多福的观念中，无法适应这个"原子化"的陌生人社会；二是老年人与社会的发展不同步，在通信、网络、智能设备方面的接受程度远低于其他群体，以微信为例，绝大多数中青年群体、甚至少年和儿童群体都普及，但在老年群体中普及的比例是最低的，在广大农村更是如此，经济条件和网络设施是一个方面，老年人接受新鲜事物的能力是主要原因。其他群体中的"原子化"个体能在新的信息平台获得交流互动，但老年人无法利用科技的便利寻求娱乐或与其他人互动。即便是在家庭成员之间，子女常常捧着手机而把老年人晾在一边，人在心未在，与老年人的交流也少得可怜，这也加剧了老年人的孤独寂寞。

我们探讨了老年人孤独寂寞的特殊性及介入的必要性，那么，如何干预？怎样的介入路径才是符合实际情况的？许多研究和各地的做法是把"聊天解闷"作为一种相对应的服务内容，但这只是表面上、想当然的做法，在实际操作中面临着老年人需求不大、无法操作等问题。老年人孤独寂寞产生的原因主要是与社会脱节，老年人被排除在主流的社会结构之外，缺少必要的互动和交流，而陪聊服务只是老年人从市场上所能获得的一种服务，那么这个过程只是一种消费的过程，老年人从中所得也只是消费这种服务获得需求的暂时满足而已。从现实的操作上来看，作为外人的陪聊对老年人而言只是一种蜻蜓点水似的交谈、闲聊，感情的交流和持久社会关系的建立都无从谈起，那么，"陪聊"仅仅能达到"解闷"的效果，与孤独寂寞的排遣和精神慰藉的目标相去甚远。此外，"陪聊"是一种代价较高的服务，如果老年人作为一个整体将"聊天"作为一种需求，需要社会提供相应服务的话，这意味着社会其他群体需要为此付出很多的时间，而在这个"原子化"社会中，时间对每一个个体都是宝贵的，甚至是可以以金钱计量的，这就导致这种服务实质上不可能普及开展。现有零星的"聊天解闷"服务来源于志愿队伍或社会组织，极少部分来自市场的"陪聊"服务。这实际上很好理解，我们可以反思一下：作为生活在一起的子女尚且把大部分时间用在盯着手机上而不是陪父母聊天，怎么会期待社会给老年人提供长期的"聊天"服务呢？总之，"聊天解闷"的居家养老服务表面上看可以给老年人精神慰藉，但这种昂贵的服务，是一种无法普及供给的服务，对大部分老年人是无效的服务。

我们基本上可以肯定"聊天解闷"的居家养老服务对老年人的精神慰藉来说是一种缘木求鱼的行为。但老年人的孤独寂寞又需要社会的干预，因为精神上的满足也是衡量老年人生活质量的一个重要标准。怎么办？我们认为，老年人的增权可以解决这一问题。孤独寂寞的原因是对社会的参与不足，被排除在社会活动和主要社会结构之外，无法通过正常的社会交往和互动得到精神上的满足，也就是说老年人的"无力感""无权感"才是精神慰藉的最大障碍，"聊天解闷"也对此无能为力。因此，提供老年人社会参与的平台，消除老年人刻板印象，增加老年人对生活的掌控感，营造老年人自主、自理、自立的环境和舆论氛围，让老年人实现真正的增权才是根本之道。

深度孤寂的感觉需要个体融入社会生活、嵌入社会结构，与人深度互动才能驱散。对年轻人来说，工作是嵌入社会、积极参与社会的主要方式，因此，孤寂感会被每天的忙碌和互动所冲淡。老年人"脱嵌"于社会，与子女缺乏必要的交流，自然免不了孤寂感的侵袭。

二 背道而驰的"增加闲暇"

闲暇具有双重意义：闲暇少，专注于自己喜欢的事情的时间少，可能还伴随着角色冲突，幸福感低；但闲暇多，多余的时间无处可去，受困于时间"何所用"，因之而引发一系列精神上的问题，引发更多的孤独、寂寞和无价值感。所以致力于增加老年人闲暇时间的居家养老服务（如家政服务）等是否妥当的问题是需要考察的。

老年人的时间会发生变化。一是因为个体的健康状况。随着年岁的增长，老年人的健康状况发生变化，从事劳动的时间随之变化，闲暇时间会增多；二是家庭成员需求的变化。当子代、孙代随着升学、就业之后，就不需要老年人投入太多时间，此时会有更多的时间析出；三是社会期待的变化。随着年龄的增大，社会在各方面降低了对老年人期望，很多活动都不需要老年人参与，老年人的闲暇时间也因之增多。时间的变化导致生活方式的变化，老年人对生活的掌控在很大程度上取决于对闲暇时间的利用，而时间的填充也是一个人的价值所在。因此，提供平台、渠道和机会让老年人"填充"闲暇时间，是提升老年人自主的一个重要方面。

对于老年人来说，闲暇具有双重性。老年人有自己的优势：充裕的时间；劣势：资源与机会的匮乏。而当一个社会将老年人结构性地排除在外的时候，老年人的优势变成了劣势，即因时间的充裕和没有足够的去处导致孤独。时间与人力资源是不可储存的；结构性地排除老年人导致社会资源的浪费，不必要，也不可行。时间不会被悬置，而是单向度地行进，不因任何人和任何事而改变，只能是如何合理地分配和利用。

家务是个体时间支配的一个领域。在老年人能自理的情况下，如果没有其他更有价值创造的活动，家务是老年人个体性时间的取向之一，也是保持老年人健康和自主的必要活动之一。通过家务活动，老年人维持了一定的运动量，促进老年人的健康，同时，也是老年人对环境和生活能控制的标志，是掌控感的来源。在非必要的情况（必要的情形如不能自理或正从事着更有意义和价值的活动），针对老年人的家政服务补贴与项目并不是必需的，同时，过度的帮助，一方面是浪费，另一方面则是压制老年个体的自主，强化了社会对老年人无力、无用的刻板印象，也使老年人无形中内化无权、无力的外界评价。

第十章
增权取向的社会工作及其实践

增权是社会工作的三大理论取向之一。增权取向的社会工作在居家养老服务中的实务模型就是在各个环节贯彻增权理念，在社会工作的要素、过程、方法与策略中融入增权的价值观和技能，实施增权取向的老年人生存教育，以满足老年人的自主需求为根本目的，消除老年人的无力感，提升老年人对生活的掌控感，从而提升老年人的生活质量。

第一节 增权取向的社会工作概述

增权是社会工作的主要目标，是社会工作的核心价值观，也是社会工作的一种重要的理论取向。缺乏增权取向的社会工作在居家养老服务中发挥作用，是居家养老服务专业化程度低、质量不高的重要原因。

一 社会工作概述

（一）社会工作的界定

社会工作诞生于19世纪末20世纪初，是回应人类需求和社会需求的过程中发展起来的一种专门化的助人活动。这个概念在我国更多是指社会工作专业，包含了科学的助人方法和指导实务工作的理论，是一门科学，是综合助人的专业。社会工作的工作对象是弱势群体，通过直接的助人活动以及推动社会政策的完善，满足不同个体千差万别以及不断变化的需求。

社会工作的中心主题包括承诺社会改善、提升社会功能、行动导向、尊重人的多元化、多角度的实务视角；社会工作的使命主要有三个方面：照顾、治疗、改变社会。① 社会工作的最终目的是提高个人与社会之间的有益互动，提升所有人的生活质量。② 社会工作的关注可分为宏观目标和微观目标，宏观目标是追求社会变革，为所有人提供一个良好的支持性环境；微观目标是实现个体的增权，从而使个体满足自身的需求，提升个体在社会中的功能。③ 美国社会工作者协会对社会工作的定义如下：

社会工作的基本任务是改进人类福祉，帮助所有人满足基本需求，尤其关注弱势群体和贫困人群的需求，并为他们增权。社会工作具有重大意义，其关键特征是对社会环境中个体的福祉和整个社会福祉的专业关注。社会工作的基础是关注那些产生、促进和解决生命过程中问题的环境因素。④

（二）社会工作专业价值观

专业价值观是专业成员的共识，超越了专业成员个人的、宗教的预设，是人行为的准则，是众多从业人员内化共识的结果。⑤ 于社会工作而言，价值观是行事的重要基础，是伦理守则的依据，是实践专业使命的根本。Harriet Bartlett 曾对社会工作的实施准则进行了定义，认为社会工作应遵循这六点：①个人应受社会的基本关怀；②个人与社会彼此相互依赖；③每个人对他人负有社会责任；④除了共同的需求，每个人都有独特的、异于他人的需求；⑤每个人都有潜能，个人也有义务通过参与社会尽到自己的社会责任；⑥社会有责任清除障碍，为个人提供自我实现的机会。⑥ Hepworth、Rooney、Strom-Gottried 和 Larsen 更进一步

---

① [美] 莫拉莱斯、谢弗：《社会工作：一体多面的专业》，顾东辉等译，上海社会科学院出版社 2008 年版。
② Minahan, A., "Purpose and Objectives of Social Work Revisited", *Social Work*, Vol. 2, No. 4, 1981.
③ Reamer, F. G., "Ethics and Values", *In National Association of Social Worker Encyclopedia of Social Work* (19th ed.), Washington D. C.: NASW Press, 1997, p. 56.
④ National Association of Social Workers (1999), *Code of Ethics*, Retrieved Feb. 18, 2005, http://www.naswde.Org/pubs/code/code.asp.
⑤ Hepworth, D. H., et al., *Direct social Work Practice* (8th ed.), Pacific Grove, CA: Brooks/Cole, 2009, p. 156.
⑥ Bartlett, H. M., "Working Definition of Social Work Practice", *Social Work*, Vol. 13, No. 2, 1958.

具体地指出了社会工作的专业价值：①社会工作的专业关系建立在个人价值和尊严上，经由彼此的参与、接纳、保密、诚实以及负责地处理冲突，提升社工与案主的专业关系；②社工尊重案主独立决定和积极参与助人过程的权利；③社工致力于协助案主获得所需的资源；④社工应促进社会福利制度人性化，回应个人的需求；⑤社工尊重和接纳不同人群的独特性[1]。

社会工作受到共同的价值观和伦理道德的约束，其核心价值观包括强调案主自决、充分尊重个体、注重激发案主的潜能，相信人人都拥有天赋的价值和尊严——这是一种理想主义，在现实生活中难以持续存在，因而要求社会工作者不断努力追求这些价值观，将其作为专业使命，在行动中予以体现。社会工作的几个核心价值观之间存在一定的联系：提升个人的尊严感、自我价值感和充分的自我表达是其核心的追求——这也是增权的目标；案主增权是案主自决的基础，通过一系列的社会工作活动，社会工作者提供信息和知识，共同探索解决问题的方法与技能，帮助案主发现自身的优势与资源，建立支持系统，指导案主寻找有利的选择；当案主掌握了寻求知识、解决问题、为自己的利益去倡导、主导自己的生活等方面的技能时，案主就实现了自我增权。

（三）社会工作在需求问题上的探索

需求满足是人类永恒的主旋律，是人类所有活动的基础。社会工作在很长时间里都是聚焦于弱势群体需求的满足，对人类基本需求的了解主要是测量和满足两个方面。测量的目的是确定工作对象和帮助的内容，提高工作的瞄准度，从众多对象中找出需要帮助、值得帮助的人，解决"何以可为"的问题；满足的重点主要探讨由谁满足？满足到什么程度？解决"何以可能"的问题。尽管这是社会工作的两个基本问题，但依然存在很多争议，如测量标准的客观性和有效性、需求满足的优先顺序，这些问题不单单停留在技术层面和执行层面，还涉及资源的配置问题，其背后的本源是如何去看待需求本质的问题。社会工作是一门实践学科，强调个体的差异和助人技巧，在人类普世的基本需求和自主本

---

[1] 曾华源等：《社会工作专业价值与伦理概论》（第二版），洪叶文化事业有限公司2011年版。

质的探讨中缺乏深度的思考和践行。一些学者反思：福利国家的实践中，尽管覆盖面宽、满足个人需求的程度较大，但专业主义和科层制系统的高度依赖，降低了人类的尊严。① 因此，本书在探索增权社会工作在居家养老服务中应用时，深入地对老年人的基本需求进行了探讨，对居家养老服务需求进行了研究，从人类的自主需求出发，构建居家养老服务中的增权实务模型，满足老年人的基本需求，提升老年人的生活质量。

二 社会工作的理论取向

在关于社会工作的本质上，有三种不同的取向。② 一是反身性—治疗性取向，也称为治疗性援助取向。反身性—治疗性取向的理论范式将社会工作者看成使能者，受助者是接受者，就如同教师与学生、医生与病患者一样；社会工作者通过专业的方法和技能，帮助受助者走出困境，解决问题；社会工作者与受助者之间不断地互动，改变受助者的观念，从而影响受助者；当然受助者对社会工作者也会产生影响，因为在互动的过程中，受助者的生活方式、困境等会促使社会工作者在实施助人活动时捕捉社会问题，获得对社会的理解，并对这些问题做出反应，也就是说，社会工作本身就具有了反身性。这一取向是早期社会工作的主要范式，后来受到后两种范式的修正和调整，该范式是当前社会工作一些最基本的观点和理念的主要来源。

二是个人主义—改良主义取向。这一取向将社会工作视为福利服务输送的一个渠道；社会工作者将现有的福利服务有效率地输送给受助者，受助者通过接受社会福利，满足自己的需求，即便身处困境，但社会工作者的福利输送使自身能摆脱困境，解决问题，最终恢复稳定。个人主义—改良主义取向认同当前的社会秩序和社会结构，认为社会工作者的福利输送是维护和改善现有社会的有效方式。

三是社会主义—集体主义取向，也称之为改造取向。这一范式寻求弱势群体权力的获取：社会工作者和受助者形成伙伴关系，相互支持与合作，与受助者共同界定问题，共同采取行动，在行动中受助者得到增权，获得权力，从而掌控生活。这一范式有激进和温和两种取向。激进

---

① ［德］莱恩·多亚尔、伊恩·高夫：《人类需求：多面向分析》，王庆中、万育维译，洪叶文化事业有限公司1999年版。
② Payne, M., *What is Professional Social Work?*, Birmingham: Venture, 1996, p. 243.

取向的增权是指受压迫和处境困难的人群从社会精英手中获得权力和资源，用更平等的关系来取代剥削和压迫；这一趋向强调解放，在社会工作领域中，黑人等少数族裔获得平等的运动就是秉持这一取向；温和取向的增权则是强调受助者在行动中获得自主，满足自身的需求。

　　上述三种取向的范式之间互相批评，但又有内在的联系。社会主义—集体主义取向的社会工作认为反身性—治疗性取向的社会工作使个人脱离困境是不可能实现的，除非进行重大变革，改变压迫与受压迫的社会结构，彻底改变受压迫者所处的环境；社会主义—集体主义取向的社会工作也认为个人主义—改良主义取向的社会工作只是在增强现有的、压迫弱势群体的社会结构，受益的不是受助者，而是现有的既得利益群体；而个人主义—改良主义取向的社会工作则认为，社会工作针对的是个体或小规模的人群来开展实务，只能解决小规模个体的问题，帮助小部分人群脱离困境，社会主义—集体主义取向的社会工作在开展实务中是不切实际的。个人主义—改良主义取向的社会工作和社会主义—集体主义取向的社会工作都反对反身性—治疗性取向的社会工作将社会工作者和受助者视为类似"医生—病患者"的关系，但又都认同社会工作者的助人理念，寻求个体问题的解决方法，寻求个体的改变和发展，实现社会的有效运行；反身性—治疗性取向的社会工作和个人主义—改良主义取向的社会工作都关注个人和小规模的群体，而不是社会目标。当然，现有的社会工作基本上都包含有上述三种取向的观点，只是在某一方面更为侧重。

　　增权取向的社会工作本质上是社会主义—集体主义取向的社会工作，但其内部也有温和与激进之分，尤其是温和取向的增权社会工作，接受现有社会秩序的同时，在现有社会系统内帮助个人实现其潜能，有了足够多的个人改变和社区改变，就可以最终实现大的改变。本书采用的是温和取向的增权社会工作，关注老年个体和社区内小规模的居家老年人群体，以增加居家老年人的自主性为终极目标，既采用反身性—治疗性取向的社会工作中的理论和方法（如生命历程理论、优势视角、叙事治疗方法等），来解决老人的孤独问题，提升老年人的自主意识，又采用个人主义—改良主义取向的社会工作中的福利输送理念和方法，将现行政策体系中涉及老年人的福利服务精准输送到居家老年人，在现有的框架内为居家老年人争取到尽可能多的服务，满足其需求，提升其生活质量。

三　增权取向的社会工作在居家养老服务质量提升上的作用

有研究分析了社会工作在居家养老服务中的作用，认为社会工作承担着提升养老服务专业化的重担，直接影响着居家养老服务的质量，影响着老年人生活质量的提升，专业社工扮演着一系列重要的角色。[①] 社会工作介入居家养老服务，表现形式为社会工作者运用专业知识、方法和技能参与到老人的家庭中去解决难题和挑战。[②] 增权取向的社会工作满足了老年人的自主需求，有助于居家养老服务体系的完善，在老年服务中起着基础的预防作用，能有效全面提升居家养老服务的质量。

（一）增权取向的社会工作满足老年人的自主需求，提升居家养老服务质量

老年群体的差异性需要养老服务走向细致化、个性化和差异化，而这都需要社会工作的介入。增权是一项需要投入更多人力资源的活动，契合了老年人的个性化和差异化需求；也只有增权取向的社会工作中的精细化个案工作，才能做到像医疗领域一样，为不同的老年人提供合适的养老资源。

增权取向的社会工作介入居家养老服务强调参与式的工作方式，即强调老年人作为主体来表达自己的需求，参与社区居家养老服务体系的建构和服务的供给，在项目设立、实施和评估中拥有更多的决策权和话语权，积极发挥自身的主动性和能动性。增权社会工作注重培养老年人应对老年的知识和技能，提供老年人自主的平台和渠道，改善社会环境，改变老年人作为"问题"或"问题携带者"的刻板印象和老年歧视。增权取向的社会工作有助于维护老年人的尊严，满足老年人自主的需求。从个案工作的角度来看，可以促进个人潜能的激发，从小组工作的角度来看，可以促进老年人的社会化，而从社区层面来看，可以促进资源的整合。

（二）增权取向的社会工作有助于完善居家养老服务体系

增权社会工作在形式上完善居家养老服务体系，内容上使其丰富，

---

① 喻宁：《社工在社区居家养老中的角色》，《中国市场》2017 年第 20 期。
② 刘新萍：《论城市居家养老服务多元合作体系的建设及发展——以上海市静安区为例》，《甘肃行政学院学报》2009 年第 4 期。

通过提供专业化的服务，强化家庭功能，完善社会保障制度。在微观上，可以为服务对象提供能力建设，促进老年人的权能激发，调节家庭关系，协调人员的参与，提供精神慰藉。在宏观上，促进老年人的社会参与，整合社会资源，促进政策的制定和变迁。

综合李卓伦的"健康信念模式"和安德逊的"健康照顾使用的行为模式"，以及 Yeatts 等的修正和补充，可以发现，老年人接受居家养老服务有着诸多影响因素，包括客观上对自己身体状况的认知、个人的知识储备、对服务供给的了解程度、服务的可及性、个体的主观观念等，这些因素都决定着老年人对居家养老服务的使用。[①②] 再考虑我国"单位制习惯"的影响，居家养老服务的输送就需要综合考虑各种因素，如老年人自身需求的认知和表达、对居家养老服务的认知、权利意识的增强等，在这些方面，增权取向的社会工作具有明显的优势，在居家养老服务领域具有极大的介入空间。增权取向的社会工作是社会服务输送的一个重要的有效渠道，社会工作者承担促进者、联结者、支持者、鼓励者的角色，有助于居家养老服务体系高效运转。

（三）增权取向的社会工作起着整体预防的作用

增权的两种实施路径：一是普惠式，即价值观念的倡导、渗透，增权环境的营造；二是瞄准式，即针对特定的群体，运用增权模式进行个案管理或小组工作，提供专业化的具体服务，以期达到增权和老年人自主的目的。在不同的经济水平和政治取向下，侧重点会有所不同，这两种路径也是互为依存。没有普惠式的增权理念的贯彻和整体增权的环境的改善，瞄准式的增权服务将难以奏效、难以持续；没有瞄准式的增权服务，理念层面和环境层面的增权建设就落不到实处。瞄准式增权侧重于"点"，强调的是事后补救与恢复，普惠式增权强调的是"面"，侧重于事前预防。

增权社会工作如同医疗领域中的基础医疗工作（如接种疫苗、提倡健康的饮食和规律的作息时间、公共卫生、环保等），虽然不会直接看到病患的被治愈，但它从根本上减少了病患的产生，减少了大规模疾

---

① 罗佩思：《影响老人使用居家服务相关因素之研究——以高雄县为对象》，硕士学位论文，东海大学，2004年。

② 吕宝静：《老人照顾：老人、家庭、正式服务》，五南图书出版公司1990年版。

病的发生，将一些可能的疾病从根源上就杜绝了，降低了全体公民对有限医疗资源的消耗。同样，增权取向的社会工作也是养老领域中最基本的工作，是基础性的前置工作，能有效地激发全体老年人的潜能，从总体上促进老年人自主需求的满足，这样的工作是普惠性的、所有老年人都受益的，也是老年人力资源运用的根本，是整个社会都受益的事情。相比于事后针对已经出现问题的老年人进行个案工作，社会制度层面的增权和个体增权的倡导与引导，投入更少，受益面更大。

四 增权取向的社会工作在我国居家养老服务中的应用现状

（一）社会工作发展迅速，但还存在诸多问题

2006年党的第十六届六中全会做出建设宏大的社会工作人才队伍的战略决策之后，我国社会工作专业教育和人才队伍建设发展迅速，从师资队伍、学生培养到各地政府购买社会工作专业服务的发展，都出现了较大的变化。我国目前300多所高校开办了社会工作专业，100多所高校有社会工作专业硕士学位（MSW）教育；上海、深圳、广州等地社会工作职业化进程已经发展得比较充分，也投入了大量的人力、物力、财力购买社工服务……各种举措都昭示着社会工作的春天正当时。然而，繁荣背后的问题也不少：师资队伍的专业化程度不高、高水平本土化的研究不够、学生培养的专业性不足等问题突出。

对社会工作认可是不同层面的。从社工群体的自我承认方面来看，该方面的工作在形式上的承认是在社会工作教育内完成的，主要是专业符号、专业知识、专业理念等在从业者和学生群体中的普及与接受，并内化与践行；而在实质性承认方面则是社会工作主动参与社会服务，提供专业服务和创新专业服务。从政府层面来看，形式上的承认包括出台相关政策，倡导立法；而实质性的承认则是在制度上予以接纳、在人事财政上予以支持。当前，我国社会工作的自我承认方面取得了卓越的成就，但在实质性承认和政府层面都还有待进一步地提升。

（二）增权取向的社会工作在居家养老服务领域有待大力推进

首先，社会工作在我国居家养老服务的发展中没有发挥应有的作用。社会工作在居家养老服务中发挥作用不够有多方面的原因：一方面，社会工作在我国尚属新鲜事物，民众对这个专业了解甚少，社会工作的社会认可度仍不高。同时，由于决策者尚未对专业社会工作者的工

作进行系统完整的定位，整个社会开发和为毕业生提供的相应就业岗位较少，大量的毕业生因在就业市场上难以找到合适的岗位而被迫转型，造成专业培养与就业之间的脱离；另一方面，作为一个基于西方宗教文化和价值观念的专业，社会工作在我国的发展一直面临本土化的困境，如何在理论上立足于国情，更好地服务于我国居家养老服务实践，一直是业内不断探索的问题，由于目前尚未有实质性的突破，且社会工作在自身本土化方面做的努力不足，无法与我国实践更好地结合，社会各行各业对社会工作专业及社会工作专业的学生认可度普遍较低，而社会工作专业培养出来的学生也因水土不服或专业技能不熟练、不实用而得不到社会的认可。这种社会不熟悉、不认可，专业发展与实践发展结合不够紧密的困境，导致我国居家养老服务实践中专业社会工作没有充分发挥自身的优势。当然，居家养老服务本身发展不充分、社会各界还没有足够的认知、体制限制等一系列的因素也是形成上面结果的重要原因。

其次，我国居家养老服务的专业化程度普遍较低。在没有专业社会工作者参与的情况下，我国社区的老年人服务基本均由社区居委会负责提供相应的服务，以半行政化的方式推进居家养老服务，具体内容以传统民政工作覆盖的内容为主，包括对鳏寡孤独、有困难的老年人和政策上优抚优待的老年人提供经济上的补助和救济类服务，通常采取事后补救或社会救助的方式，服务对象的覆盖范围较窄，服务内容也局限于传统民政工作规定的内容，而非从提高老年人生活质量的角度去推进工作。在某种意义上，绝大多数地区的居家养老服务仍停留在老年民政工作的延伸和拓展的层面，缺乏真正意义上的专业化老年服务。导致这一局面的直接原因是我国的老年服务发展尚不充分和完备，仍处于起步阶段，处于被动应对老龄化的层面；间接原因则是未富先老的客观事实，绝大多数地方并没有更多的资源用以提供更多的服务，也没有资源将更多的老年人纳入服务对象范围中。这种状况不仅导致一部分有困难的老年人的基本需求得不到满足，也无法使一些经济能力较好的老年人得到更优质的养老服务。尽管全国各地进行了许多的探索，尝试为老年人提供更多的专业化、多元化养老服务，将专业社会工作纳入整个养老服务事业中，促进居家养老服务的专业化发展，但其进度和结果仍不尽如人意。

最后，增权社会工作在居家养老服务中的应用有待进一步探索。老年社会工作是整个社会工作领域中的"重点"，它服务的对象群体最大，并且随着社会的发展，服务对象群体规模将日益增大。从中国人口分布来看，出生高峰期的一代人即将从中年迈入老年；从同期群的视角来看，这一人群规模的陡然增加将给养老领域带来巨大的压力；这一同期群推动了社会的变迁，而自身也不断受到社会变迁的形塑，那么，他们的生命历程以及现实处境，都会给老年社会工作带来巨大的挑战。在这一问题全面来袭之前，我们可以未雨绸缪，从理论、方法和实践经验上做一些准备，寻求应对之道。社会工作介入居家养老服务分为微观、中观和宏观三个层面，目前我国社会工作介入社区居家养老服务主要停留在提供直接服务的微观层面，较少涉及中观层面，宏观层面的介入尤其薄弱。完善社会工作介入居家养老服务的体系，就要加强社会工作在中观层面和宏观层面介入居家养老服务的引导，消除中观层面和宏观层面介入的障碍。

总体上看，我国老年社会工作尚处在起步阶段，老年领域中的增权社会工作还没有形成共识，也没有可供操作的实务模型；增权意识缺乏；欧美国家的增权理论模型和实务经验照搬过来后水土不服；实务操作过程中重技能和表面程序，对普适性的基本原则强调不够；对个人尊严和自主权利的尊重不足，迷失在方法和技巧的细节当中。

第二节 增权取向的社会工作要素

在传统社会工作中，社会工作价值观、社会工作者、受助者和助人活动是其四大要素，增权取向的社会工作也同样包含这四大要素，但也有自身的特点，根据王思斌①等文献，增权社会工作的要素概述如下：

一 价值观（values）

社会工作价值观是指社会工作者所秉持的信仰、观念、理论取向

---

① 王思斌：《社会工作概论》（第二版），高等教育出版社2006年版。

的一个模糊表述。很显然,每个人的价值观念是不一样的,暂且不说源自西方的社会工作专业起源于宗教的慈善活动,本身带有基督教文化价值观念的烙印,即便作为一门科学或一项技能,所持有的理论取向也是不一样的。因此,在通识类的教材中,一般将社会工作价值观描述为"社会工作者所持有的助人观念",笼统地称为"利他主义"。但在社会科学中,对于"社会工作是什么?怎么开展社会工作?受助者的世界①是怎样的?"这三个问题都有不同的理解,行使助人活动的人对自己的看法、对受助者的看法和对助人活动的看法也是不一样的。

增权取向的社会工作要求社会工作者秉持这样的价值观念:在权能激发过程中,社会工作者与受助者一起,将促成受助者发展出自我效能提升、自我行动意识提升、自我价值感提升和自我控制感提升的心理状态作为最终目标。

二 社会工作者(social worker)

社会工作者在通常情况下简称为"社工"。在专业视域内,社会工作者是指持有助人观念、经过科学训练、具有社会工作方法和技能的实务工作者。社会工作者是社会工作实施的起点,否则整个社会工作实务就无从谈起。社会工作者从事的专业社会工作与社会上兼职的社会性服务型工作是截然不同的,后者在助人观念、专业训练、方法和技能等方面缺失一项以上,达不到专业要求的标准;在民政系统、居委会、福利院等从事社会救助和社会福利的工作人员,如果不具备上面三个条件不能称为专业的社会工作者。

增权社会工作中的社会工作者不仅要具备上述要求,同时要具备与受助者建立伙伴关系、一起参与现状评估、与受助者一起界定问题和解决问题的能力。增权社会工作认为,增权不是社会工作者赋予受助者权力——也没有谁能做到这一点,而是社会工作者促进一些教育、意识提升的活动,推动受助者的参与,让受助者具备权能激发的能力,从而采取行动。

---

① 这里的世界指"领域:人的某些活动范围",包含受助者的人格、婚姻、家庭、民族、阶层、性别等方面的文化人类学解释,也包含一般性经验的文化含义。

三 受助者（client）

受助者即工作对象或服务对象，在我国语境里通常称为"案主"。受助者是遇到困难或身处困境中的人，无法通过自己的努力解决当前问题，并愿意接受社会工作者帮助的人。

增权社会工作认为，应通过增权的过程，促使受助者意识到自身的经验并不是独特的，而是具有共通性的，这能降低受助者的自我谴责和自卑感，从而将问题归因为外在的因素，同时与他人形成互助的共同体，提升集体行动的能力。增权社会工作通常会给受助者提供机会和平台，把自己的经验和故事讲给处于类似困境的人，从而确认相同的经验和感受，形成团体意识，彼此在团体中找到归属。

四 助人活动（helping）

助人活动是社会工作者与实现助人、受助者实现受助的载体和过程，是一个社会工作者和受助者共同参与的行动体系。通过助人活动，受助者将自身的需求、对情境的理解、选择和反应反馈给社会工作者，社会工作者将一系列精心准备的活动、信息、服务输送给受助者，从而满足受助者的需求。

意识提升、教育和行动是增权的三大活动，连接直接面向老年人的个案工作、小组工作和社区工作，乃至间接面向老年人的社会行政这四个层面。增权社会工作中的助人活动更强调活动的目标：通过增权行动，受助者培育出批判性思考所需的知识和技能，学会主动寻求资源，发挥自身潜能，运用习得的技能影响所处的环境。在心理层面，受助者学会承担责任；在行为层面，受助者积极融入团体中，与其他人一起行动，促成共同目标的达成，甚至是整体环境的改变。

价值观、社会工作者、受助者、助人活动这四个要素是一体的、不可或缺。增权社会工作将权能激发、融入这四个要素中并一以贯之：社会工作者秉持增权的理念，与受助者共同界定问题，采取行动，帮助受助者学会批判性思考的能力、获取信息和资源的知识和技能、采取行动所需的技巧；通过行动，受助者学会把问题放在外在的社会结构和社会环境中，与处于同一情景、具有共同经验的他人一起开展活动，满足自己的需求，通过自助、互助，实现自主，掌控自己的生活。

第三节 增权取向的社会工作过程

增权社会工作的过程是社会工作四个主要要素协同的过程，是一个社会工作者和受助者权能激发的过程，受助者通过习得批判性的思考能力、知识和技能，通过个人的、人际的和政治层面的参与，不断激发自身的潜能，获得解决问题的能力，实现自身的增权，满足自身自主的需要。在这一过程中，社会工作者与受助者不断互动，互为主体，彼此间形成伙伴关系，共同界定问题，社会工作者充分尊重受助者自觉，共同增权，实现受助者自主的目标。在居家养老服务中，增权社会工作开展的过程如图 10-1 所示。

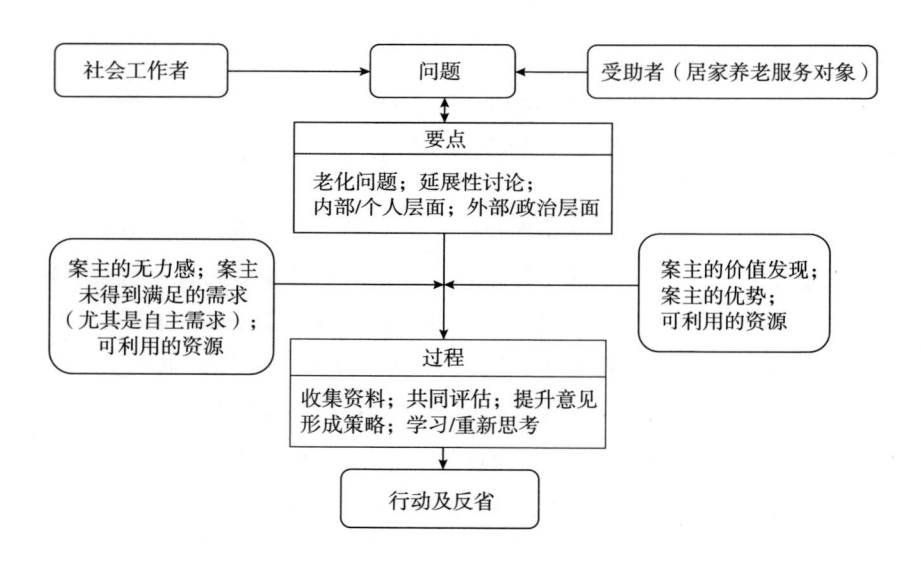

图 10-1 增权取向的社会工作开展的过程

资料来源：Enid O. Cox，Ruth J. Parsons，*Empowerment-Oriented Social Work Practice with the Elderly*，Brooks/Cole，A Division of International Thomson Publishing Inc.，1996。根据我国实际情况进行了修改和完善。

一 明确角色，建立关系

增权社会工作强调社会工作者与案主之间的合作伙伴关系，强调两者之间平等互助、共同参与的重要性。因此，建立平等的伙伴关系是整个增权社会工作的起点，是决定后续活动能否成功的关键。

传统社会工作中，社会工作者与案主之间知识与技巧的传授者、问题界定者、方案制订者，起着主导地位，以便在工作中实现其专业知识，完成既定的任务和目标。增权社会工作重新界定了社会工作者与案主之间的关系，[1] 改变以往将案主视为问题携带者的做法（类似医患关系中的病患），视案主为伙伴与资源，即共同行动的参与者，互助资源的潜在提供者。在增权社会工作中，社会工作者的角色意识淡化，将重点放在知识与技能代入与案主相互合作的关系中，重视案主的价值和优势，要对专业知识的神秘感进行"驱魅"，案主也被视为知识与技能（专业知识）的来源。社会工作者与案主之间不是权威式的关系，而是平等的伙伴关系。在具体的实务工作中，影响平等关系建立的因素有：[2]

1. 克服先入为主、刻板印象的能力

对社会工作者而言，先入为主的角色认知就是社会工作者经过专业训练，拥有常人所没有的知识和技能，足够优秀，能担负起解决问题的任务。此外，由于接受过正规的训练，"助人自助"的观念已经深入内心，不自觉地将助人者的角色代入关系的建立中，比较难以接受平等的伙伴关系。对老年案主而言，先入为主的角色认知就是关于老年人的刻板印象，将老年人视为弱势者、无价值者、无力和无能，这很容易将社会工作者与老年案主代入传统社会工作的治疗模型中，老年人内化刻板印象，习得性无助和无力，阻碍老年人对自身优势和资源的自信。这两方面的阻碍在关系的建立中都有待克服。

2. 权力与地位的价值观

在专业主义的语境中，社会工作者和案主的权力与地位是不平等的，社会工作者很容易在意见交换、问题界定、采取行动中占优势地位，从而主导整个过程。增权社会工作要求两者建立平等关系，克服权

---

[1] Anthony N. Maluccio, *Promoting Competence in Clients: A New/Old Approach to Social Work Practice*, New York: Free Press, 1981, p.256.

[2] ［美］埃尼德·奥考克斯、露丝·J. 帕森斯：《老人社会工作——权能激发取向》，赵善如等译，扬智文化事业股份有限公司2001年版。

威式的关系对增权过程的主导。

3. 社会工作者与案主发现彼此优点并相互赏识的能力

增权社会工作对社会工作者具有较高的要求：社会工作者能厘清问题的来龙去脉、问题所处的文化情境、案主的优势与价值、案主的价值观和能力、案主的知识与技能、案主的正式与非正式支持体系等。而案主也需要持有开放的态度，相信增权的努力与可能性，与社会工作者一起主动参与到整个增权的过程中。

4. 社会工作者与案主接受及尊重多样性的能力

尊重多样性指的是社会工作者与案主发现和承认彼此的优点，同时对缺点彼此包容，不采取批判性的方式来对待，彼此共同分享经验，朝共同的目标前进。

当在明确角色、建立关系的过程中遇到老年案主的特殊情况，如心智受限、老年痴呆倾向等，这时要秉持的原则是：充分的尊重和不断评估，尽可能让案主参与决策和整个过程。需要注意的是，强调增权、参与、自助、自主的社会工作在开展的过程中会不断面临新的问题，并不单单是上述四个方面的挑战。无论何种取向的社会工作都会有目标，而在目标导向的情况下，目标很容易变为社会工作者提出的规范目标，因此，不断反省和修正，社会工作者与案主形成伙伴关系，双方充分参与整个过程，实现案主觉醒、发挥优势、获取资源、自我能力提升等主要目标。

建立关系的步骤和操作要点见附录二。

二 界定与评估问题

与传统社会工作不同的是，增权社会工作将评估与界定问题视为案主意识觉醒和提升的过程，强调案主社会工作者以伙伴关系为基础，彼此互动，共同收集和分享信息，全程参与整个界定和评估的过程。[1]

在专业知识方面，社会工作者与案主共同分享相关信息。如关于老化的知识，在传统社会工作中，被认为是由老年学领域中专家所掌握。但在增权社会工作过程中，社会工作者与案主共同学习和分享关于老化的知识，有一定学习能力的老年案主在学习老年人生理、心理的变化规

---

[1] Longres, J. F., *Human Behavior in the Social Environment*, Itasca IL: F. E. Peacock, 1990, p. 156.

律和变化过程之后，案主学会了相关知识，对自己老化的情况有了了解，能坦然面对和接受自己的变化。更为重要的是，通过共享和学习，案主可以将自己所学到的老年学知识在互助和日常交流的活动中传播开来，充分发挥老年人的资源优势。

在界定问题时，社会工作者所起的作用是跟老年案主共同讨论，引导老年人回顾自身的经历和分析问题的原因，与案主一起收集和筛选资料，运用批判性思维分析问题。

三　分析老年人的无力感，明确老年人的需求

在建立关系之初就观察、询问及不断反复交流，分析老年案主产生无力感的影响因素，找到老年案主自主方面的需求。通过剖析老年人无力感的内在和外在因素，找出问题的关键。与此同时，明确老年人的需求，在条件允许的情况下，与老年案主家人、邻居、朋友或社区工作人员交叉确认，找出问题所在。

四　发现老年人的价值，确定老年人的优势与资源

从优势视角帮助老年人一起进行一个整体性，但非诊断性的评估，找出老年案主的优势与资源。社会工作者通过这一过程与案主一起评估，帮助案主感受到能力感和控制感，增强老年案主对达成目标的信心。传统的做法是通过诊断式、功能性或心理治疗式的评估，列出老年案主的疾病和问题，忽视老年人的优势、拥有的资源及其潜能。增权取向社会工作在了解问题的同时关注案主的优势和资源，关注老年案主的期望、正在做的事情，分析并判断老年人具备可以做哪些事情的能力，充分尊重老年案主的尊严和自我价值，从而推动老年案主自主、自助、自决来解决问题。

运用优势视角可以帮助社会工作者与老年案主之间建立良好的互动关系和相互信任感，有助于社会工作者认识案主的特质和独特的生活经验，了解到哪些优势和资源可以规划到后续的活动中去，并充分考虑到非正式照顾者的努力，避免抑制老年案主自身的潜能而使用过多的正式服务。

执行这一过程可以采取社会工作者与老年案主共同制作优势与资源清单的方式来进行。这一清单包含老年人及其环境中以下几个方面的信息：日常生活状况、健康、财务/保险、社会支持、休闲娱乐、兴趣特

长。清单的前三个方面是基于老年人基本生存方面的需求,有助于查漏补缺,验证其真正的需求,后三个方面是与老年人生活质量有关的三个方面。

清单是一种系统性的策略工具。整个清单能了解个体的生命历程、所处的环境和需求,了解老年人的行为背景,从这六个领域找到的信息,为下一步的目标和计划制订奠定基础。清单也能帮助社会工作者进入老年案主的世界,发现其所处的环境、个人所具备的优势和资源。具体的清单样本、清单制作的原则与注意事项见附录二。

五 共同制订目标与计划

目标的设定是增权取向社会工作的一个重要部分。在治疗取向的社会工作中,目标与计划虽然也会遵循"案主自决"的原则,但目标的提出和计划的执行都将社会工作者摆在一个绝对主导的地位,社会工作者决定安排怎样的服务和频次,社会工作者自己评估案主的状况并决定是否调整计划,这些做法没有考虑案主的个人喜好和兴趣;没有与案主一起参与目标的设定和计划的制订;没有将案主的需求、案主的优势和资源充分考虑在内。增权社会工作在制定目标与计划时,充分反映案主的目标、期望和需求,社会工作者和案主之间充分合作,根据案主的动机来决定服务和活动的开展,增权导向的目标和计划从案主的生理和心理状况开始,并与案主一起朝向更高层次的参与,社会工作者的主要作用是增强案主决策的自信心,为案主提供可替代的选择。

提升案主的参与能产生较好的结果:社会工作者减少了替代案主做错误决定的风险,减少了作为"全能"专家的焦虑,避免了做出有害决定的错误。国外的实证研究也证实了这一点:目标与计划由社会工作者和案主共同做出,并以案主的语言来陈述,设定得较好,产生的结果也更佳。[1]

六 获取资源

增权社会工作以优势视角发现老年人的价值和资源,充分利用老年人外在的和潜在的资源,积极寻求环境中已有的资源,尽可能实现老年

---

[1] Epstein, L., *Brief Treatment and a New Look at the Task-Centered Approach*, New York: Macmillan, 1992, p.150.

人的自助。环境中的资源存在于家人、朋友、机构、社团、社区等方面，本身是比较丰富的，社会工作者需要对已有的资源和支持性的社会服务有广泛的了解，同时需要具备连接资源的技能，与老年案主一起去争取相应的资源，满足老年人的需求。

正式支持系统和非正式支持系统都是老年人可利用的资源。为了清晰地获知老年人的支持系统资源，社会工作者应与老年案主一起绘制支持系统图。

在资源获取的过程中，可以遵循一个 4A 原则，即从资源的可获得性（Availability）、可接近性（Accessibility）、充足性（Adequacy）、便利性（Accommodation）这四个方面进行思考。① 以下举例说明：

1. 可获得性

可以获得什么样的资源来满足老年案主的需求？如社区或网络平台有为居家老年人提供的送餐服务吗？社区有适老化设施吗？有没有社会工作机构或慈善组织？老年人利用社区资源是否有门槛限制？限制条件是什么？

2. 可接近性

老年案主接近资源的障碍是什么？如现在大多数社区设置了日间照料中心，但不一定提供交通接送，且日间照料中心的上下班时间与老年人子女上下班时间相同，老年人可能无法负担交通费用或家人无法接送老人而阻碍了老年人对日间照料中心服务的使用；或者日间照料中心缺乏电梯或缓坡通道，坐轮椅的老年人即便有家人或交通车接送，也无法接近日间照料中心的服务。

3. 充足性

资源能满足老年案主的需求吗？如房屋是否适合老年人居住？（如是否安全？是否潮湿？水、电、气是否安全可用？）日间照料中心暖气是否充足？（在北方地区尤为重要）

4. 便利性

案主获得资源是否方便？如居家养老服务中为老年人集中安排了商

---

① Charles A. Rapp, *The Strengths Model: Case Management with People Suffering from Severe and Persistent Mental Illness*, New York: Oxford University Press, 1998, p. 56.

场购物的交通车，但有的老年人因为听力不好，没有听到招呼，没能坐上交通车——这样的服务就不具备便利性。居家养老服务中的一些服务需要对老年人的普遍性和独特性有清晰的认识，以便在服务内容和服务输送上做出调整，适应老年人的特殊性。

七　反省与行动

问题的界定是一个持续动态的过程。增权社会工作的开展会帮助老年案主提升意识，获得自主、自助的能力——老年案主可能会改变之前的看法，对问题有新的认识——这需要社会工作者根据新的情况进行评估，并不断反省活动开展过程是否达到目标、是否需要调整等。在整个活动的进行中，社会工作者与老年案主保持经常性、持续性的接触，给案主提供持续的引导、互动和反馈，持续进行跟踪与合作，根据实际情况采取行动。

八　结案

当老年案主自主意识提升、自助能力形成、融入互助团体并发挥自身价值，具备解决问题能力时，增权社会工作的目标达成，此时开始考虑结案，即结束正式的工作关系；可以在接触上逐渐减少频次，同时向案主保证需要时还可以获得持续的支持。

第四节　增权取向的社会工作方法与策略

在社会工作中，个案工作、小组工作、社区工作和社会行政是四大主要工作方法，前三个称为直接工作方法，最后一个称为间接工作方法；当前的社会工作方法越发倾向于多种方法的整合，形成社会工作综合模式。本书虽然将个案工作、小组工作和社区工作单独列出，但三者之间并不是泾渭分明，也不存在明显的先后顺序，而是增权导向的社会工作综合模式的有机组成部分。

在增权社会工作中，需要根据案主人数的多少、活动阶段、目标的推进情况来确定社会工作方法。一般而言，个案工作方法适用于单个老年案主或家庭，可以采用叙事疗法等具体的技巧开展一对一的工作。小组工作，也称团体工作，适用于多个类似处境的老年案主，可以组织团体活动，通过集体叙说和互动，分享彼此的故事，彼此间确立共同的经验，为进一步的互助和组织起来开展活动打下基础；由于这一过程涉及人与人之间的互动，所发展出来的工作方法也成为人际间的互动策略。社区工作涉及更大的层面，一般以整个社区的老年个体为服务对象，通过社区进行服务输送，以及在社区层面进行变革，促进社区发展。

增权社会工作方法与策略的选择如表 10-1 所示。

表 10-1　　　　　　　　增权社会工作方法与策略

方法	个案工作	小组工作	社区工作
关注的焦点	老年案主的需求、困境、价值和心态	相同经验和情境中的老年案主共同的问题；个人优点和缺点；自助；互助；集体行动	环境改善；组织；服务输送问题；政策上的参与
目标	找出无力感及其来源；批判性思考；发展自主意识和自主的能力；自助和互助；倡导；环境改善		
主要任务	建立社会工作者与老年案主的关系；满足紧迫性的需求；把个人家庭和现有的服务衔接起来；获取资源和信息；意识提升	老年人生存教育；学习老化方面的知识；学习个人成长问题解决的知识和技巧；共同经验和感受的确认；自主意识提升；开展自助活动；助人与互助；集体行动	学会组织起来；学会与专业人员和政策制定者沟通的技巧；参与活动来改变组织；参与决策；创造或加入自助团体或组织；从事社会行动
主要行动者	老年案主、家庭（主要网络）、社会工作者	老年案主、家庭、小团体	个人、家庭、机构、小团体、大团体、组织、社区
主要的改变标的	个人、家庭、社会工作者	个人、团体、共同的问题	个人、机构、组织、社区团体、社会政策
本书采用的技巧或方法	叙事治疗法	生存教育；互动模式	社会行动模式

资料来源：王思斌：《社会工作概论》（第二版），高等教育出版社 2006 年版；Enid O. Cox, Ruth J. Parsons, *Empowerment-Oriented Social Work Practice with the Elderly*, Brooks/Cole, A Division of International Thomson Publishing Inc., 1996.

一　个案工作

个案工作在社会工作三大传统直接方法中起源最早，也是小组工作和社区工作开展的基础。个案工作最早由玛丽·瑞奇蒙（M. Richmond）开创，"它以个人和家庭为着手点，通过对个人和家庭及其所处的环境作有效的调适,以促进其人格的发展和家庭关系的调适"。① 模式和实务方法主要有危机介入模式及方法、任务中心模式及方法、"社会—心理"模式及方法、行为治疗模式及方法、叙事治疗模式及方法;其中叙事治疗模式认为传统社会工作模式与忽视了个人的独特性和个体的意义性,抑制了个人的能动性,因而主张采取社会建构主义的理念,通过对案主生命历程的解构,重写案主的生命故事,在这过程中激发社会工作者和案主的反思,帮助案主重构自己的经历,将案主从充满问题的故事中解脱出来——这一工作模式符合增权社会工作的理论假设和要求,因而本书在针对空巢老年案主采取个案工作时采用了这一模式的方法。

增权取向个案工作的主要任务是与案主建立工作关系,与案主一起确定案主的需求,识别案主的问题及原因(资源匮乏、人际冲突、情绪问题、特定环境问题,以及案主其他方面的信息),获知案主对问题的看法,对案主的无力感、优势与资源进行评估。②③

二 小组工作

小组工作方法形成的时间较晚,直到1946年才在美国被正式接受为社会工作的方法。杜威(John Dewey)的进步教育理论和佛莱特(Mary Follet)的"新国家"理论发展了小组工作中关于社会参与、社会行动、民主过程、学习与成长等理念。20世纪60年代之后,小组工作多元化发展,已经形成了较有影响力的理论模式和工作方法。小组工作可以侧重于个人的成长与社会目标的达成,可以侧重于个人的发展,也可以侧重于针对个人的治疗。在功能上,小组工作可以:①影响个人的转变,通过人际关系和团体价值观的影响,个体扩大经验,改善人际关系,学习他人优点,学习应对危机的方法;②培养个体的责任心和角色意识,承担起教育性、治疗性和矫正性的功能;③团队成员共同思考、共同协作、共同面对相同的问题,通过互助集体解决问题;④小组成员学习新的知识、技巧,适应社会需要的价值观,培养更加积极的社

---

① Richmond and Mary Ellen, *What is Social Case Work? An Introductory Description*, New York: Russell Sage Foundation, 1922.
② [美]埃尼德·奥考克斯、露丝·J.帕森斯:《老人社会工作——权能激发取向》,赵善如等译,扬智文化事业股份有限公司2001年版。
③ 张恺悌:《老年社会工作实务》,中国社会出版社2009年版。

会角色。小组工作实践的理论基础主要有学习理论、心理学理论和系统理论，主要工作模式有社会目标模式、治疗模式、互动模式。

增权社会工作中小组工作的主要目标是提供知识和技巧，通过团体的方式解决一些特别的问题，使团体中的老年人完成老年生存的一般任务。一般而言，老年人会面临与老化有关的发展性任务，如生理衰退、经济收入下降、退休、丧偶等，这些变故是大多数老年案主身处困境的主要原因；然而，几乎没有老年人系统地了解老化过程中的基本知识。因此，通过小组工作的方式，将老化知识、权能激发教育等老年人生存教育知识传送给老年人，提供相应的训练，让老年人了解老化的过程和老年生活中可能面对的问题，提升老年人的自主意识，学会处理变化的技能和获取资源的方法。采用的方法包括老化研讨会、老年生存教育课程、经验交流会、工作坊、小团体演习会；由于信息技术的发展，越来越多的方式可供选择：老年知识视频讲座、微信群、公众号、腾讯会议模式、直播等方式都是可采用的方式。持续进行的小组工作给老年人提供了一个支持网络，为老年人发现自身的价值提供了平台。小组成员通过面对面的交流和训练，彼此认同相同的经验和感受，了解自身所面临问题的"普遍性"，能摆脱心理上的无力感，引导老年人自主和集体行动。

在小组工作中实现老年案主的自助和助人是一个重要的目标。一方面，老年案主个体在团体中学习老化的知识，寻求支持，减少孤独感和自卑感，找到归属感，同时学习集体的智慧，得到"增能"，从而实现自主和自助；另一方面，老年案主集体参与活动，形成自助团体，能扩大集体行动的力量；小组成员不仅自己尝试自助解决问题，同时也将自己解决问题的能力和方式传授给小组中的其他成员，帮助其他正在困境中挣扎的成员，通过助人而实现自我，体现自己的价值，获得价值感，摆脱无力感，在掌控自己生活的同时获得自尊和尊重，自己的满意度提高，生活品质也自然得到提高。

三　社区工作

社区工作发端于城市，早期命名为社区组织工作，第二次世界大战后联合国倡导，兴起了社区发展运动，直至1962年美国社会工作教育课程委员会正式认可社区工作为社会工作的基本方法之一。社区工作早期专注于整个社区减贫和社区整体发展，鼓励居民互助，后来转向少数民族、老年人、妇女、儿童等弱势群体。当今三大社会工作方法中，社区工作更多起到一种辅助的方法。

社区工作是一种介入方法，运用集体行动的方法，强调居民自助、互助、自主和自决，解决社区问题，培养社区归属感和认同感，促进社会转变。在理论上，社区工作注重社会分析和意识形态的指导，常运用社会变迁理论、社会运动理论进行指导，采用地区发展、社会计划、社会行动等模式，促进社区整体的发展。

老年人增权社会工作中关注社区工作的整体性和其促进社区居民自助的取向，强调社区大部分老年人组织起来，促进环境的改变，改善服务输送的问题；通过组织性的发声与谈判，让外界重视相关问题，直至影响政策，在社区和政策层面实现参与和增权。

第五节 增权取向的老年人生存教育

老化的过程、老年期的生活是所有老年人都要面对的，但几乎没有老年人事先就了解老化的过程，知道如何应对老年生活。因此，居家养老服务中，老年人生存教育是极其重要的内容，是所有老年人都迫切需要的。居家养老服务中增权实务的一个重要任务就是传播老年人生存所需的实用的知识与技能。

一　老年人的教育需求

进入老年期后，老年人面临着新的挑战，这些挑战包括如何面对老化、如何适应晚年生活情境、如何利用正式和非正式的支持系统、如何解决老年期可能遇到的问题等。这些晚年生活情境和新变化催生了新的教育需求，需要通过教育来掌握解决问题的技能，了解晚年生活，驱除恐惧感和无力感，实现自主掌控生活的目的。

二　老年人面临的新挑战

尽管每个老年人都是不一样的，每个老年人拥有不同的资源、处在不同的家庭、面对不同的问题，但所有老年人都会面临晚年生活中一些相同的挑战：老化的过程、健康问题、配偶或身边重要他人的离世、财务问题和依赖性增加等。

（1）老年人进入晚年期后必然面临一系列的改变，这是常见的，也是正常老化的一部分，是所有老年人都会面临的，只是时间上的先后，如果老年人对这些变化一无所知，那必然会茫然不知所措，陷入害怕和沮丧的境地，这就需要老年人了解老化的过程、正确认识到自己身上发生的变化。

（2）老年人的依赖与日俱增，需要家人、亲戚、朋友等构成的非正式支持系统的帮助也日渐增多，这要求老年人能调整接受帮助的态度，学会请求帮助，学会清晰有效地表达自己的需求。

（3）老年人对外界支持的依赖增加，需要更多的沟通技能，提升解决问题的能力。在一个老年人刻板印象和老年歧视较严重的环境中，老年人往往会内化外界的负面认知，形成无力感，因此会回避可能的冲突，刻意跟正式支持系统或非正式支持系统保持距离，避免与他人互动。

（4）进入老年后，与老年服务等正式支持系统的接触会增多，需求会增加。医院、社区日间照料中心、老年大学、社工机构之类的社会组织等是老年服务的输送系统，老年人需要了解并学会获取这些服务的渠道与技能。

（5）价值实现的需求。每一个人都希望成为一个有价值的个体，能为社会和他人做些贡献，为他人提供服务或继续参与生产同样是需要具备技能和知识的，也需要他人的引导。每位老年人都有自己的资源和禀赋，有自我实现的需求，需要合适的情境、知识和技能来激发潜能。

（6）学习合作与参与的技能。从有酬劳动市场退出后，老年人参与社会面临着新的情境，互动对象、目标、内容都不同，如何参与公共事务、如何合作、如何实现老年人共同利益都是新的挑战。

三　老年人的一般性教育需求

针对上述的挑战，老年人有相应的教育需求。许多文献都有涉及老年人的教育需求，比较权威的是 MsClusky（1973）[①] 提出的老年人教育需求纲要，包含了如何处理日常事情的需求、价值实现的需求、提升自

[①] MsClusky, H. Y., *Education for Aging*, Washington D. C.：Adult Education Association, 1973, p. 267.

己影响力的需求、学习的需求、自我超越的需求。

表 10-2　　　　　　　　　　老年人的教育需求纲要

需求种类	具体内容
1. 因应的需求（Coping Needs）	如何处理日常生活任务：健康照顾、营养和收入的维持与管理
2. 贡献的需求（Contributory Needs）	如何通过提供服务来进一步增进生活满意度：在公立和私立的服务组织中工作，参与立法事务，在学校授课
3. 影响的需求（Influencing Needs）	如何运用一些控制来影响所生活的世界：联合其他人一起力求改革对所关心的事发表言论、进行讨论与发表意见
4. 表达与沉思的需求（Expressive and Contemplative Needs）	如何为了纯粹的学习乐趣参加活动：学习新的手工艺技巧，学习新的语言或舞蹈，研究长久以来人们感兴趣的主题
5. 去超越的需求（The Needs to Transcend）	如何超越生理经验而达到一种更高的且属于精神层次的领悟

资料来源：Enid O. Cox, Ruth J. Parsons, *Empowerment-Oriented Social Work Practice with the Elderly*, Brooks/Cole, A Division of International Thomson Publishing Inc., 1996.

晚年生活的挑战直接增加了老年人的依赖性，这就要求老年人直面这些问题，获得新的知识和技能来解决这些问题。增权导向的老年人教育应该涵盖问题处理能力、价值实现、影响力提升这几个方面，并且应以需求为导向，鼓励老年人发挥自身的潜能，促进自己的身心健康，同时帮助他人与社会。

四　老年人生存教育中的增权

在增权导向的老年人教育中，主要任务是提升案主的能力，并使案主成为助人者，在这个过程中，社会工作者是教育者、引导者，但绝不能成为案主的依赖。教育的需求由案主自己确定，工作者与案主相互分享知识与技能，案主之间或其他类似情境的人员之间也相互分享彼此的经验、知识和技能，实现互助。案主接受生存教育只是增权的一个阶段，在习得知识与技能的同时将知识与技能转移到其他老年案主身上，自己成为教育者、训练者和助人者，在价值实现中驱除无力感，找回自尊，实现自我。

（一）增权教育的三个阶段

Zimmer 根据在自主团体中的工作经验概括了三个与自助相关的学

阶段[①]：

一是知识与技巧的传授。通过引导与共同探讨确认老年人的教育需求，当老年人在获知有关老年生活的有关信息之后，形成主动寻求相应的知识和技能的意识，相应的增权教育就能实施，老年人就能产生自主学习。

二是互助。共同学习有关老年的知识和习得相应技能的经历，能促进小组工作中老年人了解问题的普遍性，增强小组的团结。当小组成员接受协助，然后开始助人时，互助得以产生，老年个体的增权在小组成员大范围得以实现。

三是倡导。小组凝聚力增强，对问题的认识进一步提升，可以达成形成一致社会行为，并为小组成员的共同利益开始倡导。这个过程能催生更多的需求，老年成员因此主动学习多种知识和技能，并彼此分享。

需要注意的是，在增权教育的上述三个阶段之间并没有先后顺序，可能同时发生，也可能从某一个阶段开始，然后延伸至其他阶段。[②]

实现增权的目标，晚年生活的生存教育、针对特定问题或老年期的特定情况进行教育、形成自助团体或自助网络等措施都是必要的。在学习、自助、互助的过程中，老年人通过互动确认个人的问题并不是孤立的、独特的，而是普遍的，这样能消除老年人的自责感，也能促进老年人彼此联合，为自己的利益或他人的利益去改变环境。针对老年人的增权教育是一种可行的方式，可以增加老年人对生活的掌控感，同时还能发挥自身的潜能，实现个体的价值。

（二）增权教育方案

增权教育方案与传统社会工作存在明显的不同。增权教育方案中社会工作者担任的角色是咨询者、使能者，而不是专家；需求的确定由老年人与社工交流、探讨确定，而不是权威的决定人；老年人在教育方案的制定、执行、评估中具有最高程度的参与，不仅参与知识的获取与分享，参与技能的习得与传授，参与资源的获取过程与经验的传播，还参

---

① Zimmer, A. H., "Self-help Groups and Late Life Learning Generations", *Journal of Primary Prevention*, Vol. 12, No. 2, 1988, pp. 19-21.

② ［美］埃尼德·奥考克斯、露丝·J. 帕森斯：《老人社会工作——权能激发取向》，赵善如等译，扬智文化事业股份有限公司2001年版。

与团体活动与集体活动的促进。增权教育方案中老年人参与设计学习方案、学习内容，并把自己的经验、技能带入小组中，既是学生，又是传播者。总之，参与的原则贯穿于整个增权教育方案之中。

增权教育方案设计时要考虑到需求、目标和内容这三个主要方面。

1. 需求

如何处理老年生活、如何认识老年社会，以及如何了解老化的过程和状况是增权教育的重点。当老年个体对老化的过程不了解时，对自身出现的一些状况会吓到自己，如身体机能的下降、心态的变化，一些老年疾病的出现等，会产生恐惧感和无力感，当老年个体面对收入锐减、目标丧失、价值感缺乏等状况时，就会出现不知如何安排自己的生活，日子过得很糟糕的状况。生活中这样的情况不胜枚举，如老年人花光积蓄乱买保健品、老年人理财被骗等案例频频出现在报纸杂志上。此外，老龄化社会是怎样的？会对个体有哪些影响？个体如何应对？这类问题也是老年人晚年生活中需要了解和学习的。

2. 目标

结合老年人的需求，其生存教育的知识与技能教育目标应包括：

（1）了解老化过程，学习老化的相关知识，如进入老年期后身体上的变化特征、心理上的改变、情绪的变化、营养知识（保健知识）、社会上不正确的刻板印象和老年歧视、生命周期及生命教育（临终关怀教育）。

（2）老年生活的财务安排，帮助老年人厘清收入与支出的情况、学会遗嘱的使用；培训必要的理财知识，教会老年人识别常见金融陷阱，使老年人远离金融诈骗。

（3）协助老年人了解和对待常见的情绪问题：失落、孤单、沮丧、无力感、无助感。

（4）协助老年人了解老年服务的获取渠道（主要是政府和社会组织提供的福利服务，如救助、补助、医保、低保、福利政策、法律援助、信访等）。

（5）培训问题解决的技巧，包括解决冲突的技能、沟通的技能、合作的技能。

3. 内容

根据目标，可以设置以下内容：老年人口统计、老龄化的趋势、老化过程中的正常生理、心理、情绪与社会改变、老化的异常情况（生理与心理疾病）、常见疾病知识、保健知识以及生活中基本问题的处理技能（如财务问题）等。

在一些老年大学开办了相应的老化课程，但资源有限，能上老年大学的人极其少。将增权教育输送给有需要的老人还需另辟蹊径，如在社区活动中心、日间照料中心、医院、食堂等地方，老年人既是学生，又是老师，不断拓展教育主体，扩大传播范围。在信息化时代，利用QQ、微信、抖音等新媒体开展老年教育具有更强大的优势，当老年人知道自身面临的问题是共性问题时，知道他们正在处理的老化情况是正常现象时，老年人去除了无力感，也就为下一步成为问题自助解决者和助人者奠定了基础。

第六节 居家养老服务中的增权实践

本书研究依托 D 市 D 社区的居家养老服务试点工作，以增权为导向，将增权理念和技能融入居家养老服务的增权实务模型中，开拓性地扩展了传统居家养老服务的内容，针对社区中有多位老年人卷入购买保健品返现骗局和投资 P2P 暴雷的情况，开展了老年人生存教育、个案工作、小组工作和社区工作等一系列增权实践活动。本书研究的一系列实践验证了居家养老服务中增权的可能性、可行性及其实用性，为运用增权取向的社会工作提升居家养老服务质量提供了一个成功的案例。

一 增权取向的老年人生存教育实践

在深入摸底和充分准备下，2017 年 4 月至 2018 年 3 月，社会工作者联合社区工作人员、日间照料中心的护理员、医生、义工、志愿者等群体组成了一个跨专业的服务团队，为社区内的居家老人提供人性化、专业化的生存教育服务。

（一）背景介绍

进入老年期之后，老年个体面临全新的挑战，这些问题直接影响着老年人的生活质量。D 社区很少有老年人意识到自己在新的人生阶段要进行教育学习来应对挑战，许多老年人自我评价低，无力感强烈，都在一定程度上存在生理上、心理上以及情绪上的问题。社区里有许多老人陷进保健品购买返现的骗局中，还有一些老人因为在网上投资 P2P 产品而血本无归，虽报案，但讨回的可能性极低。针对这种现象，生存教育中加大了金融常识和理财方面的教育，并针对受骗的这部分老人开展了以理财教育为主的小组工作。

（二）生存教育方案

在社会工作者和社区工作人员的努力下，取得了老年人的信任，成立了以结构教育方案为基础的增权团体，社区中约85%的老年人参与了老年人生存教育团体，其中有21位老人全程参与。

生存教育的内容是社会工作者与小组成员共同讨论的结果。在最初的三次主题会上，老年人充分表达自己的意愿和需求；在第三次主题会上，社会工作者拿出课程的纲要做了一个报告，然后老年案主给予了积极的反馈；在讨论时，社会工作者引导小组成员思考这几个问题：①对课程的主题是否感兴趣；②课程的顺序是否适当；③还对哪些主题感兴趣。由于这个社区中有较多的老年人在保健品和金融诈骗中受到过伤害，因此，在反馈中，老年人对营养知识和理财知识比较感兴趣，社会工作者因之扩充了这两个方面内容的安排，并单独针对受骗的老年人开展了小组工作。

生存教育方案为期一年，每个月开展 2—3 次活动，具体视老年人的时间和兴趣点来定。如在理财教育阶段，老年人之间讨论热烈，对相关知识的需求也更大，理财教育主题最后占了两个主题，每个主题有 3 次活动。老年人生存教育方案分为老化过程、健康、理财等多个主题，健康和理财这两个老年人需求较多的主题双倍安排时间和内容。具体的老年人生存教育方案如表 10-3 所示。

表 10-3　　　　　　　　　老年人生存教育方案

4—5月： 了解我们的老龄社会和老化的过程	变老的感觉如何？（讨论）事实/数据/成就：我国老年人的概况与趋势；老化的过程：生理、心理、社会；刻板印象与年龄歧视：如何认定与克服；如何看待自己的这一生：生命历程、生命周期

续表

6—7月： 健康主题一	你的健康出现了哪些变化？生活方式面临哪些挑战？（讨论）身体如何老化；老年人的听力问题；老年人的视力问题；老年人与关节炎
8—9月： 健康主题二	你害怕哪些疾病和情绪？（讨论）老年人的情绪问题：沮丧、失落、孤独；有益老人健康的饮食；疾病预防知识；生病了怎么办：常用的药物、就诊渠道
10—11月： 如何理财之一	养老要花哪些钱？（讨论）多少钱才够？（讨论）钱从哪来？（讨论）钱生钱的渠道：银行存款、银行理财、债券基金、偏债混合基金、偏股混合基金、指数基金、股票
12—1月： 如何理财之二	你期望多高的收益？（讨论）你能承担多大的亏损？（讨论）各投资品种常见的收益范围；天上不会掉馅饼；高收益背后的陷阱；常见的骗局；保健品骗局、购物返现骗局、家庭财务规划：资产配置
2—3月： 老人感兴趣的主题	长远的安排：遗嘱的订立、公证；家庭和睦：沟通的技巧；结业典礼：颁发结业证书与庆祝

（三）评估总结

总的来说，这个团体的成员通过一年的交流和学习，了解了自身的处境和老化的过程；团体持续发展，成员开始讨论他们自己与其他人的处境，成员之间有了更多的互动，后续又确立了共同的问题和需求，学会了主动寻求社会工作者和社区工作人员的帮助，在此基础上，社会工作者和社区工作人员又组织了不同主题的小组工作（如以"看好自己的钱包"为主题的小组工作），帮助老年人实现自主。

1. 对老化的了解是增权的基础

老年人自身对老化的过程是未知的，个体无法预测到自己何时不再健康，何时无法自理，老年人对老年生理和心理变化的知识也知之甚少。对老化的过程以及老年生理和心理的了解是做好养老工作的基础。对老年人来说，了解老年知识，熟悉老化的过程，正确认识自我，树立良好的心理预期，坦然面对自己的衰老、疾病及心理变化，并在此基础上做出积极应对是接受自身老化的重要前提。对社会其他群体来说，及早了解老化的知识和过程，一方面为自己步入老年后的正确应对准备基础知识，另一方面为整个社会更多地了解老年群体，破除老年刻板印象，消除老年歧视，使政府和社会能更有针对性地制定符合老年人生存的政策，营造老年人增权的环境。

2. 健康和财务方面的知识是老年人关注的热点，也是老年人生存教育的重点

对于成年人来说，健康与财务状况良好能减少生活中绝大多数问题，对于老年人来说也同样如此。社会工作者在大多数社区开展的生存教育主要是老化过程、健康知识、沟通技能等方面的知识。D社区老年人年轻时多在企业上班，文化程度相对较高，平时对健康方面比较关注，因此，此次健康主题教育不单单是一些常识，还加入了老化过程中的心理问题和社会问题，以及老年人的应对技能培训。D社区与其他社区不同的是：该社区大部分老年人为国有化工企业退休职工，手中有较多的积蓄，家庭财务状况相对较好，正因如此，该社区中许多老年人遭遇了金融诈骗。社会工作针对这一状况，在生存教育中，个案工作、小组工作和社区工作中都以此为重点。

3. 增权生存教育方案以老年案主为中心，社会工作者的角色是合作伙伴

方案的制订过程中，社会工作者拿出一份在其他社区实施过的方案来展示和讨论，认为其他社区的增权教育方案也适应这个社区；然而，各社区的情况不一，都有自身的特质，其中的老年人也有自身的特点，因此，统一的增权教育方案是不存在的。要想被社区中老年人所接受，起到最大的效果，就应该是社会工作者与老年人共同制订，以老年人需求为中心。D社区是一个企业社区，社区老年人有一定的知识和积蓄，老年人可以接受较有深度的一些课程，该社区有不少老人经历过金融诈骗，有不少人在投资中踩雷，这使老年人对理财知识有强烈的需求；此外，还有许多老年人因陷入金融诈骗或投资失败而导致家庭矛盾、自身失落和沮丧等问题，这些特点决定了D社区老年人更青睐理财方面的知识，其热度甚至超过了健康知识。

传统的社会工作中，社会工作者是一个治疗者的角色，是权威和专家。增权教育方案中，社会工作者是老年人的合作伙伴，而不是权威和专家；社会工作者连接社区、教师、义工、志愿者等，是资源的联结者、倡导者。这种角色的转变，一方面以老年人为中心，开设切合老年

人的需求的课程，起到最大的效果；另一方面社会工作者成为老年人增权过程中的合作伙伴，而不是主导者，有利于老年人实现更大的自主。D社区老年人在进行生存教育的同时，与其他老年人不断交流，形成了新的群体，将个体的问题融入群体中，找到了心理上的依靠，并能在后续的发展中形成更多的团体，在更大层面主张自己的权利。

4. 生存教育提升了老年人的自主意识

生存教育方案强调老年人个体经验的分享：每个主题和每次上课都以讨论开头，分享彼此的看法和经验，在这个过程中，老年人发现了更多共同的经历，如空巢、丧偶、受骗等。在生存教育进行的同时，老年人主动向社会工作者要求组建追索钱财小组，集体向公安局报案，集体维权；有老年人主动建QQ群和微信群，把大家拉入一个群，彼此之间分享经验，对一些共同事务发表看法。根据老年人的需求和家属的请求，社会工作者针对一位老年人财务方面的问题开展了个案工作，以及针对大家共同的理财问题开展了小组工作；小组工作之后，小组成员组建了团体，集体维权，追索自己的钱财，配合公安部门和社区宣传反骗知识。

二 增权取向的小组工作实践

（一）背景介绍

D社区经历了购买保健品返现骗局和投资P2P暴雷事件，受害的老年人数量众多，尽管社区负责居家养老服务的工作人员与社会工作者安排了以理财为主题的"老年人生存教育"，但主要对象是尚未陷入理财陷阱和骗局的老年人，内容为理财常识和常见骗局的识别，对已经受骗的老人来说，这已经是"后知后觉"，于事无补。受骗的老年人大多数不愿意在公开场合讨论自己上当受骗的经历，许多老年人因受骗而情绪低落、焦虑。专门主题的小组工作可以使这些老年人相互分享彼此的经历，找到共同的经验和问题，在此基础上可以实现进一步的维权。在社会工作者和活跃案主共同动员下，参加小组的成员达到38人，并建立了小组的微信群和QQ群。

（二）需求分析

在社会工作者与小组核心成员充分沟通的基础上，大家确定了该组及小组成员的主要需求：一是缓解事件给老人带来的负面情绪，通过彼此的交流互动，将个体的经验上升到整个群体中，不再被自责、愧疚、无力、沮丧、消沉等情绪困扰；二是进一步传授资产配置的知识与技能，教会老年人辨别陷阱的技能，帮助老年人合理规划家庭财产；三是孵化出维权组织，实现老年人集体增权的目的。

（三）服务计划

1. 小组目标

包括四个目标：①老年人走出自己的经验世界；②建立人际支持网络；③传授理财知识和资产配置知识；④提升自主意识和维权意识。

2. 服务策略

服务策略分别是：①培养小组领导者，分派任务给活跃骨干，如招募小组成员、通知服务对象、收集成员意见和建议，共同商讨活动细节；②整合社区、政府、学校、社会等各方资源，以社区活动中心会议厅为活动场地，联结高校教师、公安干警等力量，为小组开展讲座；③鼓励小组成员检视自身优势和资源，发挥各自的优势，形成互助的良好局面；④社会工作者主要扮演引导者的角色，尽量避免介入小组成员间的自我组织，尽量不干涉小组成员努力的方向。

（四）评估总结

本次小组工作对成员的增权效果显著：一是老年人情绪得到良好的调整，在经验分享和情绪发泄之后，受骗和投资暴雷带来的负面情绪有了明显的改善；在彼此交流中，个体不再将自己的经历视为孤例，也减轻了很多自责、内疚和悔恨的情绪。二是小组活动给老年人提供了有力的社会支持，通过微信群、QQ群的交流、团体集体维权活动，老年人参与活动，发挥自身的价值，与他人互动，嵌入社会结构中，从中找到自己的价值和意义所在。三是老年人自主意识提升，在小组活动的最后，成立了不同的团体，积极维权，同时不再将自己孤立于外界，积极寻求其他力量的支持。

社会工作者为老年参与者提供了平台，同时，社会工作者作为参与者和倡导者，影响和形塑相关利益群体（老年人和社区居民），从总体上营造了增权环境，将增权理念传播至老年群体和社会，起到了很好的示范作用。

第十一章

结 论

本书从视角、解释、模型及实务四个方面系统分析了增权取向的社会工作及其在居家养老服务中的应用：一是从视角层面阐释了增权的本质，从梳理增权理论的思想渊源入手，分析了增权与权力、无权、无力感、自助、倡导、参与、自主等概念之间的联系，结合各理论流派的争论及我国的实际情况，得出"增权的本质是增加人的自主"的结论，并以此为基础，探讨了老年学理论和叙事治疗实务理论中的增权因素；二是从解释层面分析了何为"老"、养什么、养老为什么成为问题、老年人无力感的结构与形成路径、如何看待孝道、如何认识老年人的价值、如何认识居家养老服务面临的问题、如何确定居家养老服务需求、如何评估居家养老服务质量；三是构建实务模型，将增权理念和技能贯彻到社会工作的要素、过程、方法与策略中，并结合我国居家养老的实际情况，在实务模型中增加"老年人生存教育"模块；四是开展实务工作，运用增权理念和实务模型，依托 D 社区的居家养老服务试点工作，开展了老年人生存教育和小组工作增权实践活动，验证了居家养老服务中增权实践的可能性、可行性及实用性，为运用增权取向的社会工作提升居家养老服务质量提供了一个成功的案例。

基于视角、解释、模型与实务的分析思路，在社会工作实践的基础上，本书研究形成了以下几个结论：

一 增权的本质是增加人的自主

增权思想根源于政治和哲学思潮中，与新教革命、杰斐逊式民主、先验论、扩展中的公民权观念等有一定的渊源，现已广泛应用于社会学、教育学、政治学、管理学、心理学等学科。增权取向的社会工作在国外社区照顾中一直扮演着主导的角色，从服务理念、干预模式、方法和技巧，乃至政策制定都起着举足轻重的作用，是提升老年人生活质量的专业介入手段，得到了学术界和公众的一致认可。

增权的内涵涉及权力、无权、无力感、自助、倡导、参与、自主等概念，不同的理论流派在这些概念中有不同的倾向。综合来看，增权是一个理论框架，一种工具，一种机制，一个目标，一个过程，也是一种结果。激进、批判取向的增权理论流派强调"权威权力"的增加，强调批判与解放的抗争倾向，是一种"零和"博弈，且不符合我国居家养老服务的实践；温和、改良取向的增权理论追求个体自身及微观环境的改变，强调个体自主意识的提升，重视个体自助、互助、参与，从而实现个体的自主——这是本书的理论取向。

从"增权的本质是增加人的自主"这一前提出发，老年学理论中的脱离理论、活动理论、延续理论、社会角色理论、社会交换理论、社会建构理论、女性主义等对增权取向的社会工作具有了实践上的指导意义；社会工作实务中的叙事治疗理论也可以基于增权而重新诠释，广泛应用于居家养老服务，帮助老年人对自己的生命历程进行有意义的解释，并从过往的经验中找到自信的源泉，消除老年人的无力感，从而走向参与、自助和自主。

二 "老"是健康和自主需求有待满足的一种状态

"何为老？"——这是养老研究的一个根本问题，既是界定养老服务对象的前提，是确定养老服务内容的基础，也是决定居家养老服务中采用什么样的理念和方法来提升养老服务质量的关键。本书研究从年龄、生理、心理、社会这四个维度进行了详细的分析，揭示了"老"的多样性、差异性、可塑性和建构性的特点，结合居家养老服务的特点和我国养老实际，从增权的主旨出发，针对"老"和"老人"进行了界定：

"老"是指个体在社会公认的退休年龄标准后、需要外界帮助来恢复、维持、促进其健康和自主的一种状态。老人则是指在这种状态下的个体或人群。

"老"是一个必经的过程，是所有老人必然面对的生物进程，无法回避，也无法忽略；"老"又是一个结果，是人到了一定年龄后身体、心理、社会等方面出现一系列结果，既包含客观上年岁的增长、身体的衰老，也包含他人和社会的角色期待、主观认定（如刻板印象），以及个体对自身衰老情况和外界认识的综合认知。

"老"的概念是建构的、可塑的。就个体而言，如何认知"老"的本身会影响衰老的过程和结果。积极乐观地面对衰老，坦然接受老年阶段的角色和任务，获得一个完美的自我解释，会延缓衰老的进程，延长健康、自主的时间；消极悲观地面对衰老，伴随而来的是心理上负面情绪和一些"老年"心理疾病，反过来又影响身体的健康，束缚了自身的自主，收获一个质量低的老年生活。所以，个体对"老"的认知本身就是可塑的，是可以由自己建构的。就社会而言，"老"是一个社会共识，是基于文化、社会代际传递和新老更替的制度安排、社会经济发展情况等而形成的一个判断，这个判断既可以是将老年人视为社会中有价值的人群、社会的财富，也可以将老年人视为社会的纯消费群体、社会负担。从人类既有的历史来看，在一定的经济条件和文化下，各种判断都存在过，也基于相应的判断而对老年群体做出了弃老、尊老、制度安排等相应处理。也就是说，"老"是社会整体的"共谋"，包括老人在内的个体有意无意地接受社会的共识，从而综合产生对老人的制度安排和态度上的认知——而这又是相对的，可变的。处于当前的现实环境下，我们所能做的是认识到建构这一本质，基于当前条件对"老"进行有益的重塑，以达到解放老年个体、在现有条件下合理满足老年个体基本需求的养老目的。

三 自主和健康是老年人的基本需求，是养老的基本内容与目标

"养什么"的本质是满足老年人的需求。"养什么"涉及"养"的对象和"养"的内容；"老"的定义界定了"养"的对象，也涵盖了"养"的内容，即健康和自主。

健康是人生存的基本需求，自主是人参与社会的基本需求。身体健康和精神自主是个人存在并行动的前提，也是参与社会、与他人互动的必要条件。健康的衡量标准是"没有病"，自主则包含了三个主要的维度：学习、心理健康、机会；其中学习是指了解自己、了解文化对自己的期待、掌握必要的技能；心理健康是指心理上有能力进行正确的认知及情感上的健康；机会是指个体改变生活方式的可能平台和渠道。

老年人有自己的特殊需求：一是健康状况的维持会随着时间的推移而越来越困难，需求越来越大；二是健康状况不可逆地滑坡，直接影响到自主需求的满足；三是老年群体在健康和自主基本需求难以满足的情况下，心理健康面临挑战；四是社会对老年群体的刻板印象和歧视会恶化老年人的生活处境。老年人的特殊性主要与老年人衰老的必然性相关：衰老本身不是疾病，但衰老使人变得虚弱，更容易得病；由于衰老，个体终将趋于不健康，且还能维持健康的时间长度无法预知，一旦不健康，不健康的程度和不健康的状态持续多久也无法确定；伴随衰老而至的疾病不但侵害个体的健康，同时也会催生老年人的"沮丧感、挫败感、无力感、无权感"，出现心理疾病，因而丧失自主。

在健康上，老年人的基本需求是：①尽量延长健康状态的时间；可以通过健康知识的学习、健康生活方式的选择、对老化过程的认识等来实现。②获得恢复健康的机会；可以通过现有的医疗机构和医疗保障体系来治好疾病，恢复健康。③在维持不健康状态时能得到适当的照料，保持应有的尊严；可以通过家庭、养老机构、护工、义工等获得充足的照料资源；通过国家的长期护理保险制度得到保障；通过社会工作者的专业方法保持自尊、自强、自主的精神状态。④树立正确对待死亡的态度，减少对死亡的恐惧感，在生命的最后阶段获得心灵的平静和对生命历程的完满诠释；可以通过社会工作者等专业人士的介入，帮助老人解释自己的一生；通过临终关怀服务帮助老年人减少痛苦，抚慰心灵。

在自主上，老年人的基本需求是：①获得学习的机会和掌握参与社会的技能，包括表达自身权益的能力、权益维护的知识和能力、与他人互动的能力、老年角色的认知与扮演的能力、工作技能、认识老年过程和度过老年的知识、与社会保持同步进化的能力。②保持心理健康，包括正确地认知衰老和死亡，学会心理调节的技能，保持积极的心理状态，去除无力感、无权感、幻灭感，能破除外界的消极影响，防止内化环境中的刻板印象或歧视，抵御因此而生的无力感和无权感。③获得参与社会的机会，包括生活方式选择的机会、劳动的机会、参与有意义的活动的机会、嵌入社会结构并达成自己目标的机会和途径、批判的能力和反省的能力、通过法律援助获得公正的机会。

四 老年人"问题化"抑制其潜能，浪费了宝贵的老年人力资源；应协助老年人自主，实现其自身价值

老龄社会里"问题化"预设的实质是老年刻板印象的另一种表现，一是刻画了老年人无力、多病、纯消费、需消耗大量资源的形象，进一步形成了刻板印象乃至老年歧视；二是引起社会整体的恐慌和焦虑；三是造成结构性排斥老年人参与经济活动的社会制度；四是造成老年人内化社会标签和"污名化"结果，导致压抑自我的自主性和能动性，形成心理负担。当把老年人本身看作是问题的时候，就给社会建构老年人脱离社会的机制提供了土壤，从而削弱老年人的自主，剥夺老年人自主的能力和机会。

问题化体现在刻板印象、老年歧视、机会剥夺、环境不友好等方面，这些问题会随着社会总体的强化和濡化，使老年人内化这些印象，从而导致不自主。经污名化和内化负面形象之后的老年人自主的需求无法满足，会造成如下三个方面的负面影响：一是生活动力缺失，阻碍自我价值的实现；二是产生无力感、无权感；三是影响心理健康，通过反身性，从而影响身体的健康。自主需求满足上的障碍，不利于老年人力资源的利用，不利于老年人自身价值的实现，不利于老年人心理健康和生活幸福，从而导致总体生活质量的下降。

综合来看，老年人无力感的形成来源于个体因素和社会因素两个方面：生理上的衰老与疾病、心理上的障碍或疾病、非正式支持系统的破坏直接造成了老年人的无力感；退休、角色丧失、刻板印象与老年歧视将老年人"污名化"，剥夺老年人的掌控感和资源获取渠道。个体因素与社会因素不断互动，使衰老——不健康——失去参与的机会——不自主——形成无权感、无力感这一链条不断循环和强化。

老年人力资源是不可储存的，将随着时间的推移而流逝，因此，如何充分利用老年人力资源，建构老年人发挥潜能的社会结构是当前社会需要考虑的。将老年人单纯地看成是被动的服务接受者，并不符合积极老龄化的宗旨，也不利于社会代际关系的健康发展，于老年人自身生活质量而言也是有害的。我国有很好的自助传统，有利于老年人自主精神的弘扬；但也存在孝文化观念的阻碍，老年人被供养、被服务的心态严重，缺乏互助的传统和增权的理念。因此，应提供助推的力量和环境，

帮助老年人增强自主能力；通过增权，帮助老年人改变被供养的心态，获得独立、参与、自我超越、互助、自主的机会和能力，从经济发展中获得更多的机会和支持，实现自身价值，与社会中的其他群体共建人人共享的社会。

五 增权是老年人生活质量提升的重要途径

增权的目的是为了满足老年人自主的需求；增权意味着老年人对生活的掌控，有助于老年人尊严感、幸福感的获得，有利于老年人心理健康，有助于老年人自身潜能的发挥，从而尽可能地延长自理的时间。增权对老年人生活质量的提升主要体现在老年人价值实现、生活质量提升、促进身心健康这三个方面。增权的着眼点在于将焦点从老年人的问题转向能力，将老年人的弱势转向优势，侧重于能力和潜力的挖掘，侧重于帮助老年人发现、正视、发挥自身的潜能，摆脱孤立、疏离、无权的困境。增权在一定程度上促使老年人正确认识老化的过程和老年生活中面对的问题，能转变观念，自主、自助地去探索未知的生活，坦然面对自己的一切，不断地促使自己心智的成熟与发展。

增权致力于解决个人、家庭和社区共同的养老目标，增加个体、团体、社区的权能，是一个过程，是一种理念，是一种心理状态，也是一种干预。增权是由专业社会工作人员、志愿者、第三部门开展的一项专业活动，旨在挖掘老年人个体的潜力，激发个体的能动性，与外界资源的输入形成合力，共同服务于老龄事业，增进老年人的福祉；同时发掘老年人的潜力，实现老年个体的发展，也同时促进整个社会的发展。

六 我国居家养老服务发展不均衡，缺乏增权的理念与实践

居家养老是家庭养老和社会养老服务的综合体，是我国国情下的必然选择，也是传统中国文化中老年人青睐的养老模式。但居家养老服务在我国存在地域发展不均衡问题，服务内容和服务水平参差不齐；在上海、杭州、深圳等地，居家养老服务已经走出了残余式、救助式模式，走向扩大覆盖和福利模式，但大多数地方还处在应付上级文件、营造展示型示范点的阶段；有的地方不断考虑老年人的多样化需求，包括老年人的社会参与、自主、自助的需求，提供富有层次和人性化的服务，但大多数地方还处在忽视老年人健康和自主这两种基本需求的阶段；有的地方开始构建兜底式救助、老年事业、老年产业这三个层次的居家养老

服务体系，而大多数地方还停留在行政命令的民政模式中；有的地方开始加大政府购买居家养老服务，大力倡导社会组织、社会工作的介入，由第三部门提供专业化的服务，政府起到监管和引导的作用，并开展第三方质量评估，但大部分地方还是以政府为主导，专业化缺失。

当前我国大部分地区的居家养老服务缺乏增权的理念和实践，存在一系列问题：①服务内容方面：服务内容单一；重物质轻精神层面和心理层面；资源浪费在展示型项目上；以物质和服务的供给作为唯一标准，排斥老年人的参与；忽略破除老年人偏见与歧视的努力；缺乏满足自主基本需求的服务内容；缺乏老年人自助能力建设的内容。②服务理念方面：理念不明、原则不清；主体责任不明；宗旨和目标不明；定位失准；忽视老年人的多样性；忽视老年人的多元化、个性化需求；将老年人看作是被动的受体，忽略了老年人的主观能动性。③服务对象方面：秉持"剩余式"福利思维，覆盖面窄，覆盖人群少。④服务体系方面：养老服务市场化进程缓慢，服务体系不健全；缺乏质量评估机制，没有第三方的参与；服务输送渠道不畅；没有构建老年人自主、自理、自立、互助、助人的环境和机制，浪费了潜在的资源。⑤服务模式方面：自上而下、政府主导、政策模糊、内容与目标偏离；以供给为导向，偏离老年人需求；实施路径不清，缺乏顶层设计。⑥服务的专业化方面：从业人员素质低，专业化水平低；社会工作者、社会组织应有的作用没有发挥。⑦研究方面：缺乏对老年人老化是发展的一个历程的认识；缺乏对老年生理和心理的研究；缺乏对居家养老服务的针对性和有效性的研究。

七 居家养老服务需求不清晰，质量评估滞后

需求研究是推进居家养老服务的理论基础和逻辑起点，是居家养老服务发展的依据，是提升居家养老服务质量的抓手。如果不能从老年人的健康和自主这两个基本需求来推演老年人对居家养老服务的需求，那么，居家养老服务的供给内容就可能偏离提升老年人生活质量的目标（如缘木求鱼的"聊天解闷"、背道而驰的"增加闲暇"）。实践中，居家养老服务在需求的主体、需求的内容、需求的供给责任、需求的供给体系和需求的供给模式等方面存在误区和盲区；因此，居家养老服务政策应在主体细分、提供喘息服务、重视精神需求、明确责任主体和责任边界、构建高效的服务体系和供给模式上发力。

居家养老服务质量的评估在我国尚处在初级阶段，这一方面是由于居家养老服务实践尚处在起步阶段的缘故，另一方面也是因为居家养老服务的准公共物品性质，不能照搬商业服务评价模式。当前的一些用老年人的满意度和幸福感程度来评价居家养老服务质量的方式都存在一定的问题；应从老年人客观的基本需求入手，即是否满足了老年人的健康和自主需求，将是否增权、是否实现了老年人的自主作为重要的评价维度。

八 构建居家养老服务增权实务模型，提升居家养老服务专业化水平

增权取向的社会工作强调案主自决、充分尊重个体、注重激发案主的潜能，相信人人都拥有天赋的价值和尊严。增权取向的社会工作满足了老年人的自主需求，有助于居家养老服务体系的完善，在老年服务中起着基础的预防作用，能有效全面提升居家养老服务的质量；但增权取向的社会工作在我国居家养老服务领域有待大力推进：老年领域中增权取向的社会工作还没有形成共识，也没有可供操作的实务模型，增权意识缺乏；欧美国家的增权理论模型和实务经验与我国国情有一定的差异；实务操作过程中重技能和表面程序，对普适性的基本原则强调不够，对个人尊严和自主权利的尊重不足。

根据增权的理论视角及其在各方面的理论解释，本书构建了居家养老服务增权实务模型，将增权理念和增权技能贯穿于社会工作要素、过程、方法与策略中，融入居家养老服务实践的每个环节，实施增权取向的老年人生存教育，以满足老年人的自主需求为根本目的，消除老年人的无力感，提升老年人对生活的掌控感，从而提升老年人的生活质量。

九 居家养老服务中的增权实践具有可能性、可行性及其实用性，能有效提升居家养老服务质量

传统居家养老服务将老年人视为在家中需要帮助的对象，服务供给者在有限资源的约束下，集中为老年人开展家政服务、送餐等服务，有的地方甚至提供陪看病、陪购物、陪聊等服务。然而，本书研究一系列增权视角下的分析发现，如果不能提升老年人的自主意识，不能为老年人提供增强自主的学习机会、参与机会，不能促进老年人的行动，这样

的居家养老服务对一部分老年人来说是多余的、有的甚至是增强老年人无力感的服务，适得其反。本书研究针对老年人在日常生活和投资中受骗这一全国普遍性现象，依托 D 社区的居家养老服务试点工作，以增权为导向，将增权理念和技能融入居家养老服务的增权实务模型中，开拓性地扩展了传统居家养老服务的内容：针对社区中有多位老年人卷入购买保健品返现骗局和投资 P2P 暴雷的情况，从老年人生存教育（健康教育和理财教育）入手，再结合社区实际情况开展专业社会工作，创造性地提供了一个成功运用增权取向的社会工作为老年人提供增权服务的案例，也验证了居家养老服务中增权实践的可能性、可行性及其实用性。

当然，D 社区居家养老服务中的增权实践只是一个个案，不能穷尽居家养老服务中增权的所有情况，其意义主要是为运用增权取向的社会工作提升居家养老服务质量提供了一个从理论到实践的范例。增权取向的社会工作在居家养老服务中广泛应用和发展完善，还需要更多的实践和总结。

附　录

附录一

中央财政支持开展居家和社区养老服务改革试点地区一览

序号	试点省份	第一批试点城市（区）	第二批试点城市（区）	第三批试点城市（区）	第四批试点城市（区）	第五批试点城市（区）	合计
1	北京市	丰台区 石景山区	西城区	通州区	朝阳区	海淀区	6
2	天津市	河东区	南开区		静海区	和平区	4
3	河北省	石家庄市		唐山市	邯郸市	承德市	4
4	山西省	太原市		大同市 晋城市	长治市	晋中市 吕梁市	6
5	辽宁省	沈阳市	大连市 盘锦市	辽阳市 营口市	锦州市 鞍山市	丹东市 抚顺市	9
6	吉林省	长春市		延边州 通化市	吉林市	松原市 辽源市	6
7	黑龙江省	哈尔滨市		双鸭山市	鹤岗市 齐齐哈尔市	七台河市 佳木斯市	6
8	上海市	松江区 虹口区	长宁区 金山区	奉贤区 杨浦区	闵行区	徐汇区	8
9	江苏省	南京市 苏州市	徐州市 南通市	无锡市 宿迁市	连云港市 镇江市	常州市 淮安市	10
10	浙江省	杭州市 宁波市	温州市 绍兴市		湖州市 丽水市	金华市 台州市	8

续表

序号	试点省份	第一批试点城市（区）	第二批试点城市（区）	第三批试点城市（区）	第四批试点城市（区）	第五批试点城市（区）	合计
11	安徽省	铜陵市	合肥市 安庆市	阜阳市 淮北市	马鞍山市 蚌埠市 池州市	滁州市	9
12	江西省	南昌市	赣州市 吉安市	新会市 抚州市	宜春市 九江市 萍乡市	上饶市 景德镇市	10
13	山东省	济南市 威海市	烟台市 济宁市	菏泽市 潍坊市	青岛市 日照市	泰安市 临沂市	10
14	湖北省	武汉市		宜昌市 黄石市	咸宁市 荆门市 孝感市	襄阳市 荆州市 黄冈市	9
15	湖南省	长沙市 湘潭市	株洲市 常德市	岳阳市 益阳市	永州市 衡阳市 郴州市	邵阳市 娄底市 怀化市	12
16	广东省	广州市			深圳市	惠州市 珠海市 云浮市	5
17	四川省	成都市	攀枝花市 遂宁市	宜宾市	泸州市 眉山市	南充市 广安市 乐山市	9
18	云南省	昆明市			丽江市	大理白族 自治州	3
19	甘肃省	兰州市		嘉峪关市	金昌市	白银市 临夏回族 自治州	5
20	青海省	海东市	西宁市		海北藏族 自治州	海西蒙古族 藏族自治州	4
21	福建省		福州市 龙岩市	三明市 漳州市	泉州市 厦门市 南平市	莆田市	8
22	河南省		郑州市 许昌市	洛阳市	鹤壁市 商丘市	焦作市 信阳市	7
23	海南省		海口市		三亚市		2
24	重庆市		九龙坡区	沙坪坝区 中区	南岸区 大足区	北碚区 渝北区 万州区	8

续表

序号	试点省份	第一批试点城市（区）	第二批试点城市（区）	第三批试点城市（区）	第四批试点城市（区）	第五批试点城市（区）	合计
25	宁夏回族自治区		石嘴山市		固原市	银川市	3
26	广西壮族自治区			南宁市	北海市柳州市	梧州市桂林市	5
27	贵州省			贵阳市六盘水市	遵义市毕节市	黔南布依族苗族自治州黔西南布依族苗族自治州	6
28	陕西省			西安市宝鸡市	咸阳市渭南市延安市	榆林市铜川市安康市	8
29	新疆生产建设兵团			六师五家渠市	八师石河子市	四师可克达拉市一师阿拉尔市	4
30	新疆维吾尔自治区				乌鲁木齐市伊宁市	克拉玛依市昌吉回族自治州哈密市	5
31	内蒙古自治区				呼和浩特市	包头市乌海市	3
32	西藏自治区					拉萨市	1

资料来源：民政部网站公开资料。

附录二

建立关系的步骤和操作要点：

- 以开放式的座谈为交流方式，而非严肃的访谈。
- 营造亲和、自然的沟通氛围。
- 找彼此共同的兴趣，逐渐相互熟识。
- 专业人员、服务对象及服务提供者交流彼此角色及相互期待。

成功地建立关系需要在初期与服务对象保持定期且频繁的接触，但是，如果服务对象对频繁的面对面接触感到不便时，可以通过信件、便条及电话联系等方式进行间接互动，也能培养信任及加速关系的发展。

　　服务对象的兴趣、愿望及能力对关系建立有主导作用，社会工作者可以通过以下方式帮助建立关系（Kisthardt & Rapp, 1992）：

- 让服务对象了解社会工作者可以帮助他/她实现愿想。
- 询问服务对象及他/她的主要照护者，他们如何看待社会工作者，以及他们希望从这个关系中获得什么。
- 以服务对象的视角为界定服务项目的导向。
- 明晰并凸显既有的优势。
- 建立良好的帮扶关系对于成功的工作关系是最重要的事情。
- 大量给予建立关系的双方正向回馈，关系成功建立后履行庆祝仪式，以及对服务对象持续表示兴趣及关心。

　　资料来源：参考［美］Becky Fast、Rosemary Chapin：《老年优势基础照顾管理训练手册》，陈伶珠编译，心理出版社 2004 年版。根据实际情况进行了修改。

优势清单范例

目前状态我现在有什么？	个人的期待/愿望我想要什么？	个人/社会资源 以前我用过什么资源？
	生活领域	
• 您在做饭、洗澡、做家务等方面怎么样？ • 您使用什么交通工具？ • 您觉得在家里安全吗？	日常生活状况 • 生活中的哪些方面对您是很重要的，且您对相关领域有长期需求？ • 您对目前的居家状况满意度如何？ • 在您不得不需要别人帮忙处理生活事务时，怎样可以降低您的不适感？	• 您喜欢或不喜欢的家务有哪些？

续表

目前状态我现在有什么?	个人的期待/愿望我想要什么?	个人/社会资源 以前我用过什么资源?
• 您觉得您的身体状况如何? • 您有做些什么事来保养身体吗? • 您服用哪些类型的药物? • 您的饮食习惯如何?	健康 • 您有让自己身体更舒服的方法吗? • 您期望自己的身体保持怎样的状态?	• 请您谈谈您这几年来的身体状况以及您如何处理重大疾病和创伤? • 当您心情低落或焦虑时,您都如何处理? • 当您得到(志愿)帮助时,您感觉如何?
• 您有哪些类型的保险? • 你有接受政府补贴吗?属于哪一类型? • 您能够处理您的财务吗?	财务/保险 • 什么东西能够带给您安全感? • 怎样能让您愿意继续住在这里?	• 您曾从事哪些工作? • 您过去从事的最好的工作是什么? • 在您人生的低谷期,是什么帮助您度过?
• 请谈谈您一周通常都怎么过? • 您生命中最重要的人是谁?	社会支持 • 您希望经常见面的人是谁?想得知谁的消息? • 您期待您的家人或朋友为您做什么事吗?	• 以前您曾找过谁帮忙吗? • 以前有谁曾找过您帮忙? • 谁曾经是您生命中重要的人?
• 您喜欢的活动是什么?	休闲/娱乐兴趣 • 有什么是您一直想要学习,但却因为忙碌没有实现的吗?	• 您以前没有工作时,都如何安排时间? • 您过去喜欢与家人或朋友做些什么活动? • 您现在还在坚持的兴趣是什么?

资料来源:[美]Becky Fast、Rosemary Chapin:《老年优势基础照顾管理训练手册》,陈伶珠编译,心理出版社2004年版。根据实际情况进行了修改。

参考文献

［法］阿尔弗雷·索维:《人口通论》,查瑞传等译,商务印书馆1983年版。

［美］埃尼德·奥考克斯、露丝·J. 帕森斯:《老人社会工作——权能激发取向》,赵善如等译,扬智文化事业股份有限公司2001年版。

［英］安东尼·吉登斯:《现代性与自我认同:晚期现代中的自我与社会》,夏璐译,中国人民大学出版社2016年版。

［美］Becky Fast、Rosemary Chapin:《老年优势基础照顾管理训练手册》,陈伶珠编译,心理出版社2004年版。

［美］巴里·施瓦茨:《选择的悖论》,梁嘉欣等译,浙江人民出版社2013年版。

班娟:《社区老年群体互助养老中增权模式探究》,《社会科学战线》2014年第8期。

包蕾萍:《生命历程理论的时间观探析》,《社会学研究》2005年第4期。

曹力等:《"互联网+"背景下居家养老的发展方向及创新模式研究》,《海南医学》2016年第6期。

［日］长谷川和夫、霜山德尔:《老年心理学》,车文博等译,黑龙江人民出版社1997年版。

陈大亚:《家庭养老问题探讨》,《航天工业管理》1998年第9期。

陈树强:《增权:社会工作理论与实践的新视角》,《社会学研究》2003年第5期。

陈伟、黄洪:《批判视域下的老年社会工作:对社区居家养老服务的反思》,《南京社会科学》2012 年第 1 期。

陈雯:《老龄化、时间与老年人社会价值》,硕士学位论文,华中师范大学,2013 年。

陈占江:《生命历程理论视野下的新生代农民工保护研究》,《学术交流》2008 年第 11 期。

陈志科、马少珍:《老年人居家养老服务需求的影响因素研究——基于湖南省的社会调查》,《中南大学学报》(社会科学版)2012 年第 3 期。

陈钟林:《社会工作者在社区居家养老中的作用》,《社会工作实务》2009 年第 3 期。

成梅:《以生命历程范式浅析老年群体中的不平等现象》,《人口研究》2004 年第 3 期。

崔香芬等:《农村社区居家养老服务需求影响因素实证研究——基于江苏省的调研分析》,《江苏大学学报》(社会科学版)2019 年第 3 期。

丁建定:《居家养老服务:认识误区、理性原则及完善对策》,《中国人民大学学报》2013 年第 2 期。

丁社教、王成:《居家养老服务:政府购买中的监管博弈》,《地方财政研究》2017 年第 9 期。

付再学:《增权:老年服务工作新理念》,《黑龙江社会科学》2008 年第 2 期。

高红:《城市老年人社区居家养老的社会支持体系研究——以青岛市为例》,《南京师大学报》(社会科学版)2011 年第 6 期。

谷甜甜等:《典型福利国家养老服务体系发展历程对比及启示》,《经济体制改革》2017 年第 3 期。

顾江霞:《自我赋权视角下的农民工社区教育》,《山西师大学报》(社会科学版)2010 年第 3 期。

郭竞成:《农村居家养老服务的需求强度与需求弹性——基于浙江农村老年人问卷调查的研究》,《社会保障研究》2012 年第 1 期。

郭丽娜、郝勇:《个体健康、家庭照护和社会供给:谁更影响老人的居家养老服务需求》,《西北人口》2019 年第 5 期。

郭于华、常爱书：《生命周期与社会保障——一项对下岗失业工人生命历程的社会学探索》，《中国社会科学》2005年第5期。

韩烨、蒲新微：《居家养老偏好：影响因素及其解释——基于长春市的调查》，《兰州学刊》2018年第4期。

何佳应：《社区居家养老服务中社会工作介入情况调查分析》，硕士学位论文，扬州大学，2017年。

洪国栋：《中国的人口老龄化问题与对策思考》，《人口研究》1997年第4期。

胡宏伟等：《影响老年人参与居家养老服务评估的因素分析和对策建议——基于居家养老调查数据的实证分析》，《西华大学学报》（哲学社会科学版）2012年第1期。

胡薇：《累积的异质性生命历程视角下的老年人分化》，《社会》2009年第2期。

黄俊辉、李放：《居家养老服务满意度研究：知识图谱与未来展望》，《江汉学术》2021年第1期。

黄俊辉等：《农村社会养老服务需求意愿及其影响因素分析：江苏的数据》，《中国农业大学学报》（社会科学版）2015年第2期。

黄俊辉等：《需求评估——构建社会养老服务体系的关键环节》，《老龄科学研究》2014年第8期。

黄源协：《福利混合经济下的社区照顾》，《社会政策与社会工作学刊》1998年第2期。

季媛媛：《空巢老人居家养老：社会工作者价值何在》，《人民论坛》2017年第16期。

江海霞、陈雷：《养老保障需求视角下的城市空巢老人居家养老服务模式》，《前沿》2010年第3期。

江立华、袁校卫：《生命历程理论的知识传统与话语体系》，《科学社会主义》2014年第3期。

姜玲：《我国城市社区养老的现状及发展思路》，《中国老年学学会2006年老年学学术高峰论坛论文集》，2006年。

姜向群：《养老转变论：建立以个人为责任主体的政府帮助的社会化养老方式》，《人口研究》2007年第4期。

景天魁：《底线公平：和谐社会的基础》，北京师范大学出版社2009年版。

敬乂嘉、陈若静：《从协作角度看我国居家养老服务体系的发展与管理创新》，《复旦学报》（社会科学版）2009年第5期。

[美]凯瑟琳·麦金尼斯-迪特里克：《老年社会工作生理、心理及社会方面的评估与干预》，隋玉杰译，中国人民大学出版社2008年版。

[德]莱恩·多亚尔、伊恩·高夫：《人类需求：多面向分析》，王庆中、万育维译，洪叶文化事业有限公司1999年版。

赖雨阳：《社区工作与社会福利社区化》，洪叶文化事业有限公司2002年版。

李成超、曾富生：《社会工作介入社区居家养老服务的难点及路径选择》，《安阳工学院学报》2017年第3期。

李成超、曾富生：《增权视角下的居家养老服务困境及路径分析》，《牡丹江大学学报》2017年第8期。

李放等：《农村老人居家养老服务需求影响因素的实证分析》，《河北大学学报》（哲学社会科学版）2013年第5期。

李芊、卢梓玉：《社区在农村居家养老中的定位及其发展现状思考》，《人口与健康》2021年第1期。

李强等：《社会变迁与个人发展：生命历程研究的范式与方法》，《社会学研究》1999年第6期。

李颖奕：《居家养老服务使用观念与行为及社会工作的介入空间——基于广州市D区的研究》，《中南民族大学学报》（人文社会科学版）2010年第3期。

梁小民：《西方经济学教程（修订版）》，中国统计出版社1995年版。

廖楚晖等：《中国一线城市社区居家养老服务质量评价》，《中南财经政法大学学报》2014年第2期。

廖鸿冰、李斌：《社会工作介入社区居家养老服务研究》，《湖南社会科学》2014年第6期。

廖鸿冰、李斌：《我国社区居家养老模式的理性选择》，《求索》2014年第7期。

林娜：《社区化居家养老论略》，《中共福建省委党校学报》2004年第12期。

林淑周：《农村居家养老服务的现实需求及发展建议——基于福州市F村庄的实证研究》，《福建行政学院学报》2015年第3期。

刘吉：《我国老年人生活满意度及其影响因素研究——基于2011年"中国健康与养老追踪调查"（CHARLS）全国基线数据的分析》，《老龄科学研究》2015年第1期。

刘继同：《社会福利：中国社会的建构与制度安排特征》，《北京大学学报》（哲学社会科学版）2003年第6期。

刘丽晶：《基于增权理论的老人无力感结构分析》，《东北师大学报》（哲学社会科学版）2013年第6期。

刘强：《增权视角下社会工作介入社区志愿组织培育发展研究》，硕士学位论文，重庆大学，2017年。

刘新萍：《论城市居家养老服务多元合作体系的建设及发展——以上海市静安区为例》，《甘肃行政学院学报》2009年第4期。

刘行：《人口老龄化危机下社区居家养老服务研究》，《人民论坛·学术前沿》2017年第16期。

刘艳红等：《居家养老呼唤社区建设》，《改革与开放》2001年第8期。

卢施羽、黄洪：《福利多元主义视角下社区照料发展挑战——以佛山市N区长者日托中心示范点为例》，《华南理工大学学报》（社会科学版）2017年第2期。

吕宝静：《老人照顾：老人、家庭、正式服务》，五南图书出版公司1990年版。

罗佩思：《影响老人使用居家服务相关因素之研究——以高雄县为对象》，硕士学位论文，东海大学，2004年。

［德］马克思、恩格斯：《马克思恩格斯文集》第1卷，人民出版社1995年版。

［美］马克·赫特尔：《变动中的家庭——跨文化的透视》，宋践等译，浙江人民出版社1988年版。

［美］马斯洛：《动机与人格》，许金声译，中国人民大学出版社

2012年版。

［英］马尔科姆·派恩：《现代社会工作理论》，冯亚丽、叶鹏飞译，中国人民大学出版社2008年版。

马贵侠：《论"时间银行"模式在居家养老中的应用》，《南京理工大学学报》（社会科学版）2010年第6期。

马贵侠、陈群：《城市社区特殊老人养老服务、需求、回应与前瞻》，《理论月刊》2014年第5期。

马贵侠、戴燕：《论社区社会组织在社区增权中的应用——以合肥市蜀山区琥珀潭社区为例》，《淮南师范学院学报》2009年第6期。

马骁：《城市居家养老服务的"可及性"：理论框架与政策实践》，《东岳论丛》2020年第4期。

马雪彬、李丽：《从三维视角看我国农村家庭养老功能的弱化》，《贵州社会科学》2007年第2期。

［美］迈克尔·尼曼、理查德·施瓦兹：《家庭治疗——理论与方法》，王曦影、胡赤怡译，华东理工大学出版社2005年版。

梅陈玉婵等：《二十一世纪老年社会工作》，香港大学出版社2008年版。

［美］莫拉莱斯、谢弗：《社会工作：一体多面的专业》，顾东辉等译，上海社会科学院出版社2008年版。

穆光宗：《亲吾亲，以及人之亲——从"孝道"到"仁道"以及从"血亲孝"到"仁道孝"》，《人口与发展》2008年第2期。

穆光宗、姚远：《探索中国特色的综合解决老龄问题的未来之路——"全国家庭养老与社会化养老服务研讨会"纪要》，《人口与经济》1999年第2期。

潘纪一、朱国宏：《世界人口通论》，中国人口出版社1991年版。

潘凌飞：《西方国家的居家养老与自助养老服务模式》，《宏观经济管理》2015年第6期。

潘屹：《社区综合养老服务体系建设：挑战、问题与对策》，《探索》2015年第4期。

潘允康：《家庭社会学》，重庆出版社1986年版。

彭华民等：《西方社会福利理论前沿——论国家、社会、体制与政策》，中国社会出版社 2009 年版。

祁峰：《论多元化养老保障主体选择的社会进步性》，《经济问题探索》2011 年第 2 期。

祁峰：《我国城市居家养老研究与展望》，《经济问题探索》2010 年第 11 期。

祁峰、高策：《发展"时间银行"互助养老服务的难点及着力点》，《天津行政学院学报》2018 年第 3 期。

青连斌：《积极应对人口老龄化要"两手抓"的战略选择和政策建议》，《西北大学学报》（哲学社会科学版）2021 年第 12 期。

曲绍旭：《社区养老服务运行效果的影响因素分析——基于 NJ 地区的调查》，《北京工业大学学报》（社会科学版）2017 年第 5 期。

［英］Robert Adams：《赋权、参与和社会工作》，汪冬冬译，华东理工大学出版社 2013 年版。

史薇、谢宇：《家庭养老资源对城市老年人居家养老服务需求的影响研究——以北京市为例》，《西北人口》2014 年第 4 期。

宋雪飞等：《非营利组织居家养老服务供给：模式、效用及策略——基于南京市的案例分析》，《南京大学学报》（哲学·人文科学·社会科学）2017 年第 2 期。

苏喜娥：《当代传统孝文化缺失原因浅析》，《河北省社会主义学院学报》2007 年第 2 期。

孙璐：《充权：对失业女性社区就业的思考》，《广西社会科学》2007 年第 10 期。

孙琼如：《增权：受虐待老人社会工作新理念》，《南京人口管理干部学院学报》2004 年第 4 期。

田北海、王彩云：《城乡老年人社会养老服务需求特征及其影响因素——基于对家庭养老替代机制的分析》，《中国农村观察》2014 年第 4 期。

佟新：《人口社会学》，北京大学出版社 2006 年版。

童玉林、栾文敬：《居家养老服务人才质量对居家养老服务需求的影响——基于城乡老年人调查的实证分析》，《宏观质量研究》2014 年第 2 期。

万春：《西方经济学的微观需求理论体系及相关政策启示》，《经济问题探索》2010年第2期。

王丹等：《乌鲁木齐市居家养老服务需求影响因素的实证分析》，《经济论坛》2015年第1期。

王进、张晶：《城市居家养老模式下的社区精神赡养》，《三峡大学学报》（人文社会科学版）2008年第3期。

王俊文、杨文：《我国贫困地区农村养老服务需求若干问题探讨——以江西赣南A市为例》，《湖南社会科学》2014年第5期。

王莉莉：《基于"服务链"理论的居家养老服务需求、供给与利用研究》，《人口学刊》2013年第2期。

王利清：《养老保障制度改进中老年人增权问题分析》，《探索》2014年第2期。

王曲：《增权与健康：一个中国乡村的故事》，科学出版社2018年版。

王上、李珊：《国外喘息服务的发展及对我国居家养老的启示》，《东北师大学报》（哲学社会科学版）2014年第6期。

王思斌：《社会工作概论》（第二版），高等教育出版社2006年版。

王伟娜：《社会工作介入社区居家养老的应用研究》，硕士学位论文，华中科技大学，2014年。

王晓波：《关于社会养老服务需要和需求测量方法的辨析》，《社会福利》（理论版）2015年第6期。

王晓波、耿永志：《嵌入性视角下老年人养老服务消费影响因素研究》，《兰州学刊》2021年第3期。

王晓峰等：《城市社区养老服务需求及影响分析——以长春市的调查为例》，《人口学刊》2012年第6期。

［美］威尔·杜兰特、阿里尔·杜兰特：《历史的教训》，倪玉平、张闶译，中国方正出版社2015年版。

文军：《西方社会工作理论》，高等教育出版社2013年版。

邬沧萍：《一条适合国情又符合历史选择的战略》，《群言》1998年第11期。

邬沧萍、姜向群：《老年学概论》，中国人民大学出版社2015年版。

吴磊：《政府购买居家养老服务风险影响因素与防范路径研究——基于 S 市的扎根分析》，《中国行政管理》2019 年第 12 期。

吴玉霞：《政府购买居家养老服务的政策研究——以宁波市海曙区为例》，《中共浙江省委党校学报》2007 年第 2 期。

西塞罗：《西塞罗三论》，商务印书馆 1998 年版。

谢启文等：《农村养老服务机构中五保老人之增权介入刍议》，《南方农业》2012 年第 2 期。

徐洁、李树茁：《生命历程视角下女性老年人健康劣势及累积机制分析》，《西安交通大学学报》（社会科学版）2014 年第 4 期。

徐静、徐永德：《生命历程理论视域下的老年贫困》，《社会学研究》2009 年第 6 期。

许琳、唐丽娜：《残障老年人居家养老服务需求影响因素的实证分析——基于西部六省区的调查分析》，《甘肃社会科学》2013 年第 1 期。

许星莹等：《广州市居家老人养老服务需求调查与分析》，《中国卫生事业管理》2017 年第 7 期。

杨琪、黄健元：《政府购买居家养老服务政策的类型及效果》，《城市问题》2018 年第 1 期。

姚虹、向运华：《健康状况、空巢原因与社区居家养老服务需求——以恩施市农村空巢老人为例》，《社会保障研究》2018 年第 1 期。

姚兴安等：《我国老人居家养老研究现状、热点与前沿分析》，《江汉学术》2021 年第 3 期。

姚远：《从宏观角度认识我国政府对居家养老方式的选择》，《人口研究》2008 年第 2 期。

叶浩生：《西方心理学理论与流派》，广东高等教育出版社 2004 年版。

于云兰、于年湖：《农村家庭养老：挑战与对策》，《莱阳农学院学报》（社会科学版）2001 年第 1 期。

喻宁：《社工在社区居家养老中的角色》，《中国市场》2017 年第 20 期。

袁国玲、冼海洲：《需求导向下的农村养老服务之改善》，《广州大学学报》（社会科学版）2014 年第 10 期。

袁辑辉：《认真研究我国人口老龄化的趋势及其对策》，《上海大学学报》（社会科学版）1988 年第 2 期。

曾富生：《居家养老服务需求的多维分析及其政策启示》，《齐齐哈尔大学学报》（哲学社会科学版）2021 年第 1 期。

曾富生：《居家养老模式 SWOT 分析与社会工作介入的探讨》，《经济研究导刊》2021 年第 1 期。

曾富生：《老年社会理论与"老"的探讨》，《西部学刊》2020 年第 24 期。

曾富生：《农村家庭养老研究——基于现行农村养老保障的探索》，黑龙江人民出版社 2014 年版。

曾华源等：《社会工作专业价值与伦理概论》（第二版），洪叶文化事业有限公司 2011 年版。

曾易：《基于社区增权理论的我国农村养老问题研究》，《安徽农业科学》2011 年第 36 期。

张歌：《养老服务产业与居家养老的关系研究》，《现代管理科学》2018 年第 3 期。

张桂敏、吴湘玲：《社会组织参与居家养老服务的规则探析——基于应用规则的逻辑》，《西北人口》2021 年第 3 期。

张恺悌：《老年社会工作实务》，中国社会出版社 2009 年版。

张强：《依老助老：老年协会参与城市社区居家养老实践研究——以武汉市 W 老年协会为例》，《西北人口》2018 年第 3 期。

张仁慧、苏群：《社区居家养老服务对老年人健康的影响——来自 CLHLS 数据的实证分析》，《老龄科学研究》2019 年第 11 期。

张松彪、成鹏飞：《中国农村居家养老服务发展困境及破解路径研究》，《湖南行政学院学报》2019 年第 1 期。

张卫东：《居家养老模式的理论探讨》，《中国老年学杂志》2000 年第 2 期。

张旭升、牟来娣：《"居家养老"理论与实践》，《西北人口》2010 年第 6 期。

张银等：《社区就业女性的增权问题研究：社会性别视角的分析》，《妇女研究论丛》2006 年第 5 期。

章晓懿、刘帮成：《社区居家养老服务质量模型研究——以上海市为例》,《中国人口科学》2011 年第 3 期。

章晓懿、梅强:《影响社区居家养老服务质量的因素研究:个体差异的视角》,《上海交通大学学报》(哲学社会科学版)2011 年第 6 期。

赵丽宏、杜玮:《构建社会工作视角下的居家养老服务模式》,《学术交流》2011 年第 12 期。

赵胜文、张富国:《马斯洛需求理论对历史唯物主义的拓展》,《北方论丛》2015 年第 3 期。

郑功成:《中国社会保障改革与发展战略》(救助与福利卷),人民出版社 2011 年版。

郑卫东: 《村落社会变迁与生育文化》,上海人民出版社 2006 年版。

周春发、黄建安:《社会资本视角下的居住环境与居家养老》,《辽宁师范大学学报》(社会科学版)2008 年第 2 期。

周林、丁士军:《不同养老风俗下的农村家庭养老》,《农村经济》2003 年第 3 期。

周林刚:《激发权能理论:一个文献的综述》,《深圳大学学报》(人文社会科学版)2005 年第 6 期。

周元鹏、张抚秀:《上海市社区居家养老服务发展的背景、需求趋势及其思考》,《人口与发展》2012 年第 4 期。

朱柏铭:《公共经济学》,浙江大学出版社 2002 年版。

朱冬梅:《养老服务需求多元化视角下的社会组织建设》,《山东社会科学》2013 年第 4 期。

朱孔芳:《灾区重建中的社区能力建设——基于社会工作的"增权"视角》,《华东理工大学学报》(社会科学版)2008 年第 4 期。

左冰、保继刚:《从社区参与走向社区增权——西方旅游增权理论研究述评》,《旅游学刊》2008 年第 4 期。

Achenbaum, W. A., *Historical Perspectives on Aging*, N. Y.: Academic Press, 1996.

Aichley, R. C., *Social Forces and Aging* (6th ed.), Belmont, CA: Wadsworth, 1991.

Alder, C., *World Health Organization: Depressive Disorders in Differ-*

ent Cultures, London: Allen & Unwin, 1983.

Alder, C. P., "An Empirical Test of a New Theory of Human Needs", *Organizational Behavior and Human Performance*, Vol. 4, No. 4, 1969.

Anthony N. Maluccio, *Promoting Competence in Clients: A New/Old approach to Social Work Practice*, New York: Free Press, 1981.

Bandura, A., "Social Cognitive Theory of Mass Communication", *Media Psychology*, Vol. 3, No. 3, 2001.

Bandura, A., *Health Promotion Glossary Geneva: WHO*, Cornell University Press, 1998.

Barrington Moore, *Injustice: The Social Bases of Obedience and Revolt*, M. E. Sharpe: White Plains, 1978.

Bartlett, H. M., "Working Definition of Social Work Practice", *Social Work*, Vol. 13, No. 2, 1958.

Bell, C. and Newby, H., *Community Studies*, London: Allen & Unwin, 1978.

Carr, A. M., "Narrative Therapy, *Contemporary Family Therapy*", Vol. 20, No. 4, 1998.

Charles A. Rapp, *The Strengths Model: Case Management with People Suffering from Severe and Persistent Mental Illness*, New York: Oxford University Press, 1998.

Chen, S., *Social Policy of the Economic State and Community Care in Chinese Culture: Aging, Family, Urban Change, and the Socialist Welfare Pluralism*, Aldershot: Avebury, 1996.

Clemente, Frank and Hendricks Jon, "A Future Look the Relationship between Age and Productivity", *The Gerontologist*, Vol. 3, No. 13, 1973.

Conway, M., *Rise Gonna Rise*, New York: Anchor Books, 1979.

Cowen, H., *Community Care, Ideology and Social Policy*, London: Prentice Hall Europe, 1999.

Epstein, L., *Brief Treatment and a New Look at the Task-Centered Approach*, New York: Macmillan, 1992.

Erikson, E., *Childhood and Society* (2nd ed.), London: Hogarth

Press, 1965.

Freeman, M. and Couchonnal, G., *Narrative and Culturally Based Approaches in Practices with Families*, New York: Families in Society, 2006.

Gutiérrez, L., "Working with Women of Color: An Empowerment Perspective", *Social Work*, Vol. 35, No. 2, 1990.

Harris, D., *Justifying State Welfare*, New York: Anchor Books, 1987.

Hepworth, D. H., et al., *Direct social Work Practice* (8th ed.), Pacific Grove, CA: Brooks/Cole, 2009.

Kemmis, S. and McTaggart, R., *The Action Research Planner*, Australia: Deakin University Press, 1982.

Kieffer, C. H., "Citizen Empowerment: A Developmental Perspective", *Prevention in Human Services*, Vol. 4, No. 3, 1984.

Kropothin, P., *Mutual Aid: A Factor in Evolution*, Boston: Porter Sargeant, 1902.

Lee, J. A. B., *The Empowerment Approach to Social Work Practice: Building the Beloved Community* (2nd ed.), New York: Columbia University Press, 2001.

Longres, J. F., *Human Bebavior in the Social Environment*, Itasca IL: F. E. Peacock, 1990.

Lopata, H., "Support Systems in Elderly Urbanite: Chicago of the 1970's", *The Gerontologist*, Vol. 15, No. 35, 1975.

Marie Jahoda, *Employment and Unemployment: A Social-Psychological Analysis Cambridge*, Cambridge: University Press, 1982.

MsClusky, H. Y., *Education for Aging*, Washington D. C.: Adult Education Association, 1973.

Means R., Smith R., *From Poor Law to Community Care: The Development of Welfare Services for Elderly People 1939-1971*, Bristol: The Policy Press, 1998.

Means, R. and Smith. R., *Community Care: Policy and Practice*. (2nd ed.), Houndmills: Macmillan, 1998.

Mechanic. D., "Adolescents at Risk: New Directions", *Journal of Adolescent Health*, Vol. 122, No. 8, 1991.

Minahan, A., "Purpose and Objectives of Social Work Revisited", *Social Work*, Vol. 2, No. 4, 1981.

Mullaly, R. P., *Structural Social Work: Ideology, Theory and Practice* (2nd ed.), Ontario: Oxford University Press, 2003.

Naroll, R., *The Moral Order: an Introduction to the Human Situation* (*Sage*), Houndmills: Macmillan, 1983.

Payne, M., *Social Care in the Community*, Houndmills: MacMillan Education Ltd., 1986.

Payne, M., *What is Professional Social Work?* Birmingham: Venture, 1996.

Phillips, D., *Looking Backward: A Critical Appraisal of Communitarian Thought*, Princeton N. J.: Princeton University Press, 1995.

Phillipson, C., *Capitalism and the Construction of Old Age*, London: Macmillan, 1982.

Rappaport, J., "In Praise of Paradox: A Social Policy of Empowerment over Prevention", *American Journal of Community Psychology*, Vol. 9, No. 9, 1981.

Raz, J., *The Morality of Freedom Dworkin*, Cambridge: Oxford University Press, 1986.

Reamer, F. G., "Ethics and Values", *In National Association of Social Worker Encyclopedia of social work* (19th ed.), Washington D. C.: NASW Press, 1997.

Richmond andMary Ellen, *What is Social Case Work? An Introductory Description*, New York: Russell Sage Foundation, 1922.

Rifkin S. B. and Lewando-Hundt G., *Participatory Approaches in Health Promotion and Health Planning: A Literature Review*, London: Health Development Agency, 2000.

Ryder and Norman, "The Cohort as a Concept in the Study of Social Change", *American Sociological Review*, Vol. 30, No. 3, 1965.

Sen, A. , *Poverty and Famines*, Oxford: Clarendon Press, 1981.

Sennett, R. and Cobb, J. T. , *Be Bidden Injuries of Class*, Garden City, NY: Vintage, 1972.

Serrano, G. , *The Illusion of Empowerment: Community Development with in a Colonial Context, Studies in Empowerment*, The Haworth Press, 1984.

Simon, B. J. , *The Empirical Tradition in American Social Work: A History*, New York: Columbia University Press, 1994.

Smith, D. , *Social Work and Evidence-Based Practice*, London: Jessica Kingsley, 2004.

Solomon, B. B. , *Black Empowerment: Social Work in Oppressed Communities*, New York: Columbia University Press, 1976.

Swift, C. and Levin, G. , "Empowerment: An Emerging Mental Health Technology", *Journal of Primary Prevention*, Vol. 8, No. 3, 1987.

Thomas, M. and Pierson, J. , *Dictionary of Social Work*, New York: Collins Educational, 1995.

Thomas, William I. and Florian Znaniecki, *The Polish Peasant in Europe and America*, New York: Knopf, 1918–1920.

Torre, D. , *Empowerment: Structured Conceptualization and Instrument Development*, Unpublished Doctoral Dissertation, Cornell University, 1985.

Tow send, P. , "The Need of the Elderly and the Planning of Hospital", R. Canvin and N. Pearson (eds), Needs of the Elderly for Health and Welfare Service, *University of Exeter*, Vol. 13, No. 2, 1972.

Warr, P. , *Work, Unemployment, and Mental Health*, Oxford: Oxford University Press, 1987.

Zimmer, A. H. , "Self-help Groups and Late Life Learning Generations", *Journal of Primary Prevention*, Vol. 12, No. 2, 1988.